東南アジアで学ぶ文化人類学

箕曲在弘・二文字屋脩・吉田ゆか子 編

昭和堂

はじめに

　本書は，文化人類学をはじめて学ぶ人たちに向けて編集された教科書である。今日，多くの大学において「文化人類学」あるいは「社会人類学」という科目が設置されている。本書を手に取ったみなさんも，そういった科目の受講生の一人かもしれない。

　このような受講生のなかには，文化人類学との接点が，長い人生のなかでこの短い期間だけという人も多いだろう。みなさんは大学生活のなかで数多くの科目を履修しているはずだ。したがって，大学卒業後，文化人類学の授業を通して学んだことなど忘れてしまっても無理はない。だが，文化人類学を専門とする私は，こうした将来の忘却を少しでも回避できるように，みなさんの印象に残るような授業をしたいと願っている。

　そのために必要なのは，文化人類学の魅力を最大限に引き出すことである。私にとってその魅力とは，自分の生活圏から離れた遠くの世界に住む人間の生活の場から立ち上がる，私たちの常識を覆す気づきの獲得にある。

　文化人類学は，未開の民族の奇妙な風習を調査する学問だと思われているところがある。だが，これは今ではあまり正しいとは言えない。確かに文化人類学は人間の多様な生活のあり方を明らかにするために，身近でない慣習や風習に着目することはある。だが，それはこうした慣習や風習がいかに自分たちと違うのかを強調したいからではない。むしろ，その狙いは，他者の世界の記述や説明を通して，それを調査した人類学者を含む私たちが日頃からいかに堅牢な常識に囚われているのかを白日の下にさらすことにある。

　本書では，このような文化人類学の醍醐味を味わえるように，様々な工夫を凝らしている。第一に，どの章でも，聞いたこともないような民族の話や理論的・抽象的な話から始めるのではなく，自分たちの抱く常識を再確認するために，みなさんにとって身近な話題から始めるようにしている。

　第二に，本書は学説史を体系的に学ぶように設計しておらず，各章の最初

のほうで問いを設定し，先人たちが積み重ねてきた人類学的な知見や執筆者のフィールドワークの成果を用いながら，その問いに答えていくという形式を採用している（その問いは，各章の副題からもわかるようにしている）。むろん教科書であることから学説史をおろそかにするつもりはない。だが，私たちの生きる世界のなかで生み出された問いと関連付けて説明されなければ，どこか遠い世界の話に思えてしまうだろう。

　なおこのような形式を採用しているため，いくつかの章では，類似の話題が繰り返し登場することがある。その場合，「また同じ話が出てきた」と思わずに，それぞれの章で，その話題がどのように使われているのかを比べてみると，より深い理解が可能になるだろう。

　第三に，各章の末尾には3つの「課題」を設定している。この「課題」の狙いは，各章のなかで学んだものの見方を，自分の身近な事例に当てはめて考えてもらうことにある。人類学の学びは，単なる知識の暗記ではなく，これまでに経験してこなかったものの見方や考え方を身につけることにある。したがって，授業で本書を使用する際，事前に各章の内容を読んだうえで，受講生が集まる授業のなかでは「課題」に示されている問いをめぐって議論してもらいたい。そうすれば，現実の世界を理解・解釈する際に，各章で学んだものの見方や考え方を活用できるようになる。

　本書を通して，さらに文化人類学を学んでみたいと思った人は，各章の最後にある「読書案内」から，気になる書籍を選んで読んでもらいたい。文化人類学の世界はとても奥が深い。学べば学ぶほど頭のなかには，様々なものの見方が育まれることになるだろう。それはきっと楽しい体験であるはずだ。

　最後に，もし状況が許すならば，本書を通読した暁には，どの国でもいいので東南アジアを旅してみてほしい。本書を読まずに東南アジアを訪問したならば見えなかったはずのものが，見えてくるはずだ。現地に行けば，本書の事例に登場した地域や人々について，より深い理解が可能になる。きっと世界の見方が変わる経験が得られるはずだ。

　　2024年2月

　　　　　　　　　　　　　　　編者を代表して　箕曲在弘

目　次

はじめに ……………………………………………………………………　i

序　章　東南アジアを通してみる文化人類学の世界
……………………………………………………箕曲在弘　1
1　文化人類学の世界へようこそ　1
2　文化人類学における「文化」の捉え方　4
3　東南アジアという地域　13
4　本書の目指すもの――文化人類学の考え方を学ぶ　15

第1章　親族と家族
――家族にとって血のつながりは欠かせないものか…西川　慧　17
1　生みの親か，育ての親か　17
2　東南アジアで親族／家族を学ぶ　20
3　母系か父系か――ミナンカバウの人たち　26
4　多様なつながりのなかで　31

第2章　ジェンダーとセクシュアリティ
――人間の性はどのように多様で複雑か …………大村優介　35
1　性についての「当たり前」を問い直す　35
2　性とは何か――ジェンダーとセクシュアリティという視点　37
3　ラオスにおける性――ラオス人の友人との生活を通して考える　43
4　違いと関係の問題としての性　47

第3章　民族とエスニシティ

　　──「民族」の境界はどう決まるのか………………中村昇平　51

　　1　民族とは？　エスニシティとは？　51

　　2　民族の多様性と国家の支配　53

　　3　民族の画一的な枠組みと多様な内実　59

　　4　変わりゆく民族の線引き　63

第4章　歴史と記憶

　　──他者の多様な過去にどう関わるのか …………山口裕子　67

　　1　歴史に満ちた生　67

　　2　人類学と歴史　70

　　3　歴史の島ブトンにて──複数の歴史と時間，異説　73

　　4　多様な歴史への関わりを求めて　78

第5章　国家

　　──国家にどう向き合う？ ……………………… 二文字屋脩　83

　　1　国家の不思議　83

　　2　東南アジアにみる国家の形　86

　　3　タイを生きる少数民族　91

　　4　「下から」の視点で考える　96

第6章　経済とモラル

　　──「豊かさ」は数値で測るだけで十分なのか ……下條尚志　101

　　1　東南アジアの街中で経済について考える　101

　　2　人間の経済をどう捉えるのか　105

　　3　ベトナムの村から考える経済とモラル　111

　　4　問われるモラルのゆくえ　115

第7章　法と慣習
　　　　──法は私たちを縛り，罰するためのものか……　高野さやか　121
　　1　法は遠い存在か　121
　　2　文化人類学の視点から法を考える　124
　　3　インドネシアにおける法と慣習　128
　　4　身近な問題として法を見直してみよう　133

第8章　呪術と宗教
　　　　──「信じること」は宗教に不可欠なのか　…………津村文彦　137
　　1　身の回りの宗教と呪術　137
　　2　宗教とは何か　141
　　3　タイの宗教を理解する　148
　　4　宗教を生きるということ　151

第9章　死と儀礼
　　　　──どのように死と向き合うのか　………………………寺内大左　155
　　1　社会文化的な「死」　155
　　2　ボルネオ島ブヌア社会の死生観と葬儀　161
　　3　地域社会における葬儀の意味　166
　　4　私たちはどのように死と向き合っていくのか　169

第10章　芸能
　　　　──社会にはなぜ歌や踊りや芝居が必要なのか…　吉田ゆか子　173
　　1　社会生活と芸能　173
　　2　人類学は芸能をどう捉えてきたのか　176
　　3　仮面舞踊劇トペンにみる芸能とバリ社会の深いつながり　182
　　4　芸能が生み出すこと　186

第11章 医療

——人は心身の問題にいかに向き合っているのか…岩佐光広 189

1 「医療」について文化人類学的に考える 189

2 複数の医療資源を利用する 192

3 死の医療化と看取りの実践の複雑化 196

4 東南アジアを通じて私たちの「医療」の捉え方を考える 201

第12章 紛争

——戦争と平和は明確に分けられるのか …………岡野英之 207

1 No Peace, No War 207

2 なぜ紛争が起こるのか 208

3 ミャンマー内戦を社会的文脈で捉える 214

4 紛争の現実を理解する 219

第13章 難民

——難民が創るつながりとは何か ………………久保忠行 223

1 人は誰でも難民になる 223

2 難民の視点から考えること 226

3 複数の場所とつながる難民 229

4 人はいつ難民ではなくなるのか 235

第14章 移民

——移民は特別な人たちか ………………………細田尚美 241

1 移民とは誰か 241

2 東南アジアにおける国際移民 246

3 フィリピンから日本へ，そして将来 249

4 人の移動と国家の関係を問う 255

第15章　観光

——文化が観光によって創られる？ ‥‥‥‥‥‥‥‥‥岩原紘伊 259

1　現代社会の鏡としての観光　259

2　観光人類学の展開　263

3　観光に取り込まれるバリ文化　267

4　観光のまなざしを超えて　273

第16章　開発と貧困

——人類学は貧困削減に貢献できるのか ‥‥‥‥‥箕曲在弘 277

1　「外からの介入」としての開発協力　277

2　開発協力と人類学のもどかしい関係　281

3　「貧困」が生まれるプロセス　285

4　貧困削減に貢献する人類学的思考法　291

おわりに ‥‥‥‥‥‥‥‥‥‥‥‥‥‥‥‥‥‥‥‥‥‥‥　295

索　引 ‥‥‥‥‥‥‥‥‥‥‥‥‥‥‥‥‥‥‥‥‥‥‥‥　297

東南アジア全図（東南アジアの国名のみ**太字**にしている）

東南アジアを通してみる
文化人類学の世界

箕曲在弘

東南アジアで話されている様々な言語での挨拶表現。ただし，これは東南アジアで使われる言語のごく一部である

1　文化人類学の世界へようこそ

(1)　私たちの「常識」を揺さぶる

　私たちの日常生活は，「当たり前」であふれている。「おはよう」と言われたら「おはよう」と返事をし，ものをもらったらお返しをする。目上の人には敬語で話しかけ，冗談を言ってもいい相手とそうでない相手をなんとなく区別している。「そんなことは当たり前だ」と思うだろう。このような「当たり前」を私たちは「常識」と呼び，いちいち深く考えずに生きている。

1

むろん，その常識はあなたにとっての常識であって，80億人いるといわれる地球上のすべての人に等しく共有されているわけではない。これこそ当たり前の話で，誰でも頭ではわかっているはずだ。にもかかわらず，なかには，「これは常識ではなかったのだ」と大人になってから気づくことも多い。たとえば，「家族にとって血のつながりは大事だ」と刷り込まれて育った私たちは，テレビドラマや映画を通して血のつながりのない兄弟や姉妹が出てくると，「どこか可哀そう」だと思ってしまうかもしれない。なおかつ，そう思うのは当然とさえ考える人もいるだろう。しかし，実際この広い世界には，家族にとって血のつながりがあまり重視されない地域もある。

　また，日本に生まれ育つと多くの場合，何の信仰心もないために，自分は宗教とは無縁の生活を送っていると考えるかもしれない。だが，本当にそうだろうか。合格祈願をしに神社を訪れたり，葬式でお寺を訪れたりすることは，宗教と無縁だろうか。もしそうでないなら，私たち自身が抱く「宗教」の捉え方そのものが狭かったのではないかという疑問に突き当たる。

　このように，私たちが当たり前だと思っていることの多くは，実は当たり前ではないかもしれない。そう気づかせてくれるのが，文化人類学という学問だ。文化人類学は，自分たちが抱く当たり前について疑い，私たちのものの見方を拡げてくれる。

　幼少期から自然と身につけてきた自分のものの見方は，ありえた可能性のうちの一つでしかない。にもかかわらず，私たちはそれがすべてだと思い込んでしまう。こうした思い込みは「偏見」とも呼ぶべきもので，この偏見があるからこそ，自分の常識と異なる意見や習慣に対して，私たちは違和感を抱き，ときに差別や排除の感覚を抱いたりする。

　もっとも，私たちは偏見から完全に解放されることはないのかもしれない。しかし，自分たちが「それは常識だ」とすら気づいていない事柄について，いったん立ち止まって考えてみることで，そうではない可能性が想像できるようになる。それは寛容な社会を作っていくうえで欠かせないことだ。本書では，家族や親族，宗教，死，歴史，国家，経済など様々なテーマを文化人類学のレンズを通してみることで，「これが常識だ」「こうでなければな

らない」という意識を緩め，ものの見方を拓いていくことを目指す。そのためにまずは，そもそも文化人類学とはどういう学問なのかを説明していこう。

⑵　人間の文化的性質について探究する文化人類学

　一言でいえば，文化人類学とは「人間の文化的な性質について多元的・具体的に探究する学問」である。人類学は英語では anthropology という。この言葉は語源をたどるとギリシア語で人間を意味するアンソロポス（*ἄνθρωπος*）と理性や言葉を意味するロゴス（*λόγος*）という 2 つの単語にいきつく。ロゴスは「学問」という意味にもなりうるので，anthropology とは「人間についての学問」となる。

　もともと人類学はいわゆる理系と文系にまたがる学問であり，生物種としてのヒトを自然科学の観点から研究する自然人類学（形質人類学）と人類の文化を人文社会科学の観点から研究する文化人類学に分かれる。前者は人類がどのように進化したのかといった起源や変遷について探究するのに対し，後者はこのような進化の観点を否定し世界中の人間集団の文化的な多様性を等しく尊重しながら人間の特質を探究している。

　文化人類学は考古学や社会学，地理学，哲学などの他分野と密接に関係しながら，特に20世紀に入りイギリスやフランス，アメリカにおいて発展してきた学問である。イギリスでは社会人類学，フランスでは民族学，アメリカでは文化人類学と異なる名称で呼ばれてきたが，日本では文化人類学という名称が一般に流通している。本書ではこの 3 か国で展開してきたこれらの分野を総称して「文化人類学」，あるいは単に「人類学」と表記する。

⑶　文化の多様性・共通性・変化

　では，文化社会学や異文化コミュニケーション論など「文化」と名のつく学問がいくつかあるなかで，文化人類学は文化のいかなる側面を問うてきたのか。それは大きく分けて 3 つある。第一に，文化人類学は，人間はどれほど多様なのかを問う。たとえば，私たちが親族と呼んでいる関係性には，父系や母系，双系など世界各地で多様な形態がある。また，私たちが葬式と呼

ぶ儀式（儀礼）も，死者を比較的早めに火葬するのが望ましいと考える集団もあれば，一度埋葬した遺体を再び掘り起こして二度に分けて葬式を行うのが望ましいと考える集団もあるなど，実に多様なやり方がある。このように，人間が生み出した関係性や習慣には，私たちの想像を超えるような多様性がある。こういった多様性を発見していくことが，文化人類学にとっての探究課題の一つである。

　第二に，文化人類学は，こうした多様性のなかにいかなる共通性があるのかを探究する。親族の形がいかに多様であろうとも，親族と呼べるような関係性自体はどの人間集団にも見出せるかもしれない。また，多様なやり方がある儀礼ではあるが，そこには人間集団にある程度共通するプロセスがあるかもしれない。そう考えると，実は人間社会はお互いにわかりあえないほど個別に異なるのではなく，同じ人類として何らかの共通性を見出せる可能性がある。

　第三の問いは，社会・文化的な多様性はどのように変化するのかというものである。人間の社会・文化は常に変化の途上にある。たとえば，移民として他国に移住することで家族の関係が変わることもあるし，近代化によって儀礼に対する人々の価値観が変わることもある。文化人類学は，このような社会・文化の変化がどういった背景のなかで生じるのかを明らかにする。

　こうした問いを探究していくことによって，人類学者たちは意外な事実に気づき，私たちの自明性を解体する発見をすることがある。こうした自明性の崩壊は，時に人々に不快感や嫌悪感を引き起こすことがあるかもしれない。だが，一方で常識から逃れる自由さや楽しさをもたらすこともある。

2　文化人類学における「文化」の捉え方

(1)　文化人類学における「文化」とは？

　そもそも文化人類学が探究する「文化」とはどういうものなのだろうか。みなさんのなかには「文化」と聞いて，音楽や映画，マンガやアニメといった創作物を思い浮かべる人がいるかもしれない。一方，文化人類学が注目す

るのは，そういった目に見えるものの背後にある，普段あまり意識していない行動パターンや意味付けである。

　まずは身近な例を出してみよう。電車のなかで化粧をしたり髭を剃ったりしている人を見れば，たいていの人は変だと感じるだろう。しかし，家でそうしていても変だとは思う人はいない。これは場に応じて適切なふるまい方があるということの証拠だ。誰かに直接教えられたわけでもないのに，私たちはどういうわけか何となくこの適切さをわきまえている。すなわち，私たちは赤の他人と同じ空間を共有しているときに，どうふるまうのが望ましいのか，何をしてはいけないのかという暗黙のルールのようなものを共有しているのである（そして，このような暗黙のルールは，地域や国ごとに微妙に異なる）。

　確かに，個性が大事だといわれるなかで，個々人別々の考え方をもっていたり，個性的なふるまいをする人もいたりする。だが，そうであってもそれは程度の問題であり，人間の集団を俯瞰してみると，結構似たような行動や考え方をしている。あまりに奇異な行動や考え方をすると，誰かが「それはおかしい」と非難する。その発言をある程度他の人も認めるのであれば，そこには望ましいふるまいや考え方が共有されているということになる。もちろん，それに逆らう行動をあえてすることもあるが，それも何が適切かを何となく知ったうえで行っていることを踏まえれば，私たちは気づかないうちに，その場に適切なふるまいや考え方を内面化しているといえるだろう。

　文化人類学者は，こうした一定程度人々に共有されているふるまいや考え方のまとまりを「文化」と呼んでいる。文化人類学者とは，人々の行為や語りに注目しながら，それらを下支えしている明文化されていない生活に根ざした暗黙のルールの束を発見することに面白さを感じる人々だ。

(2)　文化人類学の研究方法としてのフィールドワーク

　では，こうした暗黙のルールを見出すにはどうしたらよいか。おそらく「どんなルールがあるんですか」などと人に聞いても答えられないだろう。自明なルールとして普段から意識して生活していないからだ。だが，もしあなたが新しい人間関係や新しい環境のなかで生活を始めると，おそらくこの

暗黙のルールをいくつも見つけられるはずだ。

　たとえば，中学から高校に入学してすぐ，高校のなかの暗黙のルールに慣れていないときは，周りの人がどう行動しているのかを観察し，それを真似してみたり，わからないときは先輩や先生に聞いてみたりしたはずだ。たしかに，学校には校則がある。だが，生徒手帳をみて校則を暗記したからといって，その学校での適切なふるまい方が身につくわけではない。時には失敗しながら，学校の「文化」に慣れていったはずだ。これも立派な異文化体験だ。文化人類学者がやっていることは，このような異文化体験の極端なものだといえる。

　このような体験をするために文化人類学者が行うのが「フィールドワーク（fieldwork）」だ。フィールドワークは，今日では中学校や高校でも行われるようになってきたので，どこかで聞いたことがあるという人は多いかもしれないが，一言でいうなら，現地に自ら赴いて，調査することである。教室の外で，誰かにインタビューしたり，野外で生物を観察したり，世の中には実に様々なタイプのフィールドワークが存在する。

　このフィールドワークを学問の中心的な方法にしているのが，文化人類学である。文化人類学のフィールドワークといっても現在では様々な考え方があるのだが，その基本となっているのは，1910年代にポーランド生まれの人類学者であるブロニスワフ・マリノフスキーが行ったものだ。

　写真0-1をみてほしい。真ん中にいるのがマリノフスキーで，その両隣にいるのが彼が調査をしたトロブリアンド諸島の人々だ。トロブリアンド諸島とは日本の真南にあるニューギニア島という世界で2番目に大きい島の東端近くにある。マリノフスキーは2回に分けて合計約2年に及ぶ長期のフィールドワークをここで実施した。彼は現地の言葉を覚えて，現地の生活になじんだ。こうして彼らの生活を内側から理解することに努めた。

　みなさんはフィールドワークと聞くと，相対して誰かの話を聞くインタビューをイメージするかもしれない。もちろん，人類学者もそういった調査をすることはあるものの，大事なのは「参与観察（participant observation）」と呼ばれる方法だ。写真0-1はこの参与観察の特徴をよく表している。

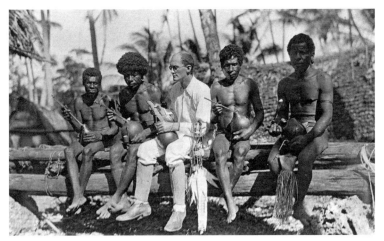

写真 0-1　マリノフスキーとトロブリアンド諸島の人々（ロンドン・スクール・オブ・エコノミクス図書館蔵）

　マリノフスキーは，現地の人々がもっているものと同じものをもち，彼らと一緒に並んで座り，彼らが見ているものと同じものを見ている。つまり，彼らの仲間になり，彼らの一員となっているのだ。むろん，あくまでも一時的な滞在者である人類学者は完全に現地の人々に同化することはできない。だが，現地の人々の生活のなかに入り込みながら（参与），彼らの生活を間近で見る（観察）ことはできる。文化人類学のフィールドワークとは質問項目をあらかじめ用意して知りたいことを「聞き取る」というよりも，言葉や慣習の違う人々のもとで「生活する」というイメージに近い。したがって，高校に入りたての人にとっての高校生活は，人類学的なフィールドワークと似ている部分がある。

　このような方法を通してしか理解できないのが，彼らが無意識のうちに習慣化している文化だ。現地の人が普段意識していないものを聞き取ることはできないが，異邦人として現地の人々のなかに入り込むことで，人類学者は彼らがあまり自覚していない行動パターンや意味付けを発見することができる。

　たとえばマリノフスキーは，トロブリアンドの人々が営々と引き継いでき

たクラと呼ばれる交換の実態を事細かに記述した（マリノフスキ 2010）。クラとは，ソウラヴァという赤い貝の首飾りとムワリという白い貝の腕輪を隣の島と贈り合う慣習である。人々は首飾りを贈るためにカヌーを作り，集団で隣の島に移動し，何日もかけて儀礼を行いながら，相手の島のパートナーにこれらを贈るのである。贈られた側は，今度は時間をおいて腕輪を贈り返す。マリノフスキーが発見した最も興味深い点は，これらの贈り物がこの地域の複数の島々を一定方向に循環していて，俯瞰してみると一つの環を形成しているということである。首飾りは時計回りに，腕輪は反時計回りに島々を回り続けていたのだ。なぜこういったものの贈り合いを続けているのか，そしてなぜ時計回りや反時計回りに回っているのか，現地の人々は明確な理由を答えることができない。しかし，どういうわけか営々とこの慣習が続いているのである。

(3) 文化を記述することの困難

　文化人類学が大切にしているのは，彼ら自身でもうまく説明できないような文化に関する詳細な記述だ。研究者は一般的に論文という短めの文章を書いて研究成果を公開していくのだが，文化人類学者は論文だけでなく，民族誌（エスノグラフィ）という比較的長めの書籍を刊行する。民族誌とは，そのまま字義どおりに解釈すると「民族に関する記述」という意味になるが，必ずしも「民族」のことだけを書いているわけではない。ここでは「文化について記述したもの」くらいに捉えておいてほしい。

　人類学は人々が日々従っている暗黙のルールに注目すると述べたが，そのルールを共有していない読者には，一言で説明されてもどのようなルールかわからないだろう。人々はどういう状況のなかで，どのようなふるまいをするのかを詳細に記述しない限り，その文化について理解したことにはならない。電車のなかで化粧をしたり髭を剃ったりしていたら変だと感じるという話は，公共交通機関の利用の仕方についての暗黙のルールの一つの断片を述べたことにはなるが，暗黙のルールの詳細な記述にはなっていないため，人々がどういうルールのなかを生きているのかを知ることまではできない。

実は人類学の歴史のなかで，この記述をめぐって様々な批判が生まれたことがあった。人類学者がやってきたことは文化の正確な記述というよりも，その人類学者自身が普通はやらない，あるいは変だと思うことを記述してきただけだと，人類学者自身が批判しだしたのだ。たとえば，通勤電車にすし詰めで乗車するという現象は，外国人にとって奇妙に思える行動で，彼らからすると異文化として記述の対象になりそうだ。日本にやってきた人類学者が，このような姿を日本人が従う暗黙のルールとして記述したとしよう。そしてその人類学者が，日本人は通勤時間に遅れることを極端に嫌うため，どれほど混雑している電車であっても乗車する特徴があると指摘したら，あなたはどう思うだろうか。なんとなくそういえるかもしれないが，厳密にいえば，日本人全員がそう考えているわけではないし，むしろそういった窮屈さを嫌う人もいるはずだ。また，公共交通機関の利用の仕方といっても大都会の喧騒の様子を記述するのと，田舎ののどかな地域を記述するのでも，内容は大きく異なってくる。人類学者が見聞きできる範囲はとても限定的であるにもかかわらず，それを拡大解釈してしまうということはよく起きる。
　さらに，このようなすし詰め乗車の「文化」は，昔からあるわけではなく，大都市への人々の流入やサラリーマンの増加といった産業構造の変化が背景にありそうだ。そしてそういった変化を望ましいものとして後押しした政府の政策も忘れてはならない。このような国家や市場といった乗車の現場からは直接見えてこない，様々な背景の歴史的な積み重ねの結果として，すし詰め現象がある。にもかかわらず，このような現場からは見えにくい背景や歴史的な過程に目を向けずに，ただ観察できる部分のみに焦点を当てて「文化」を記述したとしても，十分に文化を記述したことにはならない。しかも，本当は社会構造が変わればすし詰め文化も変化したり，なくなったりする可能性があるのにもかかわらず，その現象が日本人の変わらない特徴として記述されれば，読者に誤解を与えるであろう。
　こうした問題があるにもかかわらず，文化の書き手である人類学者が，フィールドワークの成果を権威ある学会で発表し，民族誌として出版することで，その記述は客観的で正しいものであるかのように広まっていく。ここ

には書き手と書かれる人々との間の非対称的な関係が見出せる。このような非対称的な関係をもとに，人類学者は様々な民族の「文化」についての固定観念を生み出してしまったのだ。

⑷　文化記述の困難を乗り越える

　1980年代になり一部の人類学者は，文化の記述の仕方に関するこうした問題を指摘してきた。これをライティング・カルチャー・ショックという。つまり「（異）文化を書くこと」に対する批判だ。このとき，人類学者は自分たちがいったい何をしてきたのかと自問自答しだした。異文化を理解しようと試みてきたけれど，実は自分たちの偏見を現地の人々の生活に投影していただけではないのか，と。

　この結果，人類学では文化の記述の仕方，そして記述の前提となる人類学的な思考について，様々な工夫が試みられた。たとえば，異文化の人々があたかも歴史のない人々であるかのように描写してきたことへの反省として彼らの歴史に焦点を当てたり【☞4章】，「○○人の文化」のようにあたかも人間の集団が特定の行動傾向をもっているかのように描くのをやめ，むしろ「○○人」なるカテゴリーがどのように作られてきたのかを分析するようになったりした【☞第3章】。また，人々の生活のあり方を大きく変容させる国家の役割に着目したり【☞第5章・7章・12章・13章】，欧米人の考え方や見方が文化のあり方に与えた影響に着目したりするようになった【☞第11章・15章・16章】。

　このような変化の過程の把握を通して，人類学者たちは自分たちの身につけてきたものの見方が自分の生まれ育った社会のなかで作られてきたことに気づき，それに対する反省を促すようになった。考えてみれば当たり前のことではあるが，人類学者たちが研究対象とする人々に暗黙のルールとしての文化があるのと同時に，研究する人類学者も生まれ育ったなかで暗黙のルールとしての文化を身につけている。したがって，人類学者がやっていることは，異文化に身を置くことを通して，研究対象の人々の文化を見出すのと同時に，自分たちが従ってきた暗黙のルールであるものの見方に気づくという

ことだといえる。つまり，他者を理解しようとしつつ，自らが身につけてきた文化を問い直すということだ。

　人類学者のジョージ・マーカスとマイケル・フィッシャーは，このような「異文化についての現実と自文化の現実の両者についての知識を得るために両者を衝突させてみる」試みを「文化批判の人類学」と呼んだ（マーカス／フィッシャー 1989：14）。本書の試みもまた，彼らのいう「文化批判の人類学」の一つだといえる。

　したがって，文化人類学は食や儀礼，慣習，習俗といった文化の多様性を探究していくうえで，人類学者自身が見聞きした状況を無視して，ただその現象を並べて説明していくような方法をとらない。つまり，日本の食文化，韓国の食文化のように，国ごとに分けてその特徴は何かといったことを明らかにするのではなく，あくまで人類学者自身が異文化に入り込むことによって得た気づきを記述していくという方法をとる。そのため，その人類学者がどのようにその気づきを得たのかという思考の過程が重要になる。そういった形でしか知りえないのが，文化人類学における「文化」だ。

　文化人類学にとって大切なのは，研究者自身が自ら生まれ育った空間から一歩外に出ることを通して自分にとって異質なものに直面することである。そして，自分になじみのなかった場所での数々の出会いを通して，この異質なものに目を向け，耳を傾け，全身を通してそれに巻き込まれることによって生み出された思考の軌跡こそが，文化人類学の成果なのである。

⑸　文化人類学の方法論としての文化相対主義

　さて，文化人類学の基本を紹介するうえで，忘れてはならないのが「文化相対主義（cultural relativism）」という考え方だ。文化相対主義とは，異文化に接する際に，自分たちの価値基準をもとに，他の文化の優劣を判断してはならないとする考え方である。たとえば，西洋の美術や建築が最も洗練されていて優れており，アジアやアフリカのそれは劣っていると考える人がいるかもしれない。だが，アジアやアフリカにも，そこに住む人々の独自の価値基準があり，それぞれ尊重されなければならない。文化人類学では，この文

化相対主義を研究上の方法論的な立場として重視してきた。一方で，人類学者は，自分たちの文化のほうが優れていると考える態度を自文化中心主義（エスノセントリズム）と呼び，否定してきた。

　アメリカの文化人類学の父と呼ばれるフランツ・ボアズによって唱えられたとされる文化相対主義という考え方は，ボアズの弟子であるアルフレット・クローバーによって広められた。ボアズが活躍した20世紀初頭は，進化論的な考え方が普及しており，人間の文化も劣ったものから優れたものに進化すると考えられていた。この時代の人類学者はこの考え方に真っ向から反対するために，善悪や正常／異常，道徳的／非道徳的などの基準はそれぞれの文化において異なると主張した。

　この広い世界には，人間の首を狩る習慣のある人々，多くの妻をもつことが富と権力を示すことになる集団，あるいは婚前交渉した娘を殺める親（これは「名誉殺人」と呼ばれている）など，私たちの価値基準とは大きく逸脱する行為を「よいこと」だとする人々がいる。こういった人々のやっていることを頭ごなしに非難するようでは，文化人類学の研究は成り立たない。まずは自分の価値観を一旦脇に置き，フィールド（調査地）の人々がやっていることが何なのかを理解しようとする態度が重要だ。

　むろん，だからといって首狩りや名誉殺人を認めようという話ではない。私たちにとって「非人道的」にみえる慣習を理解することと，問題の解決に向けて取り組むことは別の話である。あくまで異なる文化を探究していくうえで，「非人道的」な慣習であったとしても，それがどのような考え方や社会的背景のもとで行われているのかを理解していく姿勢が必要だという意味である。このような慣習が根付いている地域であっても，首狩りや名誉殺人がどういうときに起きるのかという個別の事例を積み上げて分析していけば，人々が何の葛藤もなく機械のように殺人を犯しているわけではないし，当事者たちのなかにも様々な考え方があるということがみえてくるだろう。

　以上の文化人類学の考え方の特徴を踏まえたうえで，本書の舞台である東南アジアに目を向けてみよう。

3 東南アジアという地域

(1) 東南アジアの特徴としての多様性

　文化人類学を学ぶうえで，東南アジアという地域はとても魅力的である。というのも，この地域には文化的な多様性が明瞭に見出せるからだ。11か国から構成される東南アジアは，ミャンマーとタイ，カンボジア，ラオス，ベトナムを含む大陸部と，マレーシアとシンガポール，ブルネイ，インドネシア，東ティモール，フィリピンを含む島嶼部に分かれる。また気候のうえでは，大まかに大陸部は亜熱帯のモンスーン気候，島嶼部は熱帯気候に属し，どちらも豊かな森林を基盤とした生活や，河川や海を交易路とした人々の移動のあり方が特徴的である。

　東南アジアには多様な民族（エスニック）集団が住んでいるのだが，たとえばインドネシアはおよそ300，ミャンマーは135，ラオスは50の集団を公式に認めている。実際，「民族」なるものの境界は流動的であり，客観的な指標をもって分類することはできないため，この数字をあまり重視する必要はない。だが，この数字をみれば東南アジアの民族的な多様性がどれほどなのかがイメージできるだろう。このような集団の多様性は，そのまま言語や慣習の多様性にもつながる。

　一方，東南アジアは中国とインドという大国に挟まれた地域であり，東南アジアの人々は長年にわたって，両国の影響を強く受けてきた。これは東南アジアで使われている文字をみてもよくわかる。たとえば，インドからはヒンドゥー教や上座部仏教がもたらされ，それと同時にインド系の文字も流入した。また，漢族の勢力拡大に伴いタイ系の諸民族などが南方に押し出される形で移動した結果，タイ人やラオ人が現在の場所に定住するようになった。さらに中国からの移民である華僑・華人は，今日では東南アジア全体に住むようになった。

　宗教については，ヒンドゥー教や仏教だけでなく，13世紀にはイスラーム，16世紀にはキリスト教がもたらされた。たとえばマレー半島にあったマ

ラッカ王国の王は15世紀初頭にイスラームに改宗し，当時，海上交易を盛んに行っていたイスラム教徒とのつながりを強めた。その後，島嶼部では徐々にイスラーム化する王国が増加した。一方，キリスト教は西洋列強の植民地化に伴って受容されたが，スペインの植民地だったフィリピンやポルトガルの植民地だった東ティモールは東南アジアのなかでも特にキリスト教徒が多い。

　こうした東南アジアの特徴を，歴史家のアンソニー・リードは「決定的に重要な交差路(クリティカル・クロスロード)」として描いている（リード 2021）。かつてから東南アジアでは海や河川を通じた交易が活発に行われ，域外の人々との交流が盛んであった。「交差路」は，こうした東南アジアの特徴を表している。すなわち東南アジアは，古くから異なる文化圏との交流を積極的に行うことで形成されてきた地域なのだ。

(2)　東南アジアを通して文化人類学を学ぶとは？

　だが，このような多様性を事細かに記述していくことが本書の目的ではない。もちろん東南アジアを言語，宗教，民族のように区切って，それぞれの項目の多様性をできるだけ均等に紹介していくこともできる。このように紹介すれば，東南アジアについて網羅的な知識が得られるだろう。だが，それでは文化人類学が大切にしているものを損ねてしまう。

　本書が目指すのは，東南アジアの社会・文化的な多様性を知ることに留まらない。それも重要ではあるが，さらにそこから私たちが身につけてきた「常識」を振り返り，私たちのものの見方を更新していくことに重心をおいている。そしてその先に，人間としての共通性を見出すヒントを得てほしいと考えている。すなわち，本書が目指すのは，文化人類学を通した東南アジアの社会や文化の総体的な理解よりもむしろ，東南アジアの事例を通した人類学の諸テーマへの理解であり，人間存在に対する理解である。

　したがって，本書で扱われている事例については，東南アジアのなかでもやや偏りがある。しかし，文化人類学の思考がフィールドにおける出会いの重なりのなかからしか生まれないのであるとすれば，こうした偏りは問題に

ならない。本書を通してみなさんと共有したいのは，そのフィールドでしか得られなかった文化人類学者の思考の軌跡である。

　とはいえ，これは東南アジアの事例が重要ではないということを意味しない。これまでの人類学の歴史を振り返ったとき，東南アジアの事例が人類学の発展に貢献してきた部分は大きい。たとえば，親族についての研究では，かつてアフリカが参照されることが多く，そこでは単系出自集団の事例がほとんどであった。しかし，東南アジア各地でみられる親族形態はこれに当てはまらず，東南アジアの双系制と呼ばれる親族のあり方は，人類学の親族理論の更新に大きな影響を与えた【☞第1章】。宗教研究においても，アニミズムと呼ばれる土着の精霊信仰と仏教やイスラーム，キリスト教といった外来の宗教とを矛盾なく実践している東南アジアの人々の宗教への向き合い方は，欧米の宗教観を更新することにつながった【☞第8章】。

　他にも，タイやラオスは，ジェンダーやセクシャリティの多様性に寛容な地域として知られている。こうした特徴は世界的にも珍しく，人類学者の関心を集めてきた【☞第2章】。また，東南アジアの山地民による支配者への抵抗や支配者からの逃避といった特徴を見出したジェームズ・C・スコットの議論は，東南アジア以外を研究する人類学者にも大きな影響を与えてきた【☞第5・6章】。そして，インドネシアのバリ島は東南アジアで唯一，ヒンドゥー教の信者の数が圧倒的に多く，独特の文化を維持してきたことから，人類学者の注目を集めてきた。とりわけ芸能や観光といったテーマを論じるうえで，バリ島は欠かせない場所である【☞第10・15章】。このように，東南アジアは人類学を学ぶうえで格好の舞台なのである。

4　本書の目指すもの──文化人類学の考え方を学ぶ

　文化は日常生活のあらゆる場面に見出すことができることから，文化人類学の対象とするテーマは多岐にわたる。そのなかでも本書は，私たちが抱く暗黙の前提に気づき，常識を相対化させるという文化人類学の特徴が明瞭に見出せるテーマを取り上げている。

多くの学問分野の教科書では，その分野を体系的に学べるように章立てするのが一般的だろう。だが，文化人類学の場合，それが難しい。というのも，人類学は，人類学者がフィールドにおいて直面した現実を記述するところから，そのフィールドの特徴にしたがって議論を作り上げていくという特色があるからだ。人間の生活において，親族だけしかつながりがない人や，宗教活動しかしていない人などほとんどない。したがって，親族だけを専門にする人類学者や宗教だけを専門にする人類学者というのは，あまりいない。

　確かに，宗教人類学や経済人類学，医療人類学といった文化人類学の下位分野として認められる領域はある。だが，本書のすべての章がこのような下位分野として成立しているわけではない。さらに言えば，下位分野として成立しているものであっても，本書ではそのなかで蓄積されてきた議論を網羅的に紹介しているわけはない。

　本書が目指すのは文化人類学の過去から現在まで続く知の蓄積の体系的な紹介ではなく，家族や宗教，死，国家，経済，芸能といった，私たちが普段，何気なく使っている概念に対し，人類学者であればどう考え，どう解答を与えていくのかという思考の軌跡をみなさんと一緒にたどることにある。

　したがって，文化人類学の知の蓄積を網羅的・体系的に学びたいと思っている読者は面食らうかもしれない。だが，文化人類学にとって重要なのは，フィールドで得た気づきであり，それを言語化していくことを通して，私たちのものの見方を相対化していくことなのである。次章以降の各章を読み進めていくことで，この意味を理解してもらえればと願う。

参考文献

マーカス，G・E／M・M・J・フィッシャー　1989『文化批判としての人類学——人間科学における実験的試み』永渕康之訳，紀伊國屋書店。

マリノフスキ，B　2010『西太平洋の遠洋航海者——メラネシアのニュー・ギニア諸島における，住民たちの事業と冒険の報告』増田義郎訳，講談社。

リード，A　2021『世界史のなかの東南アジア——歴史を変える交差路』上，太田淳・長田紀之監訳，名古屋大学出版会。

第1章

親族と家族

家族にとって血のつながりは欠かせないものか

西川　慧

スマトラ島ミナンカバウの人たちの伝統家屋。人生儀礼の際には，親族のつながり方に応じて定められた場所に座る（2014年，筆者撮影）

1　生みの親か，育ての親か

(1)　映画にみる親族／家族のかたち

　私がインドネシアへ留学していた頃，留学先の大学に，映画好きのインドネシア人の友人がいた。毎週末には，彼の部屋に入り浸って映画を観るのが日課だった。そんな日々を送っていたある日，家族をテーマにしたアメリカ映画を一緒に観ることになった。映画を観終わったあと，友人は一言，「なぜアメリカの映画には家族をテーマにしたものが多いのだろう」とつぶやいた。

家族や親族をテーマにした映画は確かに多い。映画のジャンルとして「ファミリー」というカテゴリもあるし，SF映画でも家族関係をモチーフとしたものも数多くある。たとえば『スター・ウォーズ』シリーズでは，主人公が敵役と血縁関係があることが明らかになり，そのことに思い悩む過程は映画のなかの重要なシーンとなっている。このように家族をテーマとすることが多いのはアメリカ映画に限らず，ヨーロッパ，アジア，中東，南アメリカなどでも同様だろう。

　ただし，ここで疑問が浮かぶ。それは，なぜそれほどまでに家族を題材とした映画が多いのかということだ。それに対して，「家族や親族は人間社会に普遍的なものだから」と答える人もいるかもしれない。そもそも生物学上の父親や母親が存在しない人などいない。そこに重要なつながりを見出してしまう感覚はなんとなく分かる。そうだとすれば，親族や家族というテーマが地域を超えて人の共感を誘うことは想像に難くない。

　それに対して，「はたして血縁関係だけが親子だろうか」「むしろ育ての親こそが大切なのではないか」と考える人もいるだろう。確かに，映画などでも感動を誘うのは，両親が子どもを気にかけ，愛情を注いでいることがよくわかるシーンだ。そのように考えれば，家族関係で大切なのは子どもへの愛情だと捉えることもできるだろう。だからこそ，家族や親族の「愛情」というテーマは人の感情を揺さぶるのだという考え方もできる。

　生みの親か育ての親かという問題は，ある意味で古典的な問いである。それは文化人類学においても同様だ。本章では，家族や親族を形作っているのは何なのか，文化人類学の視点を紹介しながらみなさんと一緒に考えていこう。

(2) 家族は大切か

　ところで，みなさんにとって家族は大切な存在だろうか。「もちろん大切だ」という人もいれば，複雑な事情があるために胸を張って「大切だ」といえない人もいるだろう。たとえば，子どもに悪影響を与える「毒親」という言葉があるように，必ずしもすべての家族が円満であるわけではない。厚生

労働省によれば，令和2年度以降，児童虐待相談対応件数は20万件を超え続けている（厚生労働省 2023）。「大切」とされている家族の間でも，あるいは大切な関係だからこそ，その内部で暴力が生じてしまうことがある。

　一方で，つながりたくてもつながることができないケースもある。たとえばインドネシアの映画『沈みゆくファンデルウィック号（*Tenggelamnya Kapal van der Wijck*）』では，両親を失ったあと誰にも頼ることができない青年が主人公である。実は，主人公の父親の出身民族では母方の血筋のみを自らの一族とみなし，母親の出身民族では父方の血筋のみを自らの一族とみなすため，主人公はそのどちらからも「親族」として扱われず，両方から援助を断られてしまうのだった。父方親族からも母方親族からも「親族」ではないと烙印を押されることは，私たちの感覚からすると不思議な感じがする。

⑶　親族／家族って何だろうか

　人類学という学問は，長い間世界各地の親族や家族のつながりについて考えてきた。だが，考えれば考えるほど，親族と家族関係の基盤ともいえる要素を通文化的に——複数の文化を横断する形で——取り出すことは難しい。

　たとえば，現代の日本では両親と祖父母，兄妹，従兄妹，その子どもたちくらいが一般的な家族や親族の範囲だろう。しかし，私が調査しているインドネシアのミナンカバウの人たちにとっては，実際の血縁関係はわからなくても，母親から受け継ぐ親族グループの名前が同じであれば親族として扱われる。この親族グループの名前は69しかなく，彼らが大部分を占める西スマトラ州の人口は約558万人のため，ミナンカバウの人たちにとって広い意味での親族の数はとてつもなく多いことになる（Kato 1982: 72-86; Badan Pusat Statistik 2023）。

　また別の例を挙げれば，イスラム教徒の間では，乳幼児を育てている女性が母乳の量の少なさで悩み，同じぐらいの年齢の子どもがいる女性に母乳を分けてもらうことがある。この場合，同じ母乳で育った子ども同士は一種の親族関係としてみなされ，将来的に両者が結婚することは禁じられている。さらには，ネイティブ・アメリカンの間では，トーテミズムと呼ばれる考え

方がみられる。トーテミズムとは特定の動物を自分の親族集団の祖先として
みなす考え方だ。これも広い意味の親族関係と捉えることができるだろう。

　このような例を挙げると，「世界には親族や家族について変わった考え方
をするひとたちもいるものだ」と思われるかもしれない。しかし，みなさん
のなかにはペットが家族（あるいはそれ以上）のような存在だという人もい
るだろう。また，かつての日本のイエ制度のなかでは，血縁関係のない奉公
人が跡継ぎとなってイエを継承するということも行われていた。これらを踏
まえると，血縁関係があってもなくても，世界各地では様々な関係が家族や
親族と呼ばれていることに気が付く。改めて考えてみると，親族や家族とは
いったい何なのだろう。以下では，人類学のこれまでの歴史を眺め，その知
見を紹介していく。

2　東南アジアで親族／家族を学ぶ

(1)　人類学者がみた「親族」と「家族」

　まずは，ここまで区別せずに使用してきた親族と家族という単語について
整理しておこう。広辞苑によれば，家族（family）とは「夫婦の配偶関係や
親子・兄弟などの血縁関係によって結ばれた親族関係を基礎にして成立する
小集団。社会構成の基本単位」（新村 2018）である。やはりここでも血縁関
係が重視されていることがわかる。人類学の場合，なかでも一つの家や敷地
で暮らす人々を指すことが多い。一方，親族（kinship）は日本の「〇〇家」
に同居していない祖父母や従兄妹が含まれるように，家族の範囲にとらわれ
ない「同じカテゴリ」にある人々だと考えておこう。

　親族と家族は文化人類学が成立していった19世紀から20世紀中頃にかけて
最重要トピックの一つだった。その理由は，文化人類学が主な研究対象とし
た社会の特徴にある。初期の文化人類学や民族学では，東南アジアやアフリ
カなど，19世紀のヨーロッパ人にとって「未開」とみなされた社会を主な対
象としていた。いわゆる「未開社会」では，国家や，行政組織，警察，裁判
所といった統治機構はヨーロッパのように整備されていたわけではない。

ヨーロッパの国家に関する基礎的な考え方では，国家がなければ人々は欲望のままに行動し，混乱状態に至るとされていた。しかし，実際に人類学者が研究をしている「未開社会」ではそのような混乱はみられなかった。その秩序体系を形作っているものとして注目されたのが家族や親族だ。国家のような複雑な政治組織のない「未開社会」では，親族や家族に基づいて権利や義務が付与され，社会の基礎となって秩序が維持されているのだろうと想定されたのだ。

　なかでも親族を中心とした社会の分析が花開いたのは，1940年代から1960年代のイギリスである。イギリスでは構造機能主義（structural functionalism）と呼ばれる立場から，社会を一つのまとまりとみなして，その基本的な骨組みである社会構造を分析するという方法がとられた。そして社会構造の最も重要な構成要素の一つが親族であった（ラドクリフ＝ブラウン 2002）。

　構造機能主義の人類学が特に注目したのが単系出自という考え方である。少しわかりにくい言葉なので，一つずつ説明していこう。出自（descent）とは，親子関係の連鎖に基づいた系譜関係を指す。さらに「単系」という言葉が付いているのは，父方か母方のいずれか一方だけを指していることを意味する。つまり単系出自とは，父系（お父さんの，そのお父さんの……）か母系（お母さんの，そのお母さんの……）の系譜のつながり方を意味している。もし父方との系譜関係でつながりが説明されるのであれば「父系出自（patrilineal descent）」，母方との系譜関係でつながりが説明されるのであれば「母系出自（matrilineal descent）」という。ちなみに，日本のように父方と母方の両方のつながりをもって親族関係を説明するのであれば「双系」と呼ばれる。

　世界の各地には，単系出自でつながった人たちが集まってグループを作るケースがみられる。このようなグループを単系出自集団と呼び，なかでも同じ父系出自でつながる人たちのグループは「父系出自集団」，母系出自でつながる人たちのグループは「母系出自集団」という。さらにいうと，系譜関係がはっきりしている人たちのグループは人類学の用語でリネージ

(lineage)，範囲が広くてはっきりとした系譜関係がわからない人たちのグループはクラン（clan）という。有名なところでいえば，中国では「宗族」と呼ばれる父系リネージがみられ，数十代前の共通の祖先を祀る儀礼を行ったりしている（フリードマン 1987）。

　みなさんのなかには，なぜ人類学はこれほど複雑そうなものに注目したのだと疑問を抱く人もいるかもしれない。その理由は，出自集団が政治や経済の単位になっていることがあるからだ。たとえば，あるリネージではみんなで土地を共有していたり，独自のリーダーを擁立したり，互いに助け合う単位になっていたりすることがある。つまり国家のような複雑な政治組織のない地域では，このような出自集団が社会構造の骨組みとなって人々の統率を保っているのだと考えられたのである（エヴァンズ＝プリチャード 1997）。

　このように，初期の人類学では出自という血縁関係に基づいた考え方を使って社会を分析しようと試みた。そして複数の社会を比較することで社会を分類して，最終的には人間社会の普遍的な側面に肉薄しようとしたのだ。

(2)　東南アジアから親族論への挑戦

　以上のように華々しい成果を挙げた人類学の親族研究だったが，それらの研究において東南アジアを対象としたものは多くはなかった。その理由は，東南アジアの多くの地域では，中国の宗族のように明確な出自の体系をもっていなかったからだ。東南アジアの親族体系を表す分析概念として注目されたのは，自分からみて父方と母方の両方に祖先をたどる双系，あるいは自分の主観的に把握される範囲を意味するキンドレッド（kindred）と呼ばれる体系であった。そこでは，出自に規定された組織原理よりも，実際の生活上の関わりの深さが重要となる。そうした議論の発端となったのが，アメリカの人類学者ジョン・エンブリーの議論である。

　もともとエンブリーは日本を対象として研究をスタートした人類学者だ。日本での調査研究のあと，エンブリーは新たな調査地の一つとしてタイを複数回訪問する。彼は日本との比較において，タイの人々の間では親族関係に由来する義務が緩やかであり，状況主義的で，個人的な行動の許容範囲が広

いことに着目する。そこでエンブリーは，タイの社会は「緩やか（ルーズ）」に組織されていると評した（Embree 1950）。

　エンブリーによる「緩やかな社会」の議論は科学的な方法を欠いた印象論だという批判も受けたが，それほど当時の人類学は東南アジアの親族関係を分析するためのツールをもっていなかったとも考えることができるだろう。キンドレッドの体系のもとでは，父方／母方，親族／姻族のくくりではなく，何か行動を起こす際に必要となる人々をネットワークのなかから動員するという側面のほうが大きかったのだ（フリーマン 1981）。

　東南アジアの親族研究では，日本の人類学者によって提出された概念も少なくない。ここでは，そのうち2つを紹介しよう。その一つが，タイで調査を行った水野浩一によって提出された屋敷地共住集団（multi household compound）である（水野 1981）。彼が調査を行った東北タイでは，親の屋敷地（家屋を建てる土地）のなかや近くに子どもたち夫婦が家を建て，同じ土地を耕し生計を一にしながら生活するパターンがみられる。そして，いずれ子どもたち夫婦は親の土地を引き継いでいくことが期待されている。明確な境界をもつわけではないけれども，このように土地への権利と生計を共にする人々の集まりを指して，水野は屋敷地共住集団と呼んだ。同様の集団は東南アジアの各地でもみられるものであり，そのモデルは単なる「緩い」という分析を乗り越え，人のつながりのパターンを読み解こうとしていたのだ。

　もう一つ紹介しておきたいのが，マレー半島などの事例をもとに提出された家族圏（family circle）である（坪内・前田 1977）。この議論によれば，マレー社会では集団としての親族はない。むしろそこでみられるのは，「私とあの人」といった2人のつながりが積み重なった関係性だ。そこでは明確な出自体系や婚姻の決まりはみられず，日々の生活のなかで近しくなった関係や，生活のために役立つからという理由で選択された関係といった個人間のネットワークが重要となる。だからこそはっきりとした「集団」ではなく，範囲の曖昧な「圏」という言葉が使われている。

　東南アジアにおける研究では集団としての親族関係というよりも，人々が柔軟に関係を切り結ぶ様子に注目してきた。東南アジアの親族関係には，血

縁関係をもとにした出自概念では十分に分析することができなかった，家族と親族のつながりを選択するという側面があったのだ。

(3) 「家族」なんてないのか

しかし，のちにはさらにラディカルな「親族研究批判」がなされることになる。その要点は「世界中のひとたち全員が納得するような「家族」という考え方ははたしてあるのだろうか」ということにある。なかでも最も影響力の大きな議論を行ったのは，アメリカの人類学者デヴィット・シュナイダー（Schneider 1984）だ。彼はミクロネシアのヤップ島での調査を通して，現地の人々にとっての「父親」が必ずしも英語の father を意味しないと知ることになる。どういうことだろうか。

父系出自を中心としているとされるヤップ島における親子観念を調べてみると，それまで「父親」と訳されてきた現地の言葉 *citamangen* が，実は自分の土地から採れる食物を与えてくれる人を指していることが明らかになった。つまり，生物学的な父親でなくても，土地から採れた食物を与えてくれれば *citamangen* と呼ばれるのである。

一方，人類学が扱ってきた父系出自において想定されてきたのは西洋的な観念としての father であった。西洋における father は，親から子へと継承される「血」のつながりを基礎に置いており，ヤップ島における *citamangen* とは異なる発想に基づいている。それに，「血を受け継ぐ」といっても，もちろん私たちの血液は両親とまったく同じであるわけではない（血液型だって違う場合がある）。その点を踏まえると，それまでの人類学が発展させてきた親族に関する理論は，実は西洋における「血」というローカルな観念に依拠していたのではないかというのである。

それを踏まえてシュナイダーが批判したのは，西洋由来の考え方をもとに発展した人類学の理論は，はたして通文化的な親族理解にたどり着くことができるのかという点だ。人類学における重要概念だった出自という「血縁関係」は，そもそもヤップにも，そしてもしかすると他の地域にも存在しない考え方なのかもしれないのだ。

⑷ 作られゆく「親族」と「家族」

　たしかにシュナイダーの批判はもっともだ。やがて，1990年頃からはシュ
ナイダーの批判を踏まえた「新しい親族研究」が注目を集めるようになる。
その背景の一つは，生殖医療の登場である。従来は人間の手の届かない生物
学的な領域だと思われていた生殖が，人の手による操作が可能であることが
わかってきたのだ。たとえば1組のパートナーの精子と卵子を体外で受精さ
せ，別の女性の子宮に入れて育てる代理出産の場合，「母親」はいったい誰
になるのだろうか。西洋の「血」という考え方を支える，生殖についての視
点が根幹から揺さぶられることになった。改めて「家族」「親族」とは何か
問われるようになったのである。

　これ以降，1990年頃からは臓器移植など，これまでの親族研究が扱ってこ
なかった現代的なテーマも扱われるようになった。たとえばフィリピンでは
キョウダイの関係が非常に重視されることから，臓器移植のドナーもキョウ
ダイの間から探すことが多いという報告がある（島薗 2017）。臓器移植とい
う現代的なテーマであっても，実は地域の文化的な見方が反映されているこ
とがあるのだ。ちなみに，カタカナで「キョウダイ」としているのは，兄弟
姉妹関係における性別や年齢差を区別しない人々を分析するためである。
「兄弟」と書いてしまえばキョウダイ関係にある男性のつながりのみを意味
してしまうし，「兄妹」と書けば姉と弟をイメージしにくい。ここで重要な
のは両親あるいは一方の親を同じくする同世代の関係で，たとえば性別に関
係なく年上のキョウダイだけを指したいときには「年長キョウダイ」という
言い方がなされる。

　「新しい親族研究」は，なにも生殖医療のような現代的なテーマだけでは
ない。東南アジアの伝統的な農漁村社会を対象とした研究からも，新たな潮
流が現れている。その代表格がジャネット・カルステンという人類学者だ
（Carsten 1997）。彼女が調査を行ったマレーシアのランカウィ島は，離島で
ありながら，マレー半島やインドネシアのアチェやジャワ島から人々が開拓
者としてやってくるフロンティアであった。ところが興味深いことに，様々

な背景をもった人々が集う島であるにもかかわらず、彼らは「村の人たちはみんな親族のようなものだ」という。いったいどういうことだろうか。

実は、ランカウィ島に住む人々の親族関係において重要なのは「血」という観念であった。これだけだとシュナイダーが批判した従来の親族研究と同じように思えるかもしれない。しかし、ランカウィ島における「血」の考え方は少し違っている。彼らにとって「血」は米から作られるものであり、特に同じ釜で炊いた米を食べた人たちは徐々に一つの「血」を体内に吸収していくことで、少しずつ親族へと変化していく。ひいては、隣人と米を分け与えたりすることを通して、島民はみんなが親族になっていくというのである。

それまでの研究では血縁関係は生まれもったものとして動かすことのできない事実として考えられてきた。しかし、ランカウィ島では親族は生得的なものではなく、プロセスを経て獲得するものであることが明らかになった。この「血」のように、共有されることで親族関係を作り出す身体の要素をサブスタンス（substance）と呼ぶ。

以上の「新しい親族研究」に目を通してみると、いずれも親族関係が作り出される側面に注目していることがわかるだろう。特にカルステンのような研究が出てきた背景には、東南アジアにおける親族が柔軟性という特徴を備えていることが大きいといえるかもしれない。かつてのイギリスの人類学が注目したような明確な出自の考え方がなく、家族の範囲もあいまいだからこそ、親族へと変わっていくプロセスを明瞭にみることができたのだろう。

3　母系か父系か──ミナンカバウの人たち

(1)　「母系社会」ミナンカバウ

ところで、実は東南アジアの各地には、明確な出自体系がみられる社会もある。その一つが、スマトラ島西部のミナンカバウ（Minangkabau）の人々だ。ミナンカバウの人々は、母系出自に基づいた「母系社会」として知られ、東南アジアに関する教科書などで言及されることも多い。しかし、実はカルステンのように現地の人々の考え方をみてみると、必ずしも母系とは言

い切れない部分もある。ここでは，何が親族を形作っているのか考えるために，「母系社会」としての側面と人々の考え方の両方をみていくことにしよう。

　まずは「母系社会」としての側面についてみてみよう。ミナンカバウの人々は，母親から「スク（*suku*）」と呼ばれる親族グループの名前を受け継ぐ。これは，人々の名前に反映されることはないものの，日本における苗字のような側面をもっている。ただ，苗字と違うのは同じスクの名前をもつ人たちは全員が同じ共通の祖先をもっていると考えられている点だ。スクは明確な系譜をたどることはできないため人類学の用語でいう母系クランに当たる。

　次に，地域によって名称は異なるが，スクよりも小さな単位として「カンプァン（*kampuang*）」がある。これは明確な系譜関係が認識されているため，母系リネージに当たる。カンプァンのメンバーたちは農地や宅地を共有しており，理念的には成員であれば誰でもその土地を利用することができる。ただし，基本的にはカンプァンの土地は女性が使用することになっており，土地を使用する権利は母親から娘へと受け継がれる。

　次頁に示したのがカンプァンの範囲を示す図である。破線で囲った範囲に入っているのがカンプァンのメンバーである。注意が必要なのは，背景色がない破線で囲った「父」「祖父」「曾祖父」といった人たちだ。通常であれば「母系リネージ」というとき，これらの人々はメンバーに含まれない。しかし，ミナンカバウでは，母系リネージの女性たちと結婚した男性たちもカンプァンの副次的な成員に含まれる。ただし，離婚してしまえばカンプァンのメンバーではなくなるため，区別している。また，「叔母／伯母」といった表記は読者の便宜を図るために日本での親族名称をつけたもので，実際には母方オバ（*etek*）と父方オバ（*ante*）といったように，カンプァンの成員とそれ以外では異なる名称が使われる（図1−1）。

　カンプァンの人たちは土地を共有しているが，時にはメンバーのなかで勝手に土地を売却しようとする人物が現れる。それでは困ってしまうため，メンバー間の統率を取るために，カンプァン内の既婚男性たちがリーダーシップを取る。なかでも，経験豊富で体力と財力に恵まれた男性がカンプァンのリーダーとして選ばれる傾向がある。母系リネージの男性リーダーというと

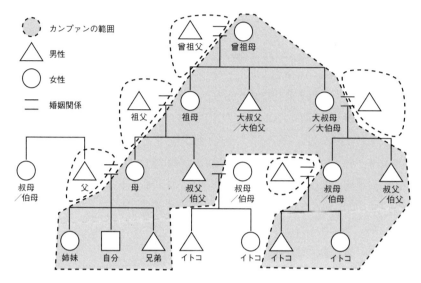

図1-1　カンプァンの範囲
出所：筆者作成。

困惑してしまうかもしれないが，同じ母親から生まれた兄弟たちがカンプァンを取り仕切るのである。

　「母系」的な側面は，結婚したあとの住居にも表れる。ミナンカバウでは，結婚すると，男性が妻の実家で暮らし始める。同じカンプァンの女性たちは寄り集まって暮らす傾向があるので，自らの周囲には同じカンプァンの女性たちと，彼女たちと結婚した男性たちが暮らすことになる。つまり，同じ母系リネージの女性たちは一か所に集まって暮らしているのだ。

⑵　「血」でつながる人たち

　ただ，私がスマトラ島で実際に話を聞いてみると，村の人たちは「ミナンカバウでは父親とのつながりのほうが強いんだ」と言う。いったいどういうことだろう。

　調査を通してわかってきたのは，村では「血」という観念が重要だということだった。村びとたちによれば，人は男性の「血」から作られた精液とし

て出発し，女性の子宮のなかで大きく成長して誕生する。一方で，母親と子どもの身体的なつながりを示唆する語彙はみられない。つまり，子どもは父親の「血」から作られ，それを受け継いでいるとされているのだ。同じ「血」をもつ間ではとても近い関係にあるため，結婚は許されていないばかりか，相手を卑下するような冗談を言ってもその関係は崩れないとされている。

　この「血」は父方の親族を通して7世代先まで受け継がれるもので，カルステンがいうところの親族関係を作り出すサブスタンスに当たることがわかる。そうやって考えてみると，ミナンカバウは父親から子どものつながりを重視する父系社会のようにもみえてくる。では，なぜミナンカバウの人たちは母系のつながりをもとに親族のグループを作るのだろうか。

(3)　広がりゆく親族関係

　村の人たちによれば，村の親族関係を知るうえでもう一つ大切な要素がある。それがインドネシア語／ミナンカバウ語でいうハティ（*hati*）だ。ハティは言葉としては肝臓を意味するが，現地の文脈に即していえば，日本語で言う心のようなものだと考えてもらえればよい。このハティは神から与えられた最も神聖なもので，人々を正しい道に導いてくれるものだとされている。そしてハティでつながった関係こそが最もよいものだと考えられていた。

　このハティという考え方は村落内での「母系」的な側面を支えていた。ハティは人間の行為によって喜んだり傷ついたりする。誰かから気にかけてもらったり贈り物を貰ったりすれば喜び，心無い言葉をかけられると傷付く。なかでも自分の母親は小さな頃から母乳を与え，無事に育つよう気をかけてくれる存在だ。だからこそハティが喜び，母親と子どもは強いつながりをもつのだとされ，「血」によってつながった父親との関係よりも重視されるというわけだ。

　実は，ハティによってつながるのは母親だけではない。ミナンカバウの人々の間では，他の村や地域からやってきた人を迎え入れることがある。その人は，最初は他人であっても，毎日の暮らしのなかで食べ物をおすそ分けしたり，家事を手伝ったりすることで，少しずつハティによってつながった

「親族」になり，さらにはスクの名前を授かりカンプァンの一員になることができる。かくいう私も，少しずつ「ケイはあそこのカンプァンの一員だ」と言われるようになっていった。ただし，毎日の生活のなかで「親族」のことを気に留めないでいると再び「親族」からは遠のいてしまう。母系出自というと民族の掟によって定められた形式的な関係のように思えてしまうかもしれないが，その関係を支えていたのは日々のやりとりの積み重ねだった。

(4) あれも「親族」，これも「親族」

このように，ミナンカバウの人たちの親族関係は身体に根差した父親とのつながりと，行動に根差した母系を中心とするつながりのなかで成り立っている。最後に，生まれもった身体とも行為とも違った，思いがけずつながってしまう親族のつながりについて少し紹介しよう。

興味深いことに，村のなかでは系譜関係もなく，毎日の生活のなかでも接点が少ない2人の間で「実は俺たちはキョウダイなんだ」と語られることがあった。よく話を聞いてみると，2人は偶然同じ名前なのだという。名前が同じだけで大げさだと思われるかもしれないが，ミナンカバウの人たちの間では目上の人の名を口にすることはタブーとされているほど，名前は私的なものである。そんな大切なものを同じくする人との関係は，親族のつながりに匹敵するのだという。

もう一つ「つながってしまう」関係としてあるのが，輪廻転生を通した前世の家族とのつながりだ。ミナンカバウの人たちはイスラームを信仰しており，イスラームでは一度死んでしまうと最後の審判の日まで生き返ることはないとされているため，本来であれば輪廻転生はないはずだ。しかし，村では前世の記憶をもったまま生まれてくる子どもが稀にいるのだという。そのような子どもは，前世の家族のもとにも時折足を運びながら，現世の家族のもとで育つとされている。前世の家族も現世の家族も大切なのだ。

こうしてみると，一口に「親族」や「家族」といっても多様な関係性があることがわかる。むしろ多様すぎて捉えどころのないくらいだ。だがよく考えてみると，それを「親族」と呼ぶかはともかく，みなさんの子どもの

頃も，同じ家に住む両親やキョウダイだけでなく，遠い親戚のおじさんやおばさんに面倒をみてもらったり，時には近所の人から声をかけてもらったりしながら育った覚えがあるのではないだろうか。人の生は，様々な人とのつながりのうえで成り立っている。

4　多様なつながりのなかで

(1)　家族のつながりと束縛

　ここまで「つながり」について考えてきたが，人はつながっていればよいわけではない。それは時として束縛に結び付いてしまうこともある。

　インドネシアに『ゾクっとするけどいい気分（*Ngeri Ngeri Sedap*）』という映画がある。ストーリーとしては，スマトラ島の田舎に暮らす両親が一族の伝統儀礼を行うため，そしてゆくゆくは自分たちの面倒をみてもらうために，都会に暮らす子どもたちを帰郷させようと画策するという物語だ。確かに両親の立場になってみれば，子どもたちに田舎へ帰ってきてほしいという気持ちはわかる。しかし，子どもたちの立場で考えれば，都会ですでに築き上げた生活を捨てて両親の想いに答えることは難しいだろう。親族や家族の「つながり」は容易に「しがらみ」へと変わりうる。

　一方で，そんな「しがらみ」から逃れようとする人々の営みもあることにも注目してみよう。たとえばタイの山地に暮らすムラブリの人々の間では，他民族に恋する女性の例が報告されている。ムラブリの間では他民族との恋愛関係はよくないとされる。しかしあるとき，他民族との恋愛関係が明らかになった。その際，母親は娘を叱咤した。しかし，父親は母親による叱咤をたしなめたという。家族関係のなかでも，個人の生き方に干渉しすぎてはいけないという考え方があるのだ（二文字屋 2020）。

　ミナンカバウの人たちの生き方をみてみても，「家族だから」といってたくさんの手伝いをさせられることに嫌気がさし，わざと故郷を離れ，連絡を絶つことが少なくない。それでも再会するとあっけらかんと付き合いを続ける場合もある。まさに東南アジアにおける親族の柔軟性を感じる場面だ。親

族について考えるためには，つながりだけでなくそこから離れるという側面にも注目する必要があるといえるだろう。

⑵　改めて，親族／家族とは何だろうか

　本章では，家族と親族のつながりの根拠について考えてきた。それはいわゆる血縁に基づいたものであるかもしれないし，大人になるまで育ててくれたという事実かもしれない。あるいは，生みの親が突然現れるというような考えもしなかった人とのつながりもあるかもしれない。国語辞典の家族の定義では血縁関係が重視されていたが，本章でみてきた東南アジア各地の事例をみれば必ずしも血縁関係が決定的な要素にはなっていないことがわかるだろう。そもそも，ランカウィ島やミナンカバウの例からもわかる通り，「血」という言葉が指している範囲や意味も社会によって大きく異なっているのだから，血縁関係のみで家族を考えるには無理がある。

　家族関係は「血」によって決まるわけではないし，その関係だけが人生において重要なわけでもない。つながることもできれば，離れることもできる。それほど「家族」や「親族」は多様でありうる。誰とつながることができるかは，ある面では運命にゆだねられている一方で，ある程度私たちが選ぶこともできる側面も兼ね備えている。自分にとって「家族」や「親族」がどういう関係なのか，そしてそれを作り出しているのは何なのか，東南アジアの人たちの営みを参考に改めて考えてみてもよいのではないだろうか。

参考文献

エヴァンズ＝プリチャード，E・E　1997『ヌアー族——ナイル系一民族の生業形態と政治制度の調査記録』向井元子訳，平凡社。

厚生労働省　2023『令和3年度　児童相談所での児童虐待相談対応件数』https://www.mhlw.go.jp/content/001040752.pdf（2023年3月25日閲覧）。

島薗洋介　2017「双方制と親縁性の文化」山本信人監修・宮原暁編『東南アジア地域研究入門2　社会』慶應義塾大学出版会，87-100頁。

新村出　2018『広辞苑』岩波書店。

坪内良博・前田成文　1977『核家族再考』弘文堂。

二文字屋脩　2020「〈動き〉を能う——ポスト狩猟採集民ムラブリにみる遊動民的身構え」『年報人類学研究』10：134-154。

水野浩一　1981『タイ農村の社会組織』創文社。

フリードマン，M　1987『中国の宗族と社会』田村克己・瀬川昌久訳，弘文堂。

フリーマン，J・D　1981「キンドレッドの概念について」小川正恭他訳，村武精一編『家族と親族——社会人類学論集』未來社，199-229頁。

ラドクリフ＝ブラウン，A　2002『未開社会の機能と構造』新版，青柳真智子訳，新泉社。

Badan Pusat Statistik 2023. *Sumatera Barat dalam Angka*. Badan Pusat Statistik Provinsi Sumatera Barat.

Carsten, J. 1997. *The Heat of the Hearth: the process of kinship in a Malay fishing community*. Oxford: Oxford University Press.

Embree, J. F. 1950. Thailand: A Loosely Structured Social System. *American Anthropologist* 52(2): 181-193.

Kato, T. 1982. *Matriliny and Migration: Evolving Minangkabau Traditions in Indonesia*. Ithaca: Cornel University Press.

Schneider, D. M. 1984. *A Critique of the Study of Kinship*. Ann Arbor: University of Michigan Press.

●課題●

1 みなさんが親戚だと考える人の範囲を，28頁の親族図を参考にして描いてみよう。そして，そこに「血」のつながっている人たちはどれくらいいるか考えてみよう。
2 みなさんの家族や親族とのつながりは何によって生まれているだろうか。本章の内容をもとに考えてみよう。
3 家族を題材とした映像作品や文学作品を取り上げて，そこで描かれているつながりが何によって作られているのか分析してみよう。

●読書案内●

『東南アジアの組織原理』前田成文，勁草書房，1989年
　　　　単なる親族の類型論ではなく，東南アジアにおける身体や人間に関する考え方から人々のつながり方について論じた作品。文体もわかりやすく，読みやすい。

『バリの親族体系』
　　　　クリフォード・ギアツ／ヒルドレッド・ギアツ，吉田禎吾・鏡味治也訳，みすず書房，1989年
　　　　観光地としても知られるバリを舞台に，著名な人類学者2人が親族関係について論じた作品。なかでも，本書で展開される「系譜の忘却」という視点は，親族関係を広げていくためには過去の関係を忘れる必要もあるのだということを教えてくれる。

『高地ビルマの政治体系』エドモンド・リーチ，関本照夫訳，弘文堂，1995年
　　　　親族体系の分析を中心に，環境，言語，民族の境界，政治について論じた名著。初学者には少し難しいかもしれないが，親族について考えることで，広く社会について考えることができるのだという感動を味わうことができる。

第 2 章

ジェンダーとセクシュアリティ

人間の性はどのように多様で複雑か

大村優介

ラオスの首都ビエンチャンにある飲み屋。首都にはバンドによる
生演奏つきの飲み屋が多く，若者の夜の娯楽の場となっている
(2022年，筆者撮影)

1 性についての「当たり前」を問い直す

(1) 「外科医」は父親？　母親？

　ある架空のストーリーを考えてみよう。ある男性が息子を乗せて車を運転
していたところ，ダンプカーに衝突してしまい父親は即死した。一方息子は
意識不明の状態で病院へ運ばれたが，その病院で彼の手術の担当になった外
科医は運び込まれた彼をみた瞬間，「これは私の息子なので，私は手術を担
当できない」と言った……（千野 2017：11-12）。

みなさんの頭のなかでは，外科医はどのような人物だと思い浮かべられているだろうか。男性をイメージし「息子の父親は事故で亡くなったはずではないのか」と一瞬戸惑った人もいるのではないだろうか。しかし医師の性別は示されていないので，医師が母親だと考えても矛盾はない。また，両親が同性カップルであれば父親がもう一人いてもおかしくはない。このストーリーは，性別や「家族」というものに関する思い込みの存在に気づかせてくれる。

(2) 「LGBT男性」という表現はなぜおかしいのか

今度は現実に日本で起きた出来事である。2015年，あるゲイ男性の学生が，自分がゲイであることをある友人に告げたところ，その友人によってその他の学生たちに彼がゲイであることを言いふらされ（このような行為を「アウティング」と呼ぶ），その後それが原因となって自死したという痛ましい出来事があった。その出来事を報じるニュースのなかでその学生を「LGBT男性」と紹介するテレビ局があった。

しかしこの表現は不正確であるという指摘がなされた（森山 2017：24-25）。なぜなら「LGBT」とは「レズビアン」「ゲイ」「バイセクシュアル」「トランスジェンダー」という複数のカテゴリーを並べた言葉であり，4つすべてを兼ねることはできないからである。男性は「ゲイ男性」ではあるがその他のカテゴリーには当たらない。2015年頃は「LGBT」という言葉をニュースなどで耳にする機会が多くなってきた時期であったが，当事者や専門家からすると違和感のある使い方がなされることは現在でも多い。

(3) 「当たり前」はどこから来るのか

これらのエピソードは，私たちが普段当然と思っていることが実は思い込みに過ぎなかったり，十分に理解せずに済ませたりしている事柄があるかもしれないということを気付かせてくれる。しかし，「外科医は男性であるはずだ」と思うことや「LGBT男性」という表現に問題を感じないことは，単なる個人の知識の問題ではない。それは社会の問題でもある。

「日本で医師はたいてい男性がなるものだ」という認識はある意味では正

しい。実際に現在の日本では「女性」という属性を理由に医師になることを妨げる要因が存在し，「医師は男性がなるのが普通だ」という固定観念が，少なくない人々の行動を縛っているからである。また，性的マイノリティに関して不正確な表現がなされる背景には，報道や学校教育などの現場で十分な知識が伝えられていなかったり，差別のおそれゆえに当事者の人々が自分の属性を公にすることが難しかったりする状況がある。

　本章では性に関わる事柄を扱うが，その際まず「ジェンダー」と「セクシュアリティ」という2つの概念について説明する。日本語の「性」という言葉が表す内容は大きく分けて，「性別」に関わる内容と「性的なこと（性的な行為，性的な感情など）」に関わる内容の2つに分けられるが，前者に関わるのが「ジェンダー」であり，後者に関わるのが「セクシュアリティ」である。「ジェンダー」と「セクシュアリティ」という概念は，性の問題に名前を与え，性の問題を考える助けになるものとして学問の世界で活用されてきた。この章ではこの2つの概念を手がかりとして，性の問題が人間の間の違いをめぐって生じる問題だということについて，さらに私たちがその違いといかに付き合うことができるかという課題について考えてみたい。

2　性とは何か——ジェンダーとセクシュアリティという視点

(1)　「ジェンダー」——「社会的に作り上げられる」とは？

　「ジェンダー」とは，私たちが人を性別のカテゴリーに分ける仕組みに関わる様々な事柄を指す。そのなかには，自分をどの性別カテゴリーで認識するか（ジェンダー・アイデンティティ）【☞本章2(4)】，医療や国家制度，社会の価値観のなかで個人にどの性別カテゴリーが与えられるのか（出生時の性別判定，戸籍上の性別変更の際の制度など）や，異なる性別同士の関係，性別と結び付くイメージ（たとえば「男性は青，女性は赤」など），規範（たとえば「子育ては女性が行うものである」など）に関する問題も含まれる。

　「ジェンダー」という言葉の重要な意義は，性の問題が社会的・文化的な現象でもあるということをみえやすくしてくれることである。この「ジェン

ダー」という言葉が社会科学の世界で使われるようになったのは1970年代の
ことであったが，この頃，文化人類学も重要な役割を果たしていた。それは
文化人類学が西欧以外の地域での調査に基づき，人間の文化や社会の多様性
を示す研究を蓄積していたことと関係している。たとえばアメリカの文化人
類学者マーガレット・ミードは，オセアニアの6つの社会とインドネシアの
バリ島での調査に基づき，各社会での男性と女性の位置付けや関係，子ども
の性に関する発達過程などについて比較し，性別に関する価値観や慣習が社
会によって極めて多様であることを示している（ミード 1961）。

　文化人類学がもたらした知見は，人間社会のジェンダーのあり方には様々
な可能性があるということ，ジェンダーが「変えられない人類共通の基盤」
ではなく「様々な方向に変わりうる事象であること」を訴えるための重要な
根拠の一つとなった。ジェンダーに関する規範，慣習やイメージが社会ごと
に異なり，それぞれ歴史的・社会的に作り上げられてきたものなのであれ
ば，その作り上げられる過程を学問的に解明したり（ジェンダー研究という
学問分野），すでにある慣習や価値観を今後どのように変化させられるのか
を社会運動として模索したりする（フェミニズム運動）ことができるわけで
ある。

　しかし気を付ける必要があるのは，「性」というものが「自然な＝生物学
的な性」と「文化・社会的な性」という別々の2つのものに分けられるので
はない，ということである。性に関して生物学や医学によってみえる問題
と，文化人類学や社会学などによってみえる問題とは異なるが，それはそれ
ぞれ別のアプローチからみているということであり，性というものは生物学
的であると同時に文化・社会的であると考えたほうが正確である。最初に述
べたようにジェンダーとは，性の問題のなかでも，性別に関わる分類の仕組
みについて，文化・社会的な側面から光を当てるための道具なのである。

(2)　「セクシュアリティ」── 「性的である」とは？

　性の問題を文化・社会的に考えるためのさらに別の道具として「セクシュ
アリティ」という概念がある。「セクシュアリティ（sexuality）」は，「性的

である（sexual）」という英語の形容詞の名詞形だが，性の問題のなかでも人間の「性的である」という経験に関わる物事を指す言葉である。何かが「性的である」というとき，それは何かしらの存在（人だけでなく，人以外の生物や物質も含む可能性がある）に魅力を感じて惹かれたり，それと関わったりするなかで快楽を得たり，逆に不快感を抱くような経験だったりする。人間の経験や感覚に関わる事柄であるため，そのものずばりをはっきりと述べることは難しいが，人々の経験のなかでふと何かが「性的である」「性的に魅力的である」「性的に不快である」などと感じられる事柄を指している。

　アメリカの文化人類学者ゲイル・ルービンは，第二次大戦後のアメリカにおいて，いくつかの特定の性的行為，性的な好みや傾向のあり方が「逸脱」したものとみなされ，社会のなかで規制されたり抑圧されたりしていたことを指摘している。そしてルービンは具体的に，「異性愛／同性愛」「身体のみでの性行為／モノを使っての性行為」「二人での性行為／独りもしくは三人以上での性行為」「家での性行為／公園での性行為」などの対立軸を挙げ，これらの対立軸の「／」の後ろ（つまり同性愛などの側）が「逸脱」とみなされてきたことを指摘している（ルービン 1997）（図2−1）。

　ここで重要なのは，セクシュアリティというものが（ルービンが挙げたような）性的対象の性別，道具の使用の有無，人数，場所，その他たくさんの様々な要素を含む現象であるということである。セクシュアリティには，誰に対して性的な魅力を感じるか／感じないか，どんな行為に対して性的な魅力を感じるか／感じないかなどの事柄が含まれる。（一般的にいわれる）「性行為」に限定されるわけではなく，たとえ

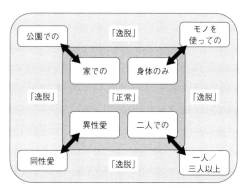

図2−1　ルービンが論じた，第二次大戦後のアメリカで「正常」とされた性と，「逸脱」とされた性との関係
出所：ルービン（1997）より筆者作成。

ば触れる，においを感じる，姿を見ることが性的だと感じられることもあり，ある人は性的だと思わないことが別の人にとっては性的だと感じられることもある。さらには，モノや絵・写真などのイメージに対して性的な感覚とともに惹き付けられることもあるだろう。「セクシュアリティ」という概念は，人々のこのような幅広い経験を視野に入れて考えるために有効な概念なのである。そしてルービンが指摘したように，この幅広いセクシュアリティのあり方を分類し，ある性の経験のあり方をよいものとし，ある性の経験のあり方を悪いものとする社会的な分類，差別が起こりうるということも忘れてはならない。

(3) 女性の人類学者が描く，東南アジアの女性の多様性・複雑性

　先に紹介したミードのように，これまで多くの文化人類学者がそれぞれ特定の地域のジェンダーやセクシュアリティに関わる事柄について研究を行ってきた。しかし1980年代後半頃から，様々な研究者たちによって，それまでの文化人類学の研究がもつ様々な問題点が指摘された。つまり特定の人々，特に欧米以外の地域に住む人々の性に関する事柄について研究し書く過程で，「A社会では女性は〜だとみなされている」などと，その地域に住む人々の暮らしや考え方がみな一枚岩であるかのように描き，それによってその人々の姿を単純化して実態からかけ離れたイメージを独り歩きさせてしまったり，彼らの意思や感情を無視した議論を行ってしまいがちであったことが批判された（たとえばミンハ（2011）など）。

　その後，このような批判を真摯に受け止めた多くの女性の人類学者たちが，調査地で出会う女性たちの多様さ，女性たちを取り巻く社会変化，それぞれの女性たちの感情やふるまいの細かい機微に注目する著作を生み出している。たとえばインドネシアのバリ島で調査を行った中谷文美はまず，日本の女性が「仕事」をめぐって直面するジレンマを思考の出発点としている。そのジレンマとは「仕事と家庭の両立」を問われるのが主に女性であること，そして，家事や育児という，女性が主に担うとされる「仕事」がしばしば，会社勤めなどの雇用労働のような「仕事」とは同等のものとはみなされ

ないことである。そのうえで中谷は，日本とは大きく状況の異なるバリ島の
ある村での調査に基づきながら，そもそも女性たち，そして社会にとっての
「仕事」とは何か，という内実を問い直していく。

　中谷は多くの女性たちが家内制手工業として織物生産に従事している村
で，女性たちが日々していることの内容や，女性たちが生活について語るこ
との内容を丁寧に記述する。村の女性たちにとって重要な仕事は主に家事，
布織，儀礼の遂行という３つの活動に分けられ，女性たちはこれら３つの仕
事のバランスをめぐって日々葛藤している。なかでも布織は，国家の政策，
観光産業の拡大，村への市場経済の浸透などの様々な要因が関わることでそ
の重要性を増している。同時に，生活水準の上昇によって儀礼の規模も拡大
しており，女性は機織りに時間を取られながら，以前にもまして長い時間を
かけて儀礼の準備に追われるという状況がみられる。さらにこの仕事との関
係は，女性の結婚をめぐる選択にも影響を与えている。未婚女性が家庭内で
の布織の重要な担い手であることや，結婚後に儀礼活動や家事の負担が大き
くなることを懸念し，結婚をためらう，結婚を遅らせる女性たちが増えてい
ることを中谷は報告している（中谷 2003）。「女性たちが日々していること」
の内実をみると，家事，布織，儀礼の３つがどれも女性たちにとって重要な
日々の活動であり，「仕事」であるということがわかる。そして，それらの
異なる仕事の比重や意味付けは個人や家庭の事情や，さらに，より大きな社
会経済的な要因にも影響を受けながら変化していることがわかる。

　性別の分類の仕組みに関わるジェンダー【☞ 2 (1)参照】は，民族，宗教，
経済，制度などの様々な要素と密接に関わりあっている。そして個々の女性
は，イエ，コミュニティ，国家，さらには国家を超えた人やモノの流れな
ど，様々な規模の力関係のなかで様々な仕方で生きている。ここで紹介し
た，東南アジアの女性について研究する女性の人類学者たちの研究は，「同
じ女性である」という同一性を前提とするのでもなく，「彼らは違う文化の
人々である」と最初から距離を離してみるのでもなく，調査地で出会う人々
の生活の様々な場面に丁寧に向き合うことによって可能になっている。この
姿勢は女性として女性について書く人類学者だけでなく，人間として人間を

対象に研究を行うあらゆる人類学者にとって重要なことであるし，読者のみなさんが本を読むとき，誰かと接するときについても重要なことである。

⑷　性の多様性——性的マイノリティの自己認識・自己表現と言葉

　「ゲイ」「トランスジェンダー」「アセクシュアル」……。性に関するアイデンティティ（自己認識）を示す言葉をみなさんはどれくらい知っているだろうか。これらのアイデンティティを表す言葉は，その言葉を用いる人々それぞれにとって，どのような重要性をもっているのだろうか。

　性の多様性について知るうえで重要な概念の一つに「SOGI（ソジ）」という言葉がある。これは「性的指向（Sexual Orientation）」と「ジェンダー・アイデンティティ（Gender Identity）」の略である。「性的指向」とはどの性別の人に性的に惹かれるのかを表す。たとえば「レズビアン」は自分は女性であり女性に性的欲望が向かう人々を指し，「アセクシュアル」は他者に対して性的欲望が向かわない人々を指す。また，性的欲望が異性に向かう人々を「ヘテロセクシュアル（異性愛者）」と呼ぶ。一方「ジェンダー・アイデンティティ」とは，自分で自分の性別をどのように認識しているかを意味する。たとえば「トランスジェンダー」とは出生時に割り当てられた性別とは異なる性別で自分を認識し生きている人々を指すので，「トランスジェンダー女性」とは出生時に男性という性別を割り当てられたものの，女性としてのジェンダー・アイデンティティをもつ人々を意味する。また，出生時に割り当てられた性別で自分を認識している人々を「シスジェンダー」と呼ぶ。さらに自分の性別認識が「男性／女性」の二択では表現できないと考える人々が用いるカテゴリーとして，「ノンバイナリー」や「Xジェンダー」がある。

　しかし，性に関わるアイデンティティを表すカテゴリーはさらにたくさん存在するし，言語・地域によってどのようなカテゴリーがあるかは異なる。同じカテゴリーの言葉を使っていても，その意味合いは人それぞれであるし，同じ人であっても場面によってカテゴリーを使い分けたり，一つのカテゴリーを様々な意味合い・方法で使ったりする。

東南アジアに関する文化人類学者の研究のなかには性的マイノリティの人々がカテゴリーを使い，カテゴリーの意味を変化させたり，新たなカテゴリーを発明したりする場面に注目するものがある。たとえばアメリカの文化人類学者ミーガン・シノットは，タイの女性同性愛者の人々の間で用いられていた「トム」と「ディー」というカテゴリーについて1990年代に調査を行っている（Sinnott 2004）。シノットによれば彼らの多くは，トムは「男性的」とされるふるまいや髪型，服装をする一方，ディーはトムよりは「女性的」で，カップルはトムとディーの対であるのが普通であると暗黙のルールのように考えている。しかしシノットは同時に，このような「トム」と「ディー」に関するイメージに息苦しさを感じたり，そのような認識は「もはや古いものだ」と語る人々も多くいることを指摘している。また，その後の著作でシノットは，2009〜2010年の調査の際には，10代後半〜20代前半の若者の間でトム同士，ディー同士のカップルがありうるものと考えられていることや，たくさんの新たなカテゴリーが発明されていることを報告してもいる（Sinnott 2012）。

　このような研究は様々なことを教えてくれる。社会のなかでマイノリティとされている人々にとって自分を表現する言葉，そして自分と似た人々と知り合い交流するきっかけをもたらす言葉の存在はとても重要であること。そして，そのカテゴリーに関しては，言葉のニュアンスやカテゴリー同士の関係をめぐって様々な見解の相違がみられ，カテゴリーの意味が変化したり，新たなカテゴリーが生まれるなどしているということである。

3　ラオスにおける性——ラオス人の友人との生活を通して考える

(1)　ラオスの生活のなかでみえるジェンダー

　私は日本に生まれたゲイ男性の研究者として，ラオスの首都ビエンチャンに住むゲイ男性たちと交流するなかで経験したことをもとに研究を行ってきた。そのなかでもある一人のゲイの友人とは，私がラオスで調査を始めた2019年以来，深く交流してきた。ここからは，私がこの友人と関わるなかで

見聞きしてきたことを手がかりとして，ラオスの人々の生活のなかでのジェンダーやセクシュアリティに関わる事柄について考えてみたい。

　あるとき友人が「母方の祖母は男の自分には台所での仕事を絶対させなかった」と言ったことがあった。しかし彼自身は料理が上手でしばしば私に料理を振舞ってくれた。またこの友人の里帰りに同行した際，友人の従姉妹たちが夜飲み屋に行きたいとしきりに誘ってきた。そのとき友人は私に「結婚していると普段夜遊びにいけないから，僕が里帰りするといつも飲みに連れていってくれと誘われるんだ」と説明した。飲みに行く際，従姉妹たちは他の親戚たちに見つからないよう，忍び足で家を出てきたのが印象的であった。私が出会ったこれらの言葉や出来事は，ジェンダーにまつわる「～すべきだ」「～するものだ」という規範に関わるものである。

　私が調査を行ったラオスの都市部では，夫婦がともに働いて生計を立てている世帯が多い。農村部に比べて現金での支出（住居の賃料，食費，ガソリン代，娯楽費など）が圧倒的に多い都市部では，会社員や公務員であっても，普段の月給では家計の支出を賄いきれないからだ。そのため既婚の女性が住居を兼ねた商店や市場などで自営業として商売を営んでいることが多い。このように女性の経済活動への参加が珍しくなく，家計のなかの重要な収入源となっているという点は，東南アジアのその他の多くの地域に関してもかなり以前から指摘されている（中谷 2003：12-14）。

　一方で家事についていえば，先ほどの友人の言葉にもみられるように，調理・洗濯・掃除などの仕事は女性と結び付けて考えられやすい。ただ，人々の間でのイメージとは別に実際の場面を詳しくみると，必ずしも女性が家事を一手に担うわけではない。二世代・三世代にわたる大人数の親戚で同居しているケースでは，家の外で働いていない中高年の女性が家事を中心的に担っていることが多いが，職のない若者（男女問わず）が家事の担い手になっていることもしばしばある。また，夫婦共働きの核家族世帯では夫婦の間での家事の分担は固定化されたものでは必ずしもない。

　日常生活のなかで性別による違いが最も際立ってみえる場面の一つが，僧侶に対する施し（喜捨）の場面である。ラオスでは上座部仏教徒が住民の大

多数を占め，都市部では村に最低一つは寺がある。毎日早朝には寺の僧侶たちが鉢をもち列をなして近所を歩き，路上で待つ住民が食べ物を施す。また，寺の境内で僧侶が朝食や昼食を食べる際，寺を訪れて僧侶に食事を提供する住民もいる。このような毎日の喜捨を行う住民の多くは中高年の女性である。その背景には，朝や昼の喜捨に時間を使えるのは多くの場合，家族のなかでも外での仕事に出ていないことの多い中高年の女性であるという事情や，出家して僧侶になるのは大半が男性である一方で，尼僧（出家した女性）の数は少なく，女性は出家をせずに喜捨などを通して仏教と関わることが一般的であるという，ラオスの寺院組織の事情も関わっている。

　人々の言葉のなかで表立って「女性は／男性は～すべきである」と強調されることは多くはない。しかし様々な職業や日々の生活の場面をみると，女性が担うことの多い仕事と男性が担うことが多い仕事の傾向を見出せるし，友人の親戚の女性たちのように既婚の女性の場合，（既婚の男性よりも）家の外での行動の自由が制限されやすいという傾向もある。このように人々の生活のなかに現れるジェンダーに関わる傾向性は，必ずしも常に言葉にされるわけではなく，日々の生活を共にするなかではじめてみえてくるものである。そして重要なのは，ジェンダーにもとづく規範や区分は，経済的状況（賃金水準や物価の変動）や親戚関係についての人々の考え方（ラオスでは親戚が大人数で集まって住むことが好まれる傾向が強い）のなかで生まれるということ，さらに，個人個人の状況によっても大きく変わるということである。

⑵　自分を呼ぶカテゴリーをめぐる複雑さ

　私は男性として男性を愛したり，男性に性的な魅力を感じることが多いため，自分のことを「ゲイ男性」だと考えている。この「ゲイ」という言葉は英語由来の言葉だが，日本でも書籍やネット，人々の会話のなかですでに広く普及しているカテゴリーである。私もあるときにこの言葉を知り，男性として男性に惹かれる自分を表現するのにふさわしい言葉だと認識し，「ゲイ」というカテゴリーを使い始めるようになった。

　ラオスにおいては，男性を愛する，または男性に惹かれる男性たちの間で

は，「ゲー」（ラオス語の発音では音を伸ばす）という言葉が都市部を中心にすでに広く普及している。しかし「カトゥーイ」という別の言葉も古くから存在する。この言葉は主に次の3つの使われ方がされている。①トランスジェンダー女性【☞本章2(4)】が自らを名乗る言葉として，②当事者でない人々がトランスジェンダー女性も男性同性愛者もひとくくりにして呼ぶ言葉（時に侮蔑する意味合いで使われる）として，③男性同性愛者の人々が自らを名乗る言葉としてである。「カトゥーイ」という言葉にはこのような曖昧さがあり，異性愛者でシスジェンダー【☞本章2(4)】の人々が時に馬鹿にするニュアンスで使うことがあるために，トランスジェンダー女性も，男性同性愛者も，最近ではこの言葉を避ける人は多い。

　この「カトゥーイ」という言葉をめぐって印象的な会話に出くわしたことがあった。日本にいる私がラオスにいる（上で述べた）友人（A）とビデオ通話していたときのこと，彼は別のゲーの友人（B）とお酒を飲んでいた。そのときBは最近知り合った男性に「女っぽい」と言われたことで腹を立てていた。それを聞いたAは私に「Bはカトゥーイだよ」とふざけるようにして言ってきたのだが，Bは私に「カトゥーイっていうのは，髪が長くて女性みたいにしてる人のことだから自分は違う」と説明した。その後私がAに「自分についてはどうなの？」と聞くと，Aは「他の人がゲーって言えばゲーだし，カトゥーイと言えばカトゥーイだし，気にしない」「カトゥーイでもゲーでもどっちでもよい，楽しければ」と答えたのだった。

　この場面は，2人の「ゲー」の人々が自分をどのようなカテゴリーで表現するのか，「カトゥーイ」という言葉が何を意味するのかをめぐって異なる意見をもっていることを示している。ともに男性として男性に惹かれ，自分を「ゲー」であると表現するAとBだが，Bはカトゥーイとは髪が長く女性のようだと説明し，自分とは違う存在としてはっきり区別している一方で，Aは「カトゥーイ」を自分を表現する言葉として考えている。Aの他の場面でのふるまいや言葉をみても，Aは「ゲー」と「カトゥーイ」両方を，自分を指すカテゴリーとして用いていた。特に「カトゥーイ」という言葉は仕事や，親戚や知り合いの集まりで冗談を言いながら使っていることが多かった。

この違いをどのように考えることができるだろうか。注意しなくてはならないのは、「カトゥーイ」という言葉はラオスやタイの娯楽のなかでコミカルなイメージに結び付けられ、それを肯定的に捉え、場を盛り上げるために名乗るＡのような当事者がいる一方で、「カトゥーイ」は当事者でない人たちが馬鹿にする意味合いで差別的に使うこともある言葉であるため、Ｂのように好ましく思わない当事者もいるということである。カテゴリーは自分がどのような人間であるかを名乗る機能がある一方で、自分以外の人を指して名付ける・呼ぶ言葉としても使われる。そして一つのカテゴリーがもつ意味やイメージは集団で共有されることもあるが、細かいレベルでの捉え方は個人によって異なる。男性として男性に惹かれる自分の感情を表す言葉として、複数のカテゴリーを使い分けるＡのような人もいる。性に関わるカテゴリーについて考える際には、その人の感じ方を無視してあるカテゴリーを一方的にその人に当てはめることはその人を傷付ける可能性があるということ、そして同じカテゴリーを使っている人たちの間でも、そのカテゴリーについての感じ方は違う可能性があることを念頭に置いておく必要がある。

4　違いと関係の問題としての性

⑴　性のなかには違いの網の目が広がっている

　ジェンダーやセクシュアリティに関わる問題について具体的な事例をもとに考えてきたなかでわかるのは、性の問題が、人々の間を区別・分類する「違い」の問題や、他の人とどう関わるのかという「関係」の問題に関わっているということだ。本章２⑴で述べたように、「ジェンダー」概念は性別カテゴリーの分類や、異なる性別カテゴリーの人々がどのように関わり合うかという問題を考えるための道具であった。一方、本章２⑵で述べたように、「セクシュアリティ」という概念は、人々が「性的である」と感じる経験を指し、何かに対して魅力を感じる／感じないという関係性の問題に関わるし、人々がそのような感覚や経験を表現するときにはカテゴリーの問題にも関わってくる。

カテゴリーや分類の問題は，私たちが私たちの間の違いをどう認識して生きているのかという問題につながっている。私たちは，日々お互いに会話をしたり，一緒に何かをしたり，メディアを通して間接的につながったりするなかで，他の人々との違いや類似点について考えたり，そのうえで自分自身について考えたりしている。その際，カテゴリーが「こうすべきだ」「こうすることになっている」という規範や固定観念と結び付いて，人々の行動を方向付けたり時に強く縛ったりすることがある。一方，他の人々との関係のなかで自分について考え直すこともあれば，他の人々に対する認識や，自分自身に対する認識が時間を経て変化することもある。

(2)　違いの網の目のなかで生きるヒント

　文化人類学は違いとの向き合い方を昔から模索してきた学問である。文化人類学者は特定の人々の暮らしの場面に目を向け，フィールドワークと呼ばれる調査のなかではしばしばその人々と生活を共にしながら研究を行ってきた。そしてそれは自分とは違うところのある人々について知り，さらにそれを通じて自分自身についても問いを投げかけることにつながる。すでに述べたように，この違いへの向き合い方をめぐって文化人類学が批判されることもあった。それは研究で向き合う人々について描く際，その人々の内部の違いや，それぞれの個人の感情や主体性に注意を払ってこなかったためであり，この批判は現在でも重く受け止めるべきものである。

　現代の文化人類学ではその反省を踏まえ，私たちが性別，性的指向，出身，年齢など複数の属性をもっており，様々な違いの関係が交錯するなかで生きているということにより注意を向け，それをできるだけ丁寧に描くことを目指すようになった。その結果みえてきたのは，人々がそれぞれ，数多くの違いの網の目のなかで生じる縛りや，対立や，ジレンマに向き合ったり，違いのなかでこそ得られる喜びや快楽を楽しむ姿である。文化人類学の視点を通してジェンダーやセクシュアリティについてみると，本書で扱っている東南アジアを含む世界の様々な地域で生きる人々の姿は，「異文化」を生きている「どこか遠くにいる人々」としてではなく，私たちと様々な点で違い

をもちながらも，私たちと似たように性に関わる問題に悩んだり，工夫した
り，楽しみを感じたりしながら生きている人々としてみえてくる。

　私たちはジェンダーやセクシュアリティに関わる固定観念や規範などの縛
りから完全に自由にはなれない。しかしそのような縛りは私たちの日々の細
かいふるまいのなかから生まれてくるものであり，私たちのふるまいの積み
重ねによって，変化していく可能性もある。そうだとすれば私たちは，他の
人々が何を考え，何を大事にしているのかに絶えず耳を傾け，さらに自分自
身についても振り返って考え続けることによって，ジェンダーやセクシュア
リティに関わる違いの関係が，お互いへの尊重や生きることの喜びに満ちた
ものになるように，生活のなかのごく些細な工夫を積み重ねる必要がある。
「ジェンダー平等」や「性の多様性」に関わる現代社会の問題は，そのよう
なみなさんの思考や行動を通じて変化しうる事柄なのだ。

参考文献

千野帽子　2017『人はなぜ物語を求めるのか』筑摩書房。

中谷文美　2003『「女の仕事」のエスノグラフィ——バリ島の布・儀礼・ジェンダー』
　　世界思想社。

ミード，M　1961『男性と女性——移りゆく世界における両性の研究』上・下，田中
　　寿美子・加藤秀俊訳，東京創元社。

ミンハ，T・T　2011『女性・ネイティヴ・他者——ポストコロニアリズムとフェミ
　　ニズム』竹村和子訳，岩波書店。

森山至貴　2017『LGBT を読みとく——クィア・スタディーズ入門』筑摩書房。

ルービン，G　1997「性を考える——セクシュアリティの政治に関するラディカルな
　　理論のための覚書」河口和也訳，『現代思想』25（6）：94-144。

Sinnott, M. 2004. *Toms and Dees: Transgender Identity and Female Same-Sex
　　Relationships in Thailand*. Honolulu: University of Hawai'i Press.

　　—— 2012. Korean-Pop, Tom Gay Kings, Les Queens and the Capitalist
　　Transformation of Sex/Gender Categories in Thailand. *Asian Studies Review* 36
　　（4）: 453-474.

●課題●

1 「女性は／男性は〜だ」「女性は／男性は〜するべきだ」というイメージにはどのような
  ものがあるか，そしてそのイメージは実際の人々の行動にどのように影響を与えている
  のか，考えてみよう。
2 本章2(2)の「セクシュアリティ」についての説明を思い出しながら「性的である」とは
  どのようなことか，考えてみよう。テレビ，広告，芸術，日常会話などでは「性的であ
  る」ことに関わる事柄はどのように表現されているか，具体例を挙げて比較してみよう。
3 私たちの日常には様々なカテゴリーがあふれている。「女性」「ゲイ」「日本人」「大学
  生」「会社員」「○○（系）男子」「○○オタク」「○○県人」など……。本章3(2)のA さ
  んとB さんの会話の場面も思い出しながら，みなさん自身や周りの人が使うカテゴリー
  を一つ選び，そのカテゴリーがどのような場面で，どのような意味を込めて使われてい
  るのか，考えてみよう。

●読書案内●

『フィリピン女性たちの流産と中絶——貧困・贖罪・ポリティクス』
　　久保裕子，風響社，2021年
　　死産を経験した当事者でもある文化人類学者が，フィリピンで出会った女性た
　　ちの流産や中絶の経験に真摯に向き合った調査に基づく著作。ブックレットと
　　いう読みやすい分量のなかで，階層や背景，経験の内容の異なる複数の女性へ
　　のインタビューの内容が生き生きと描写・分析されている。

『東南アジアと「LGBT」の政治——性的少数者をめぐって何が争われているのか』
　　日下渉・伊賀司・青山薫・田村慶子編，明石書店，2021年
　　東南アジアの様々な国の性的マイノリティをめぐる状況について知ることがで
　　きる。性的マイノリティ当事者による社会運動，宗教との関係，国家の姿勢，映
　　画での描かれ方，性の多様性に関わる語彙の問題など，多角的なトピックが扱わ
　　れており，日本に関する章や，各国を比較する視点を示す章も含まれている。

『月が赤く満ちる時——ジェンダー・表象・文化の政治学』
　　トリン・T・ミンハ，小林富久子訳，みすず書房，1996年
　　ベトナムに生まれアメリカで活動する映像作家，批評家，研究者である著者の
　　14篇の文章を集めた著作。男性中心主義的で西欧中心主義的な学問や芸術の世
　　界で，非西欧地域にルーツをもつマイノリティの女性たちの声や主体性が軽視
　　される状況を鋭く指摘し，揺るがし，変えるための試みを模索している。

第3章

民族とエスニシティ

「民族」の境界はどう決まるのか

中村昇平

路地を舞台にした演劇のなかで，武術の演舞を披露するブタウィ人の若者（2020年，筆者撮影）

1 民族とは？ エスニシティとは？

(1) 民族に関わる語彙

　みなさんは，民族やエスニシティと聞くと何を思い浮かべるだろうか。後者については，「エスニック」といったほうが馴染みがあるかもしれない。タイ料理やベトナム料理はエスニック料理と括られるし，バリ島やセブ島行きの観光ツアーに参加すれば南国のエスニックな文化が醸し出すエキゾチックな雰囲気を味わえる民族舞踊ショーのオプションが用意されているだろう。

日本語で民族というとまた違ったニュアンスを感じるかもしれない。私が人に「民族の研究をしています」と言うと、「それはとても面白いテーマですね、私も日本人がどこから来たかということには大変興味があって……」などと、嬉々として話をして下さる方に遭遇してきた。日本語で「民族」というと、民族集団としての「日本人」の起源を説明するという発想と結び付きやすいようだ。しかし、遺伝子や血統を辿る意味での「起源」を同じくするというだけの理由で、たくさんの人々が自動的に民族としての統一性をもつという考え方は、実社会の現実とはかけ離れている（ベフ 1997）。

　実は、学術用語としてのエスニシティ（ethnicity）は、生まれで人の属性が決まるというニュアンスの薄い単語として、1960年代頃からよく使われるようになった言葉だった。実社会でも、遺伝子や血統によって人の属性を決めるニュアンスが強くなった人種や民族といった言葉が、エスニシティやエスニック集団という言葉に置き換えられることが増えていった。

　一方、日常的な言葉遣いとしては、エスニック集団というとエスニック・マイノリティ、つまり、主流（マジョリティ）の集団以外の集団を指すことが多い。主流の集団とは、日本でいう日本人、イギリスでいう白人イギリス人などのことである。日本のベトナム料理やイギリスのインド料理など、移民の料理をエスニック料理と呼ぶようになったのには、こうした背景がある。

(2)　民族を捉える視点

　人間集団の分類に関わる現象は、人種・民族・エスニシティ・国民・ネイション（nation）など、様々な用語で研究されてきた。だが、これらの言葉が研究のなかでどのような意味で使われてきたかということ（学術的な分析用語としての定義）は、実はさほど重要ではない。

　前述のように、エスニシティという用語は、学術的には、集団の属性があらかじめ決まっているのではなく状況や経緯によって変化するという見方を強調するために使われてきた。しかし実社会ではエスニシティが完全に人種や民族に取って代わったわけではないし、常に客観的で中立的な意味で使わ

れるわけでもない。そもそも，学術用語というもの自体が，実社会での言葉の使われ方から影響を受け，影響を与えるものであるため，そこから切り離しては考えることはできない（ブルーベイカー 2016）。

　民族を捉えるうえで，学術的な用語の定義よりもはるかに重要なのは，その言葉が実社会でどのような意味をもつのかという点なのである。よって，民族にまつわる現象を分析する際には，特定の民族カテゴリーが国家政策や日々の生活のなかでどのように実践的に用いられてきたかという経緯を，まずは事例に則して丁寧に追いかけ，整理すること。そうして理解した事例が，人間の分類という現象一般を理解するために，どのような示唆をもつのかを考えることが重要となる。

　この章では，様々な民族的出自の人々が混ざり合って生まれたインドネシアのブタウィ人という民族を取り上げて，「ブタウィ」というカテゴリーが社会のなかでどのように用いられ，どのようにその意味を変えてきたのかをみる。特に，国家が押し付けた民族の意味と，人々が文化実践のなかで作り出す民族の意味を対比させて，その影響をみていく。

　実は「ブタウィ」という民族カテゴリーは，400年前には存在すらしていなかった。また，現在「ブタウィ人」と呼ばれる人々のルーツは一つではなかった。南アジアや中国沿岸部，中東など，世界各地から集まった人々の子孫が「ブタウィ」と呼ばれるようになった。400年前には影も形もなかった民族カテゴリーがどのように生まれ，作り変えられたのか。別々のルーツをもつ縁もゆかりもなかった人々が，みな同じ民族であるという発想はどのように生まれてきたのか。こうした点を説明することで，民族とは何か，民族を研究するとはどういうことかという問いに迫りたい。

2　民族の多様性と国家の支配

(1)　国家の統合という課題

　第二次世界大戦後，東南アジアの民族に関する研究は，何よりもまず，国家と民族集団との関係を問題としてきた。戦後相次いで植民地から独立した

国家は，多様な歴史や言語をもった人々を統一して国家を建設する必要があった。だが，地域や民族集団ごとに独立運動を闘ってきた国々では，国民国家（nation-state）として独立した後も反乱や分離独立運動などの紛争が絶えなかった【☞第12章2(2)】。植民地支配から独立した国家がまず直面したのは，国内諸集団の政治的な動きをいかに抑え付けて，国家の「統合」を果たすかという課題だった（ギアーツ 1987；綾部 1993）【☞第5章2(4)】。その目標を達成するため，国家はエスニック料理や民族舞踊，民族衣装などの「文化」を利用したのである。こういうと突拍子もないことに聞こえるかもしれない。なぜ紛争を抑えるために歌や踊りなのか，インドネシアの例からみていこう。

インドネシアは日本の5倍の国土面積に2億7000万の人口を抱える大国である。人口の8割以上をイスラム教徒が占めるが，キリスト教（プロテスタント，カトリック），ヒンドゥー教，仏教・儒教を信仰する人も一定数いる。2000年の人口調査には1000以上の民族名が登場した。

今インドネシアと呼ばれる地域は，3世紀以上にわたってオランダに植民地支配されていた地域で，当時はこの植民地のことを「東インド」と呼んだ。他の植民地がそうであったように，東インドもまた宗主国の都合によって線引きがされた領域に過ぎなかった。そもそも領域内の人々はそれぞれに異なる言語を話し，異なる料理を食べ，異なる唄を歌い，異なる踊りを踊っていた。

首都ジャカルタのあるジャワ島だけでみても，民族ごとの多様性は明らかだ。たとえば，言葉の違いをみてみよう。インドネシア語で「元気ですか」はアパ・カバール（*apa kabar*）というが，ジャワ島の東側で話されるジャワ語ではピエ・カバレ（*piye kabare*），西側のスンダ語ではクマハ・ダマン（*kumaha damang*）という。こんなふうに独自の言葉と歴史をもつ人々が一致団結するのは，容易ではなかった。

20世紀初頭から，西欧式の近代教育を受けた現地の人々によって，東インド各地で民族組織が設立された（当初は宗主国オランダからの独立を掲げるのではなく，あくまで諸民族の教育・健康・経済の向上を目的に掲げた）。はじめ

に作られた民族組織はジャワ島の全住民を対象としたが，ジャワ人中心主義への反発から分裂し，他の民族は別々に組織を設立していった。ジャワ島ですらこのあり様だったので，他の島々では独立後も反乱や紛争が頻発した。

　各地方からバタヴィア（現ジャカルタ）やオランダに集って交流を深めた知識人層に導かれる形で，「インドネシア民族（*bangsa Indonesia*）」というネイション（民族）が率いる国民国家として1949年にオランダからの独立を果たすことはできた。しかし，「国家の統合」という課題は依然として残った。そして，他のアジア・アフリカ諸国がそうであったように，武力で人々を抑え付けるだけでは統合を果たすには十分でないと判断した初代大統領スカルノは，「多様性の中の統一」を国是に掲げ，文化政策を主要な国策と位置付けた。この方針は第2代大統領スハルトにも受け継がれる。

　この種の政策の狙いは，1つ目に，国家への反抗心のガス抜きだった。集団の独自性を求める感情を芸能などの「文化」的な領域で表現することを援助・促進することによって，そうした感情が反乱や独立運動などの「政治」的な領域で表出することを抑え込もうとした。2つ目の狙いは，不均衡な力関係の隠蔽だった。インドネシアには多様な民族文化があって，そのどれもが素晴らしいと国家が大々的に宣伝することで，実際には民族集団ごとに政治的・経済的影響力に格差があるという事実から目を逸らそうとした。こうして反抗の芽を事前に摘んでおくことで，より円滑な支配と管理のために文化を利用しようというのが国家政策の意図だった（加藤 1996）。

　こうした思惑のもと，行政が大規模に介入して民族文化の定義を作り出し，国家のプロパガンダに沿うように作り変え，公式に民族文化として規定した芸能や儀礼などを大々的に振興していった【☞第10章2(4)】。国家の規定する民族文化は，博物館での展示や芸術センターでの上演，テレビ放送，学校教育などのメディアを通して人々の意識に広く，深く刷り込まれていった。以下ではこのことを，ジャカルタの先住民とされるブタウィ人を事例にみていこう。

(2) 自然発生する混淆的な地域文化

　ブタウィ人（*Orang Betawi*）は，インドネシアの首都，ジャカルタの先住民とされる民族集団である。「先住民」といっても，太古の昔からそこに住んでいたというわけではない。オランダ植民地期に各地からバタヴィア（現ジャカルタ）にやって来た諸民族が混ざってできた集団であり，「ブタウィ」という呼称も，バタヴィアが現地語風に訛ったものである。こうした歴史的経緯から，言語や文化も周辺諸民族の要素が混じり合ったものになっている。

　ブタウィ語と呼ばれる言語は，インドネシア語の元にもなったマレー語が方言化したものである。植民地期に商業都市であったバタヴィアでは，共通語としてマレー語が使われていた。17世紀以来，日常会話として使われるなかで，文法が簡略化され，ジャワ語・スンダ語・中国語・アラビア語などの単語を取り入れて変化したのが現在のブタウィ語である。たとえば，インドネシア語で5000はリマ・リブ（*lima ribu*）というが，ブタウィ語ではゴチェン（*goceng*）という。これは中国語方言の影響である。

　交易の拠点として栄え，様々な文化が入り混じる結節点だったバタヴィアでは，音楽などの芸能もまた各地の要素が混ざり合って発展した。こうした混成音楽の一つに，「ガンバン・クロモン（*gambang kromong*）」がある。ガンバン・クロモンは，木琴（ガンバン）やお椀型の青銅製打楽器（クロモン）に，中国起源の弦楽器を組み合わせた音色が特徴的な音楽で，18世紀頃までには華人コミュニティを中心にバタヴィアで広く演奏されるようになっていた。この青銅製打楽器はジャワ島中部からバリ島ではガムランという名で親しまれている楽器で，インドネシアらしさを象徴する音色でもある。

　交易都市で異種混淆的な文化のなかに生きてきたブタウィ人は，一見すると，客観的な指標を用いて民族の独自性を説明しにくい事例のようにもみえる。実際，ガンバン・クロモンのような混成音楽を取り上げた研究者は，外来の異なる音楽ジャンルの要素を組み合わせていたこと，大衆が日常的に演奏していたことから，民族音楽としての真正さ（もっともらしさ）に欠ける

という印象をもっていたという（Heins 1975: 20）。

　しかし，現代のジャカルタに生きるブタウィ人に「ブタウィ文化」とは何かと尋ねれば，みなが口をそろえて，ガンバン・クロモンなどの混成音楽，そしてそれらを伴奏とした舞台演劇の伝統について語り出す。この確信はいったいどこからくるのか。普通の人々が日頃から「民族」を強く，はっきりと意識している状況は，国家政策の影響を抜きにしては説明できない。政府は，「これぞブタウィ人の文化」という，固定的で均質で，わかりやすいイメージを作り出し，博物館や学校教育，メディアを通して，それが一般市民の意識に浸透するような政策を数十年かけて行ったのである。

(3)　国家によって画一化される民族文化

　では，なぜ国家はわざわざ多大な資金や時間を投じて文化振興を行うのか。それが支配とどう関係するのか。この項では，オランダ植民地支配下のバタヴィアで自然発生的に成立し，ブタウィ人の生活のなかで親しまれてきた芸能である演劇に注目して，国家と民族の関係をみていく。

　19世紀末から20世紀初頭は，東インド各地で近代的な大衆演劇の形式が成立した時代だった。中国由来の弦楽器が特徴のガンバン・クロモンも，20世紀に入ると「レノン（lenong）」と呼ばれる演劇にお決まりの伴奏として演じられるようになっていった。バタヴィアに生まれた混成音楽や演劇のなかには，インドネシアの国民的民謡とされるクロンチョンのように，全国的に広まるものもあったが，レノンは他地域に広まらず，バタヴィア郊外の華人やブタウィ人だけが演じる民俗芸能であり続けた。他民族はもとより，ブタウィ人のなかでも代々都心部に暮らし，教育程度と階層が高かった人々は，レノンをみることはあっても演じ手になることはなかったという。

　レノンは，結婚式や割礼式などの祝い事の際に，路地裏の空き地に作られた即席の舞台上でアマチュアの劇団によって演じられた。大まかな筋立てが決められているのみで，その大部分は即興劇だった。筋立てだけを演じれば2，3時間で終わるはずの内容を，文末で押韻する四行詩のやりとりや武術の技を用いた取っ組み合い，それに即興での観客とのやりとりも交えなが

ら，公演時間を引き伸ばして夜通し演じられたという。

　バタヴィア＝ジャカルタの大衆に親しまれ，生活文化として馴染みのあったレノン演劇は，1960年代の終わり頃から，文化政策による介入と振興の対象となった。第2節で触れたように，こうした政策は「国家の統合」という目的のために行われた。インドネシアの政策に特徴的だったのは，民族文化を「州の文化」と同一視する方針だったといえる。国境と同じように，州の境界もまた支配者の恣意的な線引きに従ったものだったので，一つの州のなかにも異なる言語を話し，異なる文化を実践する複数の民族集団がいた。しかし国家は，あえて一つの民族に州を代表させ，その州には単一の文化しか存在しないという前提のもとに画一的な民族文化の振興を行った。

　初代大統領スカルノから権力の座を奪った第2代大統領スハルトは，1960年代から90年代にかけて30年以上も大統領の座に居座った。スハルトの権威主義体制が政治的にも経済的にも安定期を迎える1970年代には，インドネシア全体を上から見下ろして27の州を西から東へ均等に配列する「俯瞰図」的な見方を，老若男女の意識に刷り込む政策が本格的に進められていった（加藤 1996）。学校での授業で，国営テレビの番組で，また，国立博物館の展示で，各州を代表する伝統家屋・芸能・衣装・工芸品・農具や武器が，一つの州につき一つずつ，西から東へ順番に並べられ，紹介された。

　政治的権力や経済的な影響，文化的な権威の中心はジャワ島にありつづけ，周りの島々は開発や発展から取り残されて周縁的な位置にとどまりつづけても，地図のうえではいつどんな時も平等に西から東へ順番に視線を動かすよう誘導された。子どもは学校で，大人は博物館やテレビ放送で，国境と州境で区切られた真っ平らな白地図を見下ろしながら，均等に並べられた州を左から右へと順にみていく見方を刷り込まれていった（加藤 1996）。

　こうした国家の方針に従って，ジャカルタ州政府は，州を代表する文化伝統を求めて民俗学者による調査を実施し，バタヴィア時代から実践されていたいくつかの芸能に狙いを定めた。こうして多大な資金を費やして「ジャカルタ州の文化」として振興された芸能の代表格がレノンだった。その結果，それまでは路地裏に仮設の舞台を建て，即興で夜通し演じていた田舎演劇

が，ブタウィ人の文化を象徴する芸術としてテレビ番組で放送され，ジャカルタ都心部にある芸術センター内のプログラムで上演されるようになった。

　テレビや芸術センターのプログラム用に上演時間は1～3時間にまで短縮され，演出家の手によって現代芸術に仕立て上げられていった。一方で，政権のプロパガンダや行政主導の文化政策の主旨に沿うように劇の内容が改変されることも多かった。劇中で王様に7人の娘がいたのが，政府の家族政策に反するとして，中央政府からの指示で3人に減らされるということもあった（Shahab 1994: 190）。芸術センターでの公演からレノンを知るようになったジャカルタ生まれのジャワ人研究者は，郊外の祭事で演じられるレノンをはじめてみたときの衝撃を綴っている。観客の熱狂に呼応して演じ方そのものが変わってしまうような演者と聴衆の一体感は，芸術センターの上演では完全に失われたものだったという（Kleden-Probonegoro 1996: 2）。

3　民族の画一的な枠組みと多様な内実

(1)　名乗りをあげる民衆と文化の再定義

　こうした国家と民族集団の関係は，「名づけ」と「名乗り」という用語によって説明することができる（内堀 2009: 381–383）。「名づけ」とは，国家が民族カテゴリーを規定し，その中身を定義することを指す。前項でみたように，支配者は国家の領域内に暮らす民族集団を分ける線引きを決定し，集団それぞれがもつ民族文化の意味や内容を上から決めて押し付ける。画一的な集団カテゴリーを「州」と結び付けたのはインドネシアの政策に特徴的な点だが，国家が認定する民族分類の間にある多様性を褒め称えながら，それぞれの民族集団の内部にある多様性を隠蔽したり画一化したりする方針自体は，他の国家にも共通してみられる要素である（鍋倉 2011）。

　しかし，国家の定義を人々が全面的に受け入れるとは限らない。そうした場合，当の集団が民族の定義をめぐって異議申し立てをすることがある。これが「名乗り」と呼ばれるものだ。国家と民族集団のこうした関係については，インドネシアではバリの事例がわかりやすい。バリ州では，国家によっ

て公式の「バリ文化」が制度化される過程で住民が組織的な運動を起こし，州政府を通して国家と交渉して，自らの意向を政策に反映させることに成功した（鏡味 2000）【☞第15章3(2)】。「名乗り」とは，支配者の定義に違和感を抱く人々が，それとは異なる定義を主張し，政策決定のプロセスに何らかの形で関わってその定義を変えさせようと画策する動きのことを指す。

　ブタウィ人の場合はどうだっただろうか。実は，ジャカルタ州＝ブタウィ＝レノンという国家の名づけに対して，違和感を示す人がいた。ジャカルタのなかでも都心部に住むブタウィ人は，レノンは郊外に住む人々のものであって，自分たちの文化ではないと考えていた。実際，1969年の700回以上のレノン公演のうち，95％は郊外で演じられたという（Grijns 1976. 176）。

　都心部のブタウィ人のなかには教育程度や社会階層の高い人が多く，レノンの公演中に演者が金を乞いに客席を歩き回ることや，粗暴な言葉遣い，演者の教育程度や経済階層が低いこと，観客が賭け事に興じていることなどから，レノンは道徳に反するというイメージをもっており，親が子どものレノン鑑賞を禁じるほどだった。このイメージは，おおむねイスラーム的に正しくない行いと結び付けて理解されており，郊外のブタウィ人自体に対するネガティブなイメージとも重なっていた（郊外の人々も大半はイスラム教徒だが，敬虔さに欠けるとみなされていた）。また，劇中の粗暴な言葉遣いに加えて，演者の話す言葉が都心部の訛りではなく郊外の訛りであったことも，それが自分たちの文化ではないという印象を強めていた。こうしたことから，都心部のブタウィ人は郊外に住む人々を「ウディックの人（*orang udik*）」と呼び，自分たちと同じブタウィ人とは考えていなかった（Shahab 1994: 186-187）。「ウディック」はもともと「川の上流」を意味する言葉で，そこから転じて「田舎っぽい」とか「粗野な」という意味で使われた単語だった。

　州政府と連携してレノン振興策に主導的立場で関わったチームは4人で構成されたが，そのうち2人はブタウィ人ではないプロモーターと芸術家だった。残り2人は映画監督とコラムニストとして著名な都心部出身のブタウィ人だった。彼らは，都心部の人々にもレノンが受け入れられるようにと，イスラームの要素を強調する改変を施していった（Shahab 1994: 191-198）。

レノンの演目で有名なものにピトゥン（*Si Pitung*）の物語がある。もともとのストーリーは次のようなものだ。ピトゥンは植民地期バタヴィアで有名な窃盗団の首領で，強盗・傷害・強姦など悪さをするので恐れられていたが，植民地政府に反抗し，金持ちから盗んだものを貧乏人に分け与えるという一面ももっていた。オランダ人は彼を再三殺そうとするが，お守りの力によって捕えることも殺すこともできない。最終的に，ピトゥンを裏切ってオランダ人と手を結んだ友人によってお守りは盗まれ，彼は殺されてしまう。

　このストーリーが，次のように改変された。まず物語は，ピトゥンがプサントレン（イスラーム寄宿学校）を卒業し，地元に戻ってきたところから始まる。彼はそこで，領主の圧政に苦しむ貧しい人々を集めて，イスラームの教えを説くようになる。そのなかで，裕福な人が貧しい人に富を分け与えるように説得する。説得に応じない場合にはじめて，ピトゥンは彼らから金品を奪い，貧しい人々に分け与える。彼がお守りを外すのは，アッラーにお祈りをするために体を清めるときだけだった。オランダ人にそそのかされたピトゥンの敵はその隙にお守りを奪い，ピトゥンはオランダ人に殺される。

　上のように改変されたストーリーが，都心の芸術センターで演じられた。レノン振興策の主導者たちは，演者の訛りや言葉遣いを変えることまではしなかった。そのため，レノンはウディックの人がウディックの言葉で演じる劇であって，都心部のブタウィ人の文化ではないという印象を拭い去ることはできなかったが，それもまたブタウィ文化であるということは認められるようになっていった。

　以上みたように，行政の主導で進められた文化振興策は，舞台演劇レノンを中心に進められた。都心部のブタウィ人は「ウディックの人」の文化実践であるレノンがブタウィ文化の代表として扱われることに違和感を示したが，その中身を改変することで，レノンという文化自体を自分たちにも受け入れられるものに変えていった。結果として，それまではブタウィ人だと認識していなかった郊外の人々を，同じブタウィ人として受け入れるようになる。この過程を通して，自分たちと違う文化伝統をもつ集団を，同じ民族カテゴリーに属するものとして認めていくようになったのである。

⑵　血統によらない民族の定義

　国家が主導する「名づけ」の過程でもう一つ注意すべき点は，支配者が国を代表する民族（ネイション）として定義する集団から排除されるカテゴリーが意図的に作られるという点である。インドネシアの場合，華人（中国系住民）がそうだった。

　華人は植民地時代から「外来東洋人」に分類され，東インド土着の「原住民（*inlander*）」には含まれない集団と位置付けられていた。こうした分類を踏襲する形で，ネイションとしてのインドネシア民族を構成する民族集団の文化が振興される際にも，華人はそこから意図的に排除された。以下では，ブタウィ人を自認する華人の例に注目して，地域に根ざした文化の定義が，排除される民族カテゴリーを血統によらずに受け入れる可能性を考える。

　スハルト大統領の権威主義体制期には，ジャワ人やスンダ人，ブタウィ人などがインドネシア土着の民族集団とされる一方で，華人は外来の民族とされ，ネイションとしてのインドネシア民族の一員とは認められなかった。彼らの文化は振興されるどころか規制・弾圧された。中国語の出版物の流通や，中国語の看板を掲げることも禁じられた。1998年にスハルト大統領が退陣し，権威主義体制が崩壊したことで，国家は華人がインドネシア民族を構成する民族集団だと認め，彼らの文化実践を容認するようになった。

　ジャカルタでは，権威主義体制による民族分類に反するような状況が起こっていた。それが，自分をブタウィ人だとみなす華人の存在だ（Shahab 1994: 145-148）。彼らの多くは，植民地時代から何世代もバタヴィア＝ジャカルタに暮らし，肌が浅黒いために身体的特徴からはブタウィ人と見分けのつきにくい人々だった。そのなかにはイスラームやキリスト教（プロテスタント）に改宗する人もいたが，改宗はせずに仏教・儒教的な実践を続ける人もいた。彼らは特に郊外地域に集まって暮らしていた。彼らが自分をブタウィ人だと認識する理由としてよく述べるのが，バタヴィアの時代から何世代も居住していること，そして，レノンやガンバン・クロモンなどのブタウィ文化を自分たちの文化として実践してきたことだった。こうした見方には賛否

あるが，発言に影響力のある文化人を含め，ブタウィ人のなかには，レノンやガンバン・クロモンを実践してきた郊外の華人をブタウィ人だと認めるべきだとする人も多い。

　民族集団のカテゴリーが血統によらずに形成される可能性を考えるときに，ブタウィ人の事例は示唆的である。前項でみたように，舞台演劇レノンとその伴奏音楽ガンバン・クロモンは，1960年代から国家の文化政策によってブタウィ文化の代表格と認定され，振興された。都心部のブタウィ人たちは，レノンを演じる郊外の人々について，もともとは自分たちとは違う文化を実践する別の集団（ウディックの人）だと認識していたが，文化振興策を通して同じブタウィ人だと認めるようになった。こうした経緯があったからこそ，同じ芸能を自分たちの文化として実践する郊外の華人も当然ブタウィ人に含まれるという発想が生まれてきたのである（中村 2014）。

4　変わりゆく民族の線引き

(1)　国家政策が創る民族と生活実践が創る民族

　本章では，インドネシアのブタウィ人を事例として，民族集団の定義が国家によって規定され，文化実践のなかで作り変えられる過程をみてきた。ブタウィ人はそもそも，異なるルーツをもつ人々が混ざり合った集団である。彼らは400年もの間同じ言葉を話し，交流し，結婚して子どもを産み，同じ街の住人として暮らしてきた。血統や遺伝子，身体的特徴という意味では，都心部のブタウィ人とウディックの人，肌の浅黒い華人を区別することはできない。それにもかかわらず，文化政策が本格化するまでは，社会的・文化的背景を指標として，互いを違う集団とみなす認識があった。

　都心部のブタウィ人は，国家が押し付けた画一的な民族の定義に違和感を抱いたが，その定義を拒絶するのではなく，自分たちが受け入れられるものに作り変えた。そのうえで，郊外の人々を「自分たちと違う」と認識したままで，「同じブタウィ人」として受け入れた。華人についていえば，国家が血統を理由に排除した集団を受け入れるという発想が，国家政策に主導され

た民族定義から出てきたのは逆説的な帰結にもみえる。しかし，その背景には，生活に根ざした文化実践を通して上からの民族の定義を作り変えたという経緯が重要な意味をもっていた（中村 2014）。

(2) 「血」の線引きを乗り越えるには？

民族集団の境界線が遺伝子や血統であらかじめ決まっているのではなく，状況や経緯によって変わっていくというのは，実はブタウィ人に限った話ではない。最後に，民族カテゴリーとしての「日本人」に立ち戻って考えよう。

「日本人」の範囲は古来閉鎖的で，境目がはっきりしているというイメージで語られがちだ。しかし，比較の視点から考えれば，その境界も実は曖昧で恣意的だということがみえてくる。恣意的というのは，そこに線引きをする必然性がなく，場当たり的に決められるという意味である。

たとえば，ノーベル賞を獲るような科学者や小説家のことを考えてみよう。受賞者が日本国籍を放棄して外国籍を取得した場合でも，「日本人」が受賞したことにしようとする語り口はよくみられる。逆に，外国籍から日本国籍に帰化した人やその子孫のなかには，不自然なほど頻繁に警察から職務質問を受け，「身分証」ではなく「在留カード」の提示を求められる人たちがいる。

こうした線引きは，特定の基準に従って自動的に決まるわけではなくて，その場その場でいろんな要素を組み合わせて身勝手に決められる。「日本人」の線引きは実はそもそも曖昧なのである。たとえば，大正時代に植民地朝鮮から「内地」に移り住んだ人々の子孫として大阪に生まれ育った人は何人なのだろう。明治・大正期に国策で南米に移民した祖先の味である沖縄そばを当地で受け継ぎ，平成になって横浜に持ち込んだ人たちは何人なのだろう。ちなみに私は，明治・大正期に群馬に移り住んだロシア人の子孫であるが，生活していて「何人なのか」という疑問を投げかけられたことはない。その違いはどこにあるのだろう。

こうした問いに答えるためには，民族の線引きを国家がどのように利用し

たかという歴史を理解するだけでなく，人々が生活のなかで民族の線引きをどのように捉え，利用してきたか，その過程で「民族」の意味合いがどのように変化してきたかという経緯をつぶさに調べ，理解する必要がある。本章が，そのような問題意識を喚起する助けとなれば幸いである。

参考文献

綾部恒雄　1993『現代世界とエスニシティ』弘文堂。

内堀基光　2009「マクロとミクロに引き裂かれてあるものとしての（私の）民族学／人類学」『文化人類学』74（3）：373-389。

鏡味治也　2000『政策文化の人類学——せめぎあうインドネシア国家とバリ地域住民』世界思想社。

加藤剛　1996「「インドネシア」の見方」『東南アジア研究』34（1）：78-99。

ギアーツ，C　1987「統合的革命——新興国における本源的感情と市民政治」『文化の解釈学II』吉田禎吾他訳，岩波書店。

中村昇平　2014「ブタウィ・エスニシティの歴史的変遷過程——現代ジャカルタでバタヴィア先住民が示す「異質な他者」への寛容性の起源」『ソシオロジ』59（3）：3-19。

鍋倉聰　2011『シンガポール「多人種主義」の社会学——団地社会のエスニシティ』世界思想社。

ブルーベイカー，R　2016「分析のカテゴリーと実践のカテゴリー——ヨーロッパの移民諸国におけるムスリムの研究に関する一考察」『グローバル化する世界と帰属の政治——移民・シティズンシップ・国民国家』佐藤成基他編訳，明石書店，288-301頁。

ベフ，H　1997『イデオロギーとしての日本文化論』増補新版，思想と科学社。

Grijns, C. D. 1976. Lenong in the Environs of Jakarta: A Report. *Archipel* 12: 175-202.

Heins, E. 1975. Kroncong and Tanjidor: Two Cases of Urban Folk Music in Jakarta. *Asian Music* 7（1）: 20–32.

Shahab, Y. Z. 1994. *The Creation of Ethnic Tradition: The Betawi of Jakarta*. PhD thesis: School of Oriental and African Studies, University of London.

Kleden-Probonegoro, N. 1996. *Teater Lenong Betawi: Studi Perbandingan Diakronik*. Jakarta: Yayasan Obor Indonesia.

....

1 これまで人に会って「この人は日本人だ」と判断した経験，もしくは，「日本人ではな
　 い」と判断した経験を思い出してみよう。そのとき，どのような基準で判断したか考え
　 てみよう。
2 上のような判断の基準がどこからきたのか，その由来を考えてみよう。それは誰かの行
　 動や発言から学んで身につけたものだろうか。それとも，社会に広く通用する知識とし
　 て歴史的に形成されたものだろうか。整理して説明してみよう。
3 インドネシアの華人の例を参考にして，国を代表する民族（ネイション）から排除され
　 る民族集団の例を挙げよう。その集団が，どんな局面で主流の集団から排除されている
　 のか考えてみよう。

....

●読書案内●

....

『「華人性」の民族誌——体制転換期インドネシアの地方都市のフィールドから』
　　　　　　津田浩司，世界思想社，2011年
　　　　　　自分たちの暮らす小さな町への地元意識を切り口として，国家が押し付
　　　　　　ける「よそ者」の名づけを回避しようとする華人の商店主たちの生き様
　　　　　　を描く。国家レベルの線引きと生活のなかで創られるアイデンティティ
　　　　　　の対比を考えるうえで参考になる。

『差異とつながりの民族誌——北タイ山地カレン社会の民族とジェンダー』
　　　　　　速水洋子，世界思想社，2009年
　　　　　　政策レベルでの名づけと名乗りのせめぎあいだけでなく，カラダやモノ
　　　　　　に注目して日々の生活や儀礼のなかで人々が民族をどのように捉え，変
　　　　　　えていくのかを分析する。民族とジェンダーが交差するところにしか現
　　　　　　れない線引きのあり方（インターセクショナリティ）を考えるうえで参
　　　　　　考になる。

『「エスニック」とは何か——エスニシティ基本論文選』
　　　　　　青柳真智子編，新泉社，1996年
　　　　　　エスニシティ論の代表的論文を選出して日本語訳した論集。「はじめに」
　　　　　　の解説を含め，あらかじめ決まった線引きではなく，状況によって変化
　　　　　　する境界としてのエスニシティという視点を理論的に理解するための基
　　　　　　礎的文献。

....

第4章

歴史と記憶

他者の多様な過去にどう関わるのか

山口裕子

もう一つの「真実のブトン王国史」を語るブトン島 WB 村の人々。農事
暦儀礼で,供物をたずさえ起源地への巡礼に出発する(2001年,筆者撮影)

1 歴史に満ちた生

(1) 学ぶ歴史,生きる歴史

　「歴史」という言葉に,みなさんはどのようなイメージをもっているだろ
うか。真っ先に思い浮かぶのは,学校で学ぶ日本史や世界史のように,ある
国や地域の成り立ちや過去の出来事を時系列にそってまとめた編年体の歴史
だろう。また私たちの周りには,「歴史に名を残す」「歴史は繰り返す」「史
上初の……」など,歴史に関わる言葉がたくさんあり,「歴史とは何か」を

考える前に，それらを使っているだろう。身近な言葉だけではない。私たちの社会やそこでの暮らしは，過去からの積み重ねあるいは延長上にあるという意味で，私たちの生は歴史の一部であり，生の一部に歴史は必ずある。だが私たちが日常生活のなかで歴史なるものを意識する機会はそれほど多くはないかもしれない。これに対し，日々の暮らしが歴史と深く多様な形で結び付いている，言い換えれば生に歴史が満ちているインドネシア東部のブトン島の2つの小地域社会が本章の舞台である。

(2) 歴史を標す城塞集落

一つ目の舞台は，ウォリオ城塞である。かつてブトン島を中心に存在したブトン工国の中心地だったところで，港を見下ろす低丘陵上にあり，周囲約3kmの珊瑚石灰岩の城壁に囲まれた堅固な要塞である（写真4−1）。

全国でも珍しいことに，現在でも城壁内部には約2000人の住人が暮らしている。彼らは周囲の地名からとってウォリオ人と呼ばれる，王族貴族の末裔である。城塞内部は，歴代王やスルタン（イスラーム国家の君主）の墓，就任式を行った女陰型の岩，16世紀頃に近海で難破したポルトガル船のマスト，東部インドネシア最古といわれる大モスクなど，過去の出来事を標すものに満ちている。ウォリオ人は，それらの標しにまつわる過去の出来事についてよく知っていて，生活の折々によく語る。たとえば，私が調査でお世話

写真4−1 港を見下ろす堅固なウォリオ城塞（2019年，筆者撮影）

になっていた宿主の中学生だった三女が，ある日家の近所の子牛ほどの大きさの「ウォリオ岩」を指して「ここに生えていた竹から（初代女王の）ワ・カ・カは生まれたんだよ」と語った。それに対して以下は，その場に居合わせた地域の長老の一人が「やれやれ，しょうもないことを言って」とぼやきな

がら語ったことである。

　　これはワ・カ・カの入った竹が発見されたところだよ。「ワ・カ・カは竹から
　　生まれた」などと言う者がいるかもしれないが，それはただの神話だよ。王
　　が竹から誕生する神話はスラウェシ（島）中にある。……本当のところトゥ
　　ラ・トゥラ（歴史，お話）はこうだ。ワ・カ・カの父親は，ジャワ島に侵攻
　　した後，落人となったフビライ汗軍の３人の司令官の一人ドゥンクン・チャ
　　ンギアだ。このことは『マルコ・ポーロの本』にも書いてあるよ……。

　　　　　　　　　　　　　　　　　　　　　（あるウォリオ人長老の語り，1999年９月）

　長老が，「ただの神話」と，歴史・物語・お話などの意味をもつ現地語の
「トゥラ・トゥラ」を明確に分けている点が興味深いがそれについては後で
述べよう。
　ウォリオ社会では特定の人物が過去の出来事にまつわる知識を占有するこ
とはなく，とりわけ直接の経験者がいない遠い王国時代の出来事について
は，誰もが語り部になる。なかでも老若男女に共通して好んで頻繁に語られ
る出来事がいくつかある。たとえば，王国が周囲の諸王国に先んじて16世紀
にイスラーム化したことや，港市国家が群雄割拠した17世紀には，ブトン・
スルタン国はオランダ東インド会社と同盟を結ぶことで辛くも独立を維持し
たこと，それに続く，ウォリオ城塞建設を指揮した英雄的なスルタンの時代
などである。今日，堅固な要塞の存在はスルタン国時代の栄光の動かぬ証拠
であるとともに，のちに植民統治者となるオランダと協力関係にあったこと
は，ブトン人が周囲から「裏切り者の烙印を押され」，今日の周辺性を決定
付けた要因としても語られるのだ。だがこれらは，常に何かを説明するため
に理路整然と因果論的に語られるわけではない。語り口はことば遊びのよう
であったり冗長であったり多様である。またウォリオ人の間でも進んでは語
られない，より近年の出来事もあるし，島内には，ウォリオ人のトゥラ・
トゥラに異説を唱える村落もある。
　広く生活のなかで人々が過去の歴史に意識を向け語り出す瞬間に注目して

みると，その関心のあり方や表現する方法は多様であり，同様にそれらは歴史への多様なアプローチの可能性を示している。本章で考えてみたいのは，人類学のフィールドで出会う，そのような多様で複数的な歴史と人間の関係性とそれらへの研究者の関わり方である。その前に次節では人類学の歴史研究の歴史を概観しよう。

2　人類学と歴史

(1)　未開社会の終わりと「歴史」の誕生

　20世紀初頭頃までの人類学では，歴史とは，西洋社会をモデルとした人間社会の進化や変化とほぼ同義で捉えられていた。研究対象となる非西洋社会は変化も進化もしない，「歴史のない」社会とみなされ，人類学の研究成果は「民族誌的現在」といわれる現在時制で描かれた。そこには，当時人類学者が抱いていた，調査地社会は西洋社会が近代化し複雑化するなかで失ったシンプルさや平等さを残している「未開社会」なのであり，今後もそうあり続けるはずだ（そうあってほしい）という，ある種の願望も投影されていた。

　だが第二次世界大戦後，列強に植民地支配されていた諸地域が国民国家として独立した。すると1980年代頃からは，かつての植民地主義や帝国主義下でヨーロッパなどの旧支配者が支配された側の歴史や文化について生み出してきた言説を批判的に検討する，ポスト・コロニアル批判と呼ばれる動向が隆盛した。それにより，圧倒的な権力をもった調査者が，相対的に弱小な調査される側の社会を一方的に分析し表象するそれまでの人類学の研究スタイルは，植民地主義的ないし対象社会の特徴を不当に決め付ける「本質主義」であるとして批判されるようになった。さらに折からのグローバル化も相まって，対象社会は実は周辺の社会環境から隔絶しているわけでも，変化していない，つまり歴史がないわけでもないという現実に正面から向き合うことが必至となった。これらのことを背景に人類学的な歴史研究は本格始動したのだ。そこではまず，対象社会の歴史の捉え方や時間感覚，文字以外の口頭伝承や太鼓のリズムなどによるその表現の仕方など「彼らなりの歴史」の

特徴が探求された。また，かつて民族誌的現在で描かれた「変化しない未開社会」観への反省から，対象社会をより広い地域社会や国家などの文脈に位置付け，変化の様態に迫る試みも登場した。この「動態的民族誌」といわれるアプローチは，今日では歴史を主題としない人類学的研究においても馴染みのものとなっている。

(2) 歴史と記憶──連続性とヒエラルキー

　人類学における歴史への関心の推移は，歴史学における，以下のような「歴史観」の変化とそれに伴う研究手法の展開とも呼応するものであった。19世紀頃までの歴史学では，探求に先立って唯一の客観的な「史実」が存在し，歴史家が史料の探求を通してそれに到達できるという「素朴実証主義」が主流であった。だがその後，たとえばある戦争の捉え方が勝者と敗者でまったく異なったり，また同じ社会でも階層やジェンダーなどに応じて異なったりするように，過去の出来事の捉え方は立場や状況によって様々であり，客観的な「史実」を想定することは実は容易いではないことが明らかになってきた。この認識のもとで，近年では国史や歴史教科書のような公式的な歴史に登場しないマイノリティの言説や，矛盾する内容をもつ異説に対して，それを語る人々の主観性や立場性に留意しながら，一つの筋書きの歴史にまとめあげるのではなく，過去の出来事を多面的に捉えようとする試みが進められている。

　一方，歴史に関わる言葉に「記憶」がある。今日では，「戦争の記憶」「震災の記憶を語り継ぐ」というように，過去の出来事（群）としての「歴史」とごく近い意味で用いられることも多い。もともと記憶は，人の脳や心理に関わる個人的なものと考えられてきた。だが例えば自分が幼かった頃の記憶は，本当にあなた個人だけのものだろうか。実は子どもの頃に直接体験したり感じたりしたことと，もの心がついてから両親など周囲から聞かされた話がごちゃまぜになり，何度となく上書き保存されてきたのではないだろうか。このように，最も個人的と思われる記憶も，実は社会環境のなかで構成され，また直接的な体験の有無を超えて複数の人々の間で共有される。この

ことを指摘した先駆的な研究者がモーリス・アルヴァックスである。彼は個人を超えて共有される記憶を指して「集合的記憶」と呼び，それは常に社会的関係のなかで変化し，戦争や国民国家形成などに重要な役割を果たすと述べた（アルヴァックス 1989）。今日では，冷戦終結による民族ナショナリズムの高まりや，脱植民地化に伴う移民動向の活発化を背景に，さらには「記憶」という言葉がもつ，人々の心理に根差したものというもともとのニュアンスも相まって，アイデンティティ構築の重要な資源（安川 2007）としての記憶の側面が注目されている。

このように「歴史」は，かつて西洋の歴史学が想定し，実践してきたような編年体で書かれたもののみならず，人類学がまさに貢献してきたように，口頭や太鼓のリズム，あるいは仮面劇の上演など，文字以外の独自の媒体や流儀で表現，伝承されるものも広く指すものとして意味を拡張させてきている【☞第10章3 (1)〜(3)】。過去の出来事をめぐる見解，つまり歴史観の違いが，国家間の軋轢を生むこともあれば，反対に歴史観の共有がある集団の結束やアイデンティティを強化したり，あるいは強化のために特定の歴史観が選択され，強調されて共有が図られたりすることもある。一方「記憶」も，上でみたように周囲の時代状況に応じて変化し，特定の人間集団のアイデンティティに深く関わる。その意味で歴史と記憶は相互に重なりあう性質をもち，現に双方の語は，研究者においても，また私たちにおいてもしばしば峻別されずに互換的に用いられている。

他方で文脈によっては，歴史と記憶は対比的に捉えられることもある。国史や学校の歴史教科書のように，社会のなかで主流ないし正統とされる言説と，それには登場しない無名の人々の無数の言説のように，実社会での過去の出来事をめぐる多様な言説の間には，一定のヒエラルキーが存在し，それらを呼び分ける際にそれぞれ歴史と記憶の語を使うことがある。つまり歴史と記憶は，公式の記録として社会のなかで広く認知された「歴史」を一方の極とし，その歴史には登場しない個々人の生々しい記憶を他方の極としながら，その間に様々な集団と結び付いた複数の集合的記憶が存在するような連続体として捉えることができる。

⑶ ほころびへの着目

　歴史と記憶の連続性とヒエラルキーを伴う差異を確認したうえで，ここから注目してみたいのは，歴史と記憶のいずれにも刻み込まれる，それを語り表現する主体の意図や，あるいは意図を超えた時代状況など，過去についての統一された見解を紡ぎ出そうとする際に制御されない要素（ギンズブルグ2003：13-14）である。ここではこの制御しつくせない要素を「ほころび」と呼ぼう。

　現代の人類学の対象社会は，かつて想定されたような小規模でシンプルな「未開社会」ではなくなり，それとともに歴史や記憶のほころびも複雑化している。グローバル化や民主化などの社会変化や，情報技術の発達などを背景に，小さな村落社会でも，時に公定史に対抗するような独自の記憶を書き記し発信することが可能になり，外部に伝達しやすい編年体の語り口が新たに用いられるなど，「ほころび」は様々な局面で顕在化している。そのため人類学の歴史研究は，かつてのように社会独自の時間感覚や様式で表現される「彼らなりの歴史」を発見し代弁するだけでも，多様な資料から過去に何が起こったかを再構成するだけでも十分ではない，複数のアプローチの可能性に開かれている。以下では，これらの歴史と記憶をめぐるいくつかのほころびの動態をブトン社会からみてみよう。

3　歴史の島ブトンにて——複数の歴史と時間，異説

⑴　神話・歴史・お話——現地の概念

　人類学のフィールドワークではよく，調査対象となる事柄が現地語でどのように呼ばれ概念化されているかに注目する。だが常に現地の概念がぴたりと当てはまる日本語に翻訳できるとは限らない。「歴史」についても同様である。ウォリオ人は，インドネシア語の他にも，地方語の一つであるウォリオ語を日常的に使用する。日本語の「歴史」という語の意味にも幅があるように，ウォリオ語でも日本語の「歴史」に完全に当てはまる語彙は見当た

ない。だがそれに近いものに先述の「トゥラ・トゥラ（*tula-tula*）」がある。トゥラ・トゥラは，過去の一連の出来事，それについての物語，過去に限らず一般的な意味でのお話も広く指す言葉である。

　19世紀末頃の人類学では，神話に基づいて現実社会を理解するのは「未開人」の心性の特徴とされた。そのような議論はその後も何度か登場したが，現在では未開概念とともに批判されている。神話的なお話も歴史も緩やかに包含するトゥラ・トゥラという語が，ウォリオ人がそれらを区別していない，あるいはその名残なのかというとそうではない。人々は，特に編年体の歴史をさす場合は，インドネシア語のスジャラ（*sejarah*）を使う。

　だがトゥラ・トゥラはフィクションでスジャラは史実，といった固定的な使い分けがされているわけでもない。トゥラ・トゥラには，文脈によって実際に起こったとされる出来事，いわゆる史実もそうでないものも含まれるのだ。先に紹介した初代女王に関する「かぐや姫譚」について長老が「ただの神話（ミトス）だよ」と語ったように，いわゆる史実の集合体としてのスジャラやトゥラ・トゥラと対比的に用いられるのは，神話を意味するミトス（*mitos*）というインドネシア語である。とはいえ長老が「本当のトゥラ・トゥラ」として語った「元軍の落人譚」も，私には「かぐや姫譚」と同じぐらい神話めいてみえる。なぜならマルコ・ポーロの『東方見聞録』や『元史』の日本語訳を紐解いてみても，そのような出来事や落人に当たる人物の記述は見当たらないからだ。

　他方で，日本にも「平家の落人伝説」は各地にあるし，初代女王とフビライ・ハンとの関係性を語るトゥラ・トゥラは，日本の「義経＝チンギス・ハーン説」にもよく似ている。さらに周囲を見渡せば，神話と歴史的な出来事が緩やかに接合される特徴は，『古事記』やキリスト教の旧約聖書にもみられる。そのように考えると，歴史と神話やお話を緩やかに包摂するトゥラ・トゥラというウォリオ語の感覚は，そう異質なものではないのかもしれない。

(2)　時間の空間化，系譜化，年代化

　ウォリオ人は生活空間に点在する歴史の標しとの日常的な接触を契機にそ

の出来事について語るが，同様の特徴は，フィリピンのイロンゴットやボルネオのイバンといった人々など東南アジアでも複数報告されている。私たちも街中や旅先で古い建造物や史跡を目にしたときに，それを直接経験しているか否かにかかわらず，その過去の出来事に思いをはせることがあるのとも似ていよう。

　特にイロンゴットの人々についてレナート・ロサルドは，かつて首狩りの慣行があったこの社会では，特定の場所やモノが，その地点での首狩りをはじめとする主要な出来事の記憶を呼び起こすのみならず，それが起こったときや順序を知るための指標となっていることを見出した。そのような時間と空間の関係を「時間の空間化」と呼んだ（Rosaldo 1980: 55）。ウォリオ人においても，城塞内で起こった出来事は，それがその場所で王国時代に起こったということの指標になっているという点で，ウォリオ城塞全体が出来事の時間を空間化しているといえる。

　さらにウォリオ社会には出来事の発生した時間をより細かく具体的に示すいくつかの物差しがある。その一つは登場人物の系譜である。語りにはしばしば王やスルタンを中心に多数の人物が登場する。その系譜関係はよく知られていて，それにそって王やスルタンの名を列挙する以下のような語り口もある。

　　ワ・カ・カの夫はシバタラだ。シバタラは（ジャワの）マジャパヒト王国の
　　王子だ。シバタラのもう一人の妻はワ・ボケオだ。……その子が（隣接する）
　　ムナ王国の初代王だ。その次が（第2代ムナ王）スギラエンデだ。その次が
　　（第3代ムナ王）スギマヌルだ。スギマヌルは（第6代ブトン王の）ムルフム
　　の父親だ……。
　　　　　　　　　　　　　　　　　　　　　　　　　　　　　　（山口 2011：58）

　さてウォリオ人は，時間的にはランダムに語った出来事を，「スルタンAの時代には……，その息子Bの時代になると……」というふうに，人物の系譜を参照しながら時間軸に沿って再構成することもできる。この時間の系譜化ともいえる特徴は，ロティ島やスンバ島などの東部インドネシア諸社会でも報告されている。なかでもスンバ島のコディ社会では，時間は系譜のみな

らず，村の始祖の屋敷に対する住居の位置や，ものの交換における所有者の変遷などを通しても測られるといい（Hoskins 1993: 13-16），ウォリオ人と同様，出来事の時間を計るスケールは複数ある。

　ウォリオ人の歴史語りには，インドネシア史や世界史上の著名な人物や出来事も登場し，それが出来事の起こった年代の指標となることもある。王国の起こりを，元軍のジャワ侵攻に言及しながら13世紀頃と語るのもその例といえよう。また，スルタン国末期の1950年代に，あるウォリオ人書記官が地元の口頭伝承や王国に伝わる文書に基づき記した，初代女王ワ・カ・カの誕生から38代を数える最後のスルタンまでのブトン王国の年代記が存在する。このウォリオ人中心的に書かれたブトン王国史は，その後国民統合の一環として地方文化の定式化を図るインドネシア政府の目に留まり，1970年代に公認のブトン地域史として出版された。今日，子どもたちが初等教育で学ぶ地域史はこのウォリオ人中心的なブトン王国史であるし，ウォリオ人もそれを正統な地域史と自認している。人々が編年体の歴史の様式に馴染みがあるのは，こうしたことも背景にあろう。このように今日のウォリオ社会における「歴史」には，複数の時間感覚の併存がみられ，神話的な話から私たちにも馴染みの編年体の年代記までいくつかのジャンルが包含される。

(3) 異説とリアリティ

　複数の時間感覚や語り口以外にも，歴史語りが示す顕著なほころびに，社会のなかで正統とされるヴァージョンと，それとは異なる，時に対抗する異説との間のそれがある。上述のとおり，ウォリオ版の歴史は公定の地域史の位置付けを与えられており，それはブトン王国の領域内だった諸村落で今日広く共有されている。村によっては，王国時代には防衛や交易で他より卓越した役割を担ったとして，自村の優越性を強調しながらかつての王国への忠誠を示す語りも珍しくない（山口 2011：225-234）。

　そのなかで，ウォリオ版の歴史に対抗的な異説を唱えていたのが，この章のもう一つの舞台のWB村である。WB村はウォリオ城塞から約70km離れた人口2000人あまりの半農半漁の寒村で，山上にある村の起源地には，初代

女王ワ・カ・カのものといわれる墓がある。村民は，その地こそブトン王国の本当の起源地であり，WB村の政治体系をモデルにウォリオ人はウォリオの地に王国を建設したとする独自のブトン王国史を，それこそが「真実の歴史」だとして語る。WB村民には，書かれた歴史への憧憬がある一方で，「真実は書かれない，人間は偽りこそ書き記す」という考えのもとで「真実の歴史」を語り継いできた。

　この「真実の歴史」は，先に述べた歴史と記憶のヒエラルキーに照らせば，インドネシア政府から公的な地方史に認定されたウォリオ人ヴァージョンの「歴史」に対して，そこからは忘れられた，あるいは抹消された「記憶」の位置付けにある。WB村民の「真実の歴史」はともすると，ブトン社会のさらに低開発で重層的周辺に生きる彼らの文化的自己主張に聞こえるかもしれない。だがいくつかの要因が私に「真実の歴史」をそのように解釈して探求を止めてしまうことをためらわせた。その要因とは一つには，「真実の歴史」で最も重要な部分を占める王国の草創期については，ウォリオ版もWB村版も客観的な資料によって跡付けることができない点で実は同等だということ。さらに決定的だったのは，それを語るWB村の人々の熱量や語りが帯びるリアリティとでもいうものであった。

　そのリアリティは何に基づいていたのだろうか。詳細について興味のある読者は拙著（山口 2011）を読んでいただきたいが，おおよそ次のとおりである。WB村の1年は農事暦儀礼に沿って営まれ，その生活空間には「真実の歴史」に登場する様々な出来事を標す岩や建造物の痕跡が現存する。年に数度の大祭では，村人たちは舞踊をはじめとする精緻な儀礼過程を通して村の位階的秩序を再現，再確認する。さらに起源地への巡礼儀礼の道中では，「真実の歴史」の痕跡と祖先たちの歩みを追体験し，再確認する。以上のような村の秩序と「真実の歴史」を再現し語り伝える契機が組み込まれている社会生活そのものがリアリティの根源だったのだ。

　このWB村と「真実の歴史」との出会いは，私に，ブトン社会内部で広く認められたウォリオ版の歴史が，どうやって公定の地方史に定位され流通したのかという経緯と，それに関わる，ブトン社会における位階制やその関

係史の探求に向かわせた。そこからみてとれたのは，一つには，オランダ植民地時代以降，王侯貴族のウォリオ人に一定の権力や要職が与えられ，インドネシア独立後も地方での彼らの政治経済的優位性が継続したという経緯である。もう一つには，その過程では力ある者の言説が公定史に定位されていく「歴史は勝者によって記される」(Burke 1997) ということがブトン地域でも起こったということだ。

　他方で，ウォリオ人が日々の暮らしのなかで熱心に歴史語りをするのは，それがインドネシア政府から公定の地方史のお墨付きを与えられているからというばかりではない。それは，歴史の標しに満ちたウォリオ城塞という生活の時空間がそれらについてのトゥラ・トゥラにリアリティを与えているからにほかならない。そしてこのウォリオ人がトゥラ・トゥラに抱くリアリティは，WB村民が社会生活のサイクルに埋め込まれ語られる「真実の歴史」に抱くリアリティと共通するものでもあることも忘れてはならない。このことは，ある過去の出来事が文字資料のなかに跡付けられた場合に「史実性」を認めるような，私たちが歴史に一般的に抱くリアリティの感覚が普遍的ではないことと，当該社会の人々にとっては，書かれた公式の「歴史」と，書かれることはなく彼らの小さなコミュニティ内で共有されるような「記憶」の間のヒエラルキーは逆転することもあることに気づかせてくれる。

4　多様な歴史への関わりを求めて

(1)　生きている歴史

　ブトンは，日々の生活のなかで歴史に関わる事象が多様に展開している，歴史の豊かな社会である。人々が関心をよせ，記憶し，語り表現する過去の出来事は様々である。ここでは紙幅の制限から詳述はできないが，政府の抑圧によって長く語られなかった，直接の経験者が存在するより近い過去の暴力的な出来事もある。そのなかでも本章では，誰も直接経験したことのない遠い王国時代の出来事について人々が語り表現する様相を中心にみてきた。それらは，現在のブトン社会の政治経済的周辺性を説明し，威信を回復する

ために，より外部に訴えやすい編年体で語られる場合もあれば，何かのためというよりは，言葉遊びのように，声に出して語ることそのものが楽しまれることもある。歴史を語るきっかけが，生活の時空間や一年の農事暦儀礼のサイクルにあらかじめ組み込まれていることもある。また，「史実かどうか」「直接経験したかどうか」といった特定の基準に基づいて，話題が取捨選択されるわけでもない。現にブトン社会の人々は，「神話」と「歴史」を明確に分けたかと思えば，傍目には神話のように思われるエピソードをそれこそが「真実の歴史」だとして熱く語ることもある。

　歴史をめぐるこれらの特徴に似たものは，実は私たちの周囲のそこかしこに存在する。先述の『古事記』のように，神話と歴史の境界はあいまいなこともあるし，私たちは過去の出来事に関わる土地や史跡を訪れれば，その出来事を「思い出し」たり思いをはせたりする。また私たちは，いつも何かを説明するために因果論的に過去の出来事を思い出したり語ったりするわけでもない。さらに，毎年3月11日がくればあの震災を，8月がくれば原爆の災禍を，たとえ直接的な経験がなくとも「思い出す」。とりわけ私の勤務地のある北九州市小倉は，2度目の原爆投下の第一目標地点であった。着任後にそのことを知ってからは，8月9日が巡ってくると，私はその人類史上最悪の出来事を他人事としてではなく，よりリアルに思い出し戦慄を覚える。そして近年では，被爆を直接体験してはいないが，被爆者と同時代を生きている若い世代の人々が，語り部として被爆者の体験を語りつぐ努力をしている。私たちは，直接的に経験をしていない出来事を思い出し，共感することも，その背後の無数の語られないことについて想像し，語ることもできるのだ。学校で勉強するような教科書に書かれた編年体の歴史だけが歴史ではない。私たちの日々の生もまた過去の歴史との多様な関係に満ちている。

(2)　歴史の真実と真摯さの往還に向けて

　再びブトン社会に目を向ければ，人々の生と歴史との多様な関わりは，一気に特定の過去の出来事の探求に向かうのではなく，歴史を人々の生のなかに位置付けることによってみえてくるものであった。それはまた調査地社会の

歴史への関わりと，私たちの歴史との関わりの間の共通性と差異にも気づかせてくれる。これらは人々の生活の場に身を置くフィールドワークに基づいた，人類学的な歴史へのアプローチならではの視点であり強みである。他方で，過去の出来事を実証的に探求し再構成しようとする試みと，そこから零れ落ちる，ほころびに満ちた多様な過去の事象に目を向けようとする試みはどうやって折り合いをつけられるだろうか。

　歴史学者のテッサ・モーリス＝スズキは，歴史研究には，出来事の因果関係を考える「解釈としての歴史」と，ある過去の出来事を想像したり共感したりする「一体化としての歴史」の双方が必要であると述べ，しばしば後者が抜け落ちていると指摘している。後者で求められるのは，唯一の「歴史的真実」ヒストリカル・トゥルースの探求ではなく，「歴史への真摯さ」ヒストリカル・トゥルースフルネスだという。いわく，歴史知識の伝達は，歴史的出来事と，出来事を記録し表象する人々，そして表象されたものを見たり聞いたり読んだりする人々の間の一連の関係の連続であり，歴史への真摯さとは，この関係の連鎖を理解する努力の一環であるという（モーリス＝スズキ 2013：96-99：2014：37，山口 2017）。

　人類学的な歴史研究は，対象社会の多様な歴史実践にアプローチする点で，「一体化としての歴史」への接近においてより貢献しうるだろう。だが，あらゆる言説が無批判に考察の対象となるわけではない。たとえばホロコーストの事実をなかったとする「歴史修正主義」のような極端な見解に対しては，「歴史的真実」を見極めそれを否定していくことが必要である。他方で，「歴史的真実」探求の観点から零れ落ちた多様な記憶に対しては，それを語り表現する人々や，あるいは語られないことを理解しようとする「真摯さ」が求められる。

　このように，「解釈としての歴史」と「一体化としての歴史」の探求は二者択一の営みではない。「歴史的真実」と「歴史への真摯さ」を往還することが必要なのだ。それはつまり，「歴史的真実」を探求する努力を放棄することなく，また彼らなりの歴史を発見し，代弁するだけでもない，歴史を語り表現する人々と，それを見たり聞いたりする人々との関係の連続性のなかに身を置き続けながら行う営みである。本章ではそれを，ブトン社会を対象

に実践することを試みた。ここで紹介したのはその一端だが，人々が日々の生のなかで過去の歴史にいかに向き合い，自らが語る歴史にいかに「リアリティ」を抱くのかにアプローチし，その過程では，公定史を実証的に検討し，ウォリオ版の歴史語りがそう定位されるまでのまた別の歴史過程を検証する作業も不可欠であった。その営為は折衷的で，必ずしも一つの正解を求めるものではない。そのため，歯切れが悪くみえるだろう。しかしその歯切れの悪さを引き受けることが人類学的歴史研究の，言い換えればほころびに満ちた人間と歴史の多様な関係に接近する第一歩なのではないだろうか。

参考文献

アルヴァックス，M　1989『集合的記憶』小関藤一郎訳，行路社。

ギンズブルグ，C　2003『歴史を逆なでに読む』上村忠男訳，みすず書房。

モーリス＝スズキ，T　2013「東アジアにおける歴史をめぐる戦い——「歴史への真摯さ」を巡る考察」モーリス＝スズキ，T／伊藤茂訳『批判的想像力のために——グローバル化時代の日本』平凡社，72-104頁。

——　2014『過去は死なない——メディア・記憶・歴史』田代素子訳，岩波書店。

安川晴基　2007「文化的記憶のコンセプトについて——訳者あとがきにかえて」アライダ・アスマン／安川晴基訳『想起の空間——文化的記憶の形態と変遷』水声社，555-575頁。

山口裕子　2011『歴史語りの人類学——複数の過去を生きるインドネシア東部の小地域社会』世界思想社。

——　2017「過去との多様な連類の探求に向けて——インドネシア地方社会の集団的暴力をめぐる考察」『社会人類学年報』43：23-55。

Burke, P. 1997. *Varieties of Cultural History*. Ithaca: Cornell university Press.

Hoskins, J. 1993. *The Play of Time: Kodi Perspectives on Calendar, History, and Exchange*. Berkeley: University of California Press.

Rosaldo, R. 1980. *Ilongot Headhunting, 1883-1974: A Study in Society and History*. Stanford, Calif.: Stanford University Press.

●課題●

1 「歴史」といわれるジャンルに，それ以外の神話，物語，伝説などの特徴が潜んでいる
  例を探し，歴史とそれ以外のジャンルとの連続性と差異は何かを，本章3(1)を参照して
  考えてみよう。
2 私たちが生活のなかで過去の歴史に触れたり考えたりするのにはどのような機会があ
  り，語りのスタイルや時間感覚にはどのような特徴があるだろうか。ブトン社会の事例
  を参考に考えてみよう。
3 公式的な歴史に対する異説にはどのようなものがあるかを探して，異説やそれを唱える
  人々に対してあなたはどのような立場でどう関わるか具体的に考えてみよう。

●読書案内●

『記憶／物語』岡真理，岩波書店，2000年
　　　　　　暴力的な出来事の記憶を描き分有する方途をめぐる探求の書。出来事を
　　　　　　完結した物語として描こうとする「欲望」に抗して，語り手を犠牲者／
　　　　　　被害者など単純な属性から解放し，出来事とそれを語る一見説明不能で
　　　　　　陳腐な言葉との間のギャップにこそ，みるべき「現実」があるとする。

『ラディカル・オーラル・ヒストリー——オーストラリア先住民アボリジニの歴史実践』
　　　　　　保苅実，お茶の水書房，2004年
　　　　　　オーストラリアのアボリジニの長老との交流を中心に，日々の生活のあ
　　　　　　らゆる局面で見られ，聞かれ，話され，感じられ，検討される「歴史実
　　　　　　践」に歴史家の視点で迫る。西洋近代のアカデミックで狭隘な「歴史」
　　　　　　概念からの歴史の解放を試み，「歴史への真摯さ」の実践の一つの可能
　　　　　　性を示す。

『歴史語りの人類学——複数の過去を生きるインドネシア東部の小地域社会』
　　　　　　山口裕子，世界思想社，2011年
　　　　　　インドネシア東部のブトン島の諸村落社会を対象に，生活のなかで多様
　　　　　　に語り表現される歴史について，近年の洗練された実証主義と相対主義
　　　　　　を補完させて接近した民族誌。異説を語る WB 村民と筆者との間の「真
　　　　　　実の歴史」を学び書き記すことをめぐる交渉にも注目してほしい。

第5章

国家

国家にどう向き合う?

二文字屋脩

タイの少数民族が集まる会議にて，民族集団ごとの状況について議論する人々（2014年，筆者撮影）

1　国家の不思議

(1)　国家はどこにある？

　「国家って何」という質問に，みなさんならどう答えるだろうか。言葉に
詰ってしまう人が多いのではないかと想像する。理由はいくつかあるだろ
う。まず，とても身近なものだから，というもの。確かに私たちは生まれた
ときからどこかの国家に属しているし，国家のない世界を想像することのほ
うが難しい。あるいは逆に，疎遠なものだから，かもしれない。政治学を専

攻していたり，政治家を志していない限り，国家について普段から考えているという人はほとんどいないように思う。近いか遠いか。両極端ではあるが，どちらにしても私たちは国家に思いを巡らせることがあまりないようだ。

　ただ，それ以上に冒頭の質問の返答に困ってしまうのは，「国家」というものが，目の前にあるペンや消しゴムのように掴んだり摘んだりすることのできない，とても抽象的な概念だからだろう。「これ」と名指しできるような物理的実体がないために，具体的なイメージも湧きづらい。

　しかしだからといって「国家なんてない」ということにはもちろんならない。スポーツの世界大会を目にしたり，近隣諸国の不穏な動きを耳にしたりするたびに，国家を意識するという人は少なくないはずだ。あるようでないようであるもの。国家とは，そんな不思議な性質をもったものとしてある。

(2)　国家はなんである？

　では，どうして国家はあるのだろうか。政治家がよく口にするように，「国民の生命と財産を守るため」と答える人がいるかもしれない。もちろんそうした面も国家にはある。ただ，私たちの生命と財産を守ることができるのは，なにも国家だけではない。現に日本が近代国家として歩みを始めた明治時代まで，大多数の人々は農山漁村でムラ社会を築きながら，相互扶助の原理に基づいて，お互いの生命と財産を守っていた。

　このことは日本に限らない。実際，様々な地域に暮らす「国家なき人々」を研究してきた人類学がこれまで明らかにしてきたのは，国家など必要とせずとも自分たちの生命と財産を守ってきた人々の営みだ。国家がなくても私たちは生きることができるし，実際にそうやって生きてきた。となると，「国家はなぜあるのか」と改めて考えなければならなくなる。

　ところで，みなさんはこれまで「国民」という立場から国家について考えてはいなかっただろうか。内外の脅威から私たちを守ってくれるものとして，生活の安心と安全を保障してくれるものとして，国家を捉えてはいなかっただろうか。だが，そうした視点では国家の本質は理解できない。たしかに憲法には「国民の権利と自由を保障する」などと定められているが，そ

れはここ数百年の間に生まれたとても新しい国家の理念でしかないからだ。

　だからここで視点を大きく変えてみよう。国民という立場から身を引いて，5000年ほど前まで歴史を遡ることで，もっとマクロな視点から，国家が生まれた背景や，国家を維持するための要件についてみていこう。

(3)　国家の本質

　中学や高校ですでに学んだことなのでまだ記憶に新しいという人が多いだろうが，世界最古の国家が誕生したのは肥沃な三日月地帯だった。「メソポタミア」という名でも知られるこの地域では，高度な灌漑システムを基盤に国家が成立した。ただ，その存続はとても危なっかしいものだったといわれている。たとえば伝染病や風土病に対して抵抗力がなかったので，作物は枯れるし人は死ぬ。それにいくら高度に発達したといっても，自然に大きく依存する農業では干ばつなどにたびたび見舞われて，食料供給は安定しなかった。加えて集住化による森林破壊の進行とそれによる洪水の発生が原因で，収穫量が低下することも珍しいことではなかったという。

　こうした欠点を補うために不可欠だったのがマンパワーだった。これがなければ灌漑用水を確保することも，水資源をめぐる他国との争いに勝つこともできない。だから王などの支配階級は，敵対勢力に攻め入っては奴隷などの人的資源をかき集めたり，逆に臣民の逃亡を阻止するために城壁を築いたりすることで人的資源を失わないことに注力した。そして納税や賦役，徴兵を臣民に課し，文字を発明して税収や人口を管理することで，さらなる繁栄を夢みた。国家の歴史は支配と統治の歴史でもある（スコット 2019）。

　そんな国家に何を思うだろうか。「今は違う」と思う人がいるかもしれない。確かに近代国家では，以前よりもはるかに多くの自由と権利が保障されている。だから「支配」や「統治」といった言葉が感覚的に馴染まないこともよくわかる。ただ，その本質はそう変わらない。近代国家であってもほとんど強制的に税金が徴収されるし，何をするにも登録手続きや本人確認が必要だ。どんな時代や地域にあっても，国家の本質は支配と統治にある。

　とはいえ，国家の形は時代や地域によって大きく違う。たとえば私たちが

自明とする近代国家はとても新しい国家形態だが，裏を返せば，それ以前は今とはまた違った国家形態があったということでもある。そして東南アジアという地域は，そのことを知るのに最良の地域の一つだ。

2　東南アジアにみる国家の形

(1)　マンダラ型国家

今でこそ11を数える近代国家がひしめく東南アジアだが，第二次世界大戦終結後（より厳密には19世紀末）まで，今の常識ではなかなか想像することのできない国家形態が広範囲にわたって点在していた。たとえば東南アジア（に限らないが）の初期国家には国境がなかったといわれている。いや，厳密に言うと国境のようなものがあるにはあったが，今のように線で引けるようなはっきりとしたものではなかった。それに，その範囲も大きくなったり小さくなったりする，とても流動的なものだったといわれている。

そんな初期国家の特徴を表現したのが，サンスクリット語で「円」を意味する「マンダラ」だ。もともとは，中心に鎮座する主尊の周囲を諸尊諸仏が取り囲む，密教の世界観を表す図像のことを指す。だからこれが国家形態といったいどんな関係にあるのかいまいちピンとこないかもしれない。そこでスマートフォンを手に取って，画像検索をしてみてほしい。すると同心円状に複数の円が入れ子状に重なった画像がいくつも出てくるはずだ。次にこれを国家形態に当てはめてみよう。まず，中心にある一番小さな円に当たるのが王都だ。そしてその周囲を中規模の政治勢力が取り囲み，さらにその周囲を小規模の政治勢力が取り囲む。それぞれの勢力は王と朝貢関係を結び，王は忠誠の見返りに庇護を与えて権力圏を形成した。これが，「マンダラ型国家（mandala polity）」と呼ばれる国家形態の基本形だ（Wolters 1982）。

とはいえ，これだけでは近代国家と大差ないように思えるかもしれない。確かに近代国家も，首都を中心に首都圏が形成され，地方がその周囲を取り囲んでいる。見方によってはマンダラ的でもある。ただ，近代国家の主権が及ぶ範囲は領土によって確定されるのに対して，マンダラ型国家の主権が及

ぶ範囲は中心にある王都だけだった。大小様々な政治勢力の連合体に過ぎなかったからだ。だからそれぞれの政治勢力は，王に忠誠は誓えど，完全に王の支配下にあるわけではなかった。

　そもそも交通インフラがほとんど整っていなかった当時，王都の周辺ならまだしも，その先にある広大な土地を隅から隅まで支配し統治することなど不可能に近かった。だから各勢力には高い独立性と自律性が認められていた。それに各勢力は，一人の王にだけでなく，他の王にも忠誠を誓うことで，その時々の状況に合わせて身の振り方を変えていた。それが，彼らなりのリスクマネジメントだった。だからマンダラ型国家に明確な国境はなく，その範囲も容易に伸縮するものだったのである。

(2)　陸のマンダラと海のマンダラ

　初期国家はどれもマンダラ型国家だったものの，経済基盤によっては違いもある。たとえば11世紀に成立したパガン王朝（現ミャンマー），13世紀に成立したラーンナー王朝（現タイ），14世紀に成立したラーンサーン王朝（現ラオス），16世紀に成立したマタラム王国（現インドネシア）などは，農業を基盤に繁栄した国家だった。これに対して1世紀に成立した扶南（現ベトナム），7世紀に成立したシュリーヴィジャヤ王国（マラッカ海峡域），9世紀に成立したアンコール王朝（現カンボジア），14世紀に成立したアユタヤ王朝（現タイ），14世紀末にシュリーヴィジャヤ王国の後継として成立したマラッカ王国などは，交易を基盤に繁栄した国家だった。どれもマンダラ型国家だが，経済基盤が農業か交易かという違いから，前者を「陸のマンダラ」，そして後者を「海のマンダラ」と区別することもある（白石 2000）。

　特に海のマンダラの代名詞ともいえるのが，交易ネットワークの拠点として繁栄した「港市国家（port polity）」だ。港市国家は外部世界との交易がもたらす富を独占し，その経済的影響力で後背地を含む地域一帯を支配していた（弘末 2004）。その歴史は古く，紀元後すぐのことだったので，陸のマンダラと比べると，両者の間には実に1000年もの開きがある。農業技術よりも航海技術の発達のほう早かったことがその大きな理由だ。ただ，経済基盤に

違いはあっても，同じ国家形態であるために，両者には共通点もある。どちらも，王の求心力（カリスマ性や権力）に国家権力の源泉があった。

そもそも土地面積に対して人口密度が極めて低い「小人口世界」（坪内1998）だった東南アジアでは，土地がいくらあっても，肝心の労働力となる人間がいなければ国家そのものが成り立たなかった。だから土地よりも人を支配することが最も重視された。ただ，人を支配するのはそう容易なことではない。四六時中鎖に縛り付けるわけにもいかないし，忠誠を誓っていると口では言っていても内心はどうかわからない。

だから王たちは自らの求心力を高めることに腐心した。臣民にそっぽを向かれることは，権力の弱体化を意味すると同時に，他国の影響力の増大を意味していたからだ。そこで他の王族と婚姻関係を結んで同盟を強化したり，他国に戦争を仕掛けて軍事力をアピールしたりといった域内での外交に力を入れた。そして外部世界から宗教（ヒンドゥー教や仏教，イスラーム）や言語（サンスクリット語やパーリ語），寺院の建築技術といった最先端の文化を取り入れたりして，域外との外交を強化した（リード2021a）。

面白いのは，求心力を高めるうえで大きな役割を果たした要素の一つが儀礼だったことにある。たとえばインドネシアのバリ島にかつてあった国家は，儀礼を主催することで権力を掌握していた。インドから輸入した宗教的な世界観を模して国家を建設し，それを具体的に示すために儀礼を活用するなど，国家がエンターテインメントを催していた。どの時代やどの地域にあっても宗教は人々を惹き付ける力をもつが，宗教が人々の生活を支えていた当時，王たちはその力を利用して自分たちの権力の大きさを誇示していたのだ。マンダラ型国家は，「劇場国家（theater state）」という顔ももっていたのである（ギアツ1990）【☞第10章2(2)】。

(3) 避難先としてのゾミア

とはいえ国家である以上，マンダラ型国家もその本質は支配と統治にあった。実際に王たちはさらなる繁栄を求めて，他国に戦争を仕掛けては奴隷を集め，臣民に徴税や賦役，徴兵を課していた。ただ，こうした圧政が理由

で，国家から逃げ出す人たちは少なくなかったといわれている。そしてそんな彼らの避難先となったのが，「ゾミア（zomia）」と呼ばれる地域だった。

　「ゾミア」という地名を聞いたことがある人はおそらくいないだろう。それもそのはず，世界地図を広げてみてもそんな地名はどこにもない。ゾミアがどこにあったかを知るためには，のっぺりとした土地に国境線だけが引かれた地図から一度目を離す必要がある。そこで改めてスマートフォンを手に取ってみてほしい。Google マップを開いて，東南アジア大陸部の北部地域を見てみよう。「地形」に切り替えると，この地域一帯が凹凸していることが一目でわかるはずだ。さらに「航空写真」に切り替えてみると，濃い緑色で覆われていることもわかる。豊かな森に覆われた無数の山々が織りなす山岳地帯が広がっているからだ。だから人が分け入ることが難しかった。しかしアクセスが容易ではないからこそ，国家の手が及ばない自然の要塞としても機能した。

　それにゾミアに逃げ込んだ人々の生活スタイルは，国家から逃れることを前提に築き上げられたものだったともいわれている（スコット 2013）。たとえば彼らが育てる作物は，収穫が容易で生育期間も短い作物（キャッサバ，イモ類，トウモロコシなど）だった。そしてその農法も，どこかに定住する必要のない焼畑移動耕作だった。国家の魔の手が迫ってきても，すぐに移動できれば被害を最小限に抑えることができるためだ。そして何かあってもすぐに小さな集団に分裂して分散できるような社会組織を作り，アイデンティティも状況に応じて柔軟に選択できるものだった（リーチ 1995）。

　これは主に大陸部の話だが，島嶼部にゾミアがなかったわけではもちろんない。「陸のマンダラ／海のマンダラ」と同じように，「陸のゾミア／水のゾミア」という区別も可能だ（スコット 2013：xv）。実際，港市国家が隆盛した海域には，海を移動しながら暮らす人たちがいた。「海洋民」や「海のジプシー」などと呼ばれる彼らは，複数の国家と主従関係にありながらも，それが自分たちにとって不利益とみるや否や，自分たちから関係を断ち切るなどして，完全には国家に統治されない生活を送っていた（床呂 1999）。

　ところで，ゾミアで生きた人々がこれまで教科書で学んだ東南アジアの歴

史に登場しなかったからといって，彼らの存在を低く見積もらないでほしい。自然豊かな土地が広範囲に点在する東南アジアでは，国家を必要とせずとも十分に生きていくことができたし，彼らがゾミアでの生活を自ら選んだところをみると，そこでの生活は国家のなかで生きるよりもある意味で豊かだったとみるべきだろう。国家と常に敵対関係にあったわけではないが（ダニエルス編 2014），それでも国家と彼らの関係は，私たちが想像するような支配─被支配の関係にはなかった。

　とはいえ国家と国家なき人々が並存するユニークな状況は，時代が進むにつれて大きく変わっていくこととなる。国家は中心ではなく領域によって定義される国家形態へと姿形を変え，国家なき人々は「少数民族」というラベルを貼られて国家に取り込まれていったからだ。

⑷　領域に基づく国家──国民国家

　紀元後から国家史を刻んできた東南アジアだが，第二次世界大戦終結を契機に，国家はその形態を大きく変えることとなった。西洋諸国による植民地主義が終わりを告げたことで，近代国家が次々と成立したからだ。とはいえその前兆は，すでに19世紀末から始まっていた。

　西洋諸国が東南アジアで植民地支配を開始するのは16世紀以降のことだったが，当時は主要な貿易拠点だった港市国家の支配に力点が置かれていた。しかし18世紀後半にイギリスで産業革命が起きたことで様々な製品作りに必要な原材料が大量に必要となった。そこで後背地も支配下に置くことで，様々な一次産品の生産に力点が移っていった。「点の支配」から「面の支配」へ。19世紀に入ると，植民地支配は大きく変質していくこととなる。

　点（貿易拠点としての港市）ではなく面（後背地を含む土地）を支配するためには，どこからどこまでが自分たちの支配領域かを明確にする必要が出てくる。そこで西洋が持ち込んだのが「国境」という考えだった。領土を確定させて植民地政府を樹立することで，西洋をモデルとする国家形態へと東南アジアを作り替えていった。そして第二次世界大戦終結後，各地域は植民地政府の統治形態をそのまま引き継ぐ形で近代国家として独立していった。

ただ，西洋という部外者の国家モデルを受け継いだために，東南アジアの近代国家建設は紆余曲折を経ることとなる。特に大きな課題は，民族や宗教，そして言語が異なる人々に，どうやって「国民」という帰属意識をもたせるかにあった。国民とは「想像の共同体」（アンダーソン 2007）に過ぎないが，それでも「我々＝国民」という意識を一人一人にもたせることが「国民国家（nation-state）」の成立要件だったからだ。だから各国は国民形成に力を入れた。そのためにも教育制度を整備して国語（national language）や国史（national history）を広めて国民意識（national identity）を涵養し，多民族社会をまとめあげていった（リード 2021b: 637-646）。

　こうして国家なき人々も国家に取り込まれていくことになった。ただ，その過程は決してポジティブなものばかりではない。マイノリティの文化を尊重する国家もあるが，マジョリティへの同化を強要したり，逆にマイノリティだからと排斥したりする国家もある。しかしマイノリティとなった人々は，なにも強大な国家権力を前にただ手をこまねいてきたわけではない。国家のなかで生きながらも，時に国際組織や非政府組織（NGO）の手を借りながら，よりよい未来に向けた試行錯誤を続けている。そのことを知るためにも，タイ北部に暮らす少数民族を事例にみていこう。

3　タイを生きる少数民族

⑴　近代国家タイの成立

　タイにもかつては複数のマンダラ型国家が存在していた。その多くは10世紀頃に中国から南下してきたタイ系民族（Tai）が建国したものだが，前近代国家に特徴的だった重層的で流動的な国家形態は19世紀末に一変する。

　ことの始まりは，英仏による周辺地域の植民地支配だった。イギリスがビルマ（現ミャンマー）を，そしてフランスがカンボジアとラオスを支配したことで，両地域に挟まれていたシャム（現タイ）は国家存亡の脅威に晒されることになったからだ。実際，それまでシャムと朝貢関係を結んでいた属国は次々にフランスに支配され，シャムの経済基盤はイギリスに有利な通商条

約で大きく崩されてしまった。

　そこで当時のシャム王は，近代化政策を打ち出すことで，主権国家としての地位を確立しようとした。属国を併合して中央集権化を進めたり，西洋式の軍隊を作って軍事力を高めたり，人材育成のために教育制度を整備したりして，英仏に対抗できる強固な国家体制を築こうとした。そして1932年には絶対王制から立憲君主制へ移行して国民主権を打ち出し，1939年には「タイランド（Thailand）」へ国名変更することで，多様な民族的背景をもつ人々を「タイ人（Thai）」として国家に取り込んでいった（柿崎 2007）。

　シャムの国家建設で特に重要な役割を果たしたのが「地図づくり」である（ウィニッチャクン 2003）。西洋由来の近代地理学をベースに地図を作成することで排他的な主権が及ぶ範囲である領土を確定し，近代国家の基本要件を整えていった。ただ，前近代国家でもそうだったように，支配と統治には求心力が必須となる。そこで政府は，国史を編みながら，それを地図に落とし込んで語ることで，国家の具体的なイメージを人々に抱かせていった。そして「国民・宗教・国王」を国是に愛国心や忠誠心を鼓舞して，高い統一性をもった国民国家を作り上げていった。

　こうした過程でそれまで脇役だったタイ系民族以外の人々も国民化していくことになるが，ゾミアの一角でもあった山岳地帯にはまだ「国民」とは認められない人々が暮らしていた。しかし政府はその存在を認識しつつも，彼らに特別な関心を払ってはこなかった。国境を管理する能力をもっていなかったこともあるが，それ以上に国境地域でもある山岳地帯の政治的な重要度が低かったからだ。しかしこのような状況は20世紀半ばに一変する。

(2)　捏造された「国家の敵」

　第二次世界大戦が終結して間もない1949年に中華人民共和国が成立すると，中国の真南に位置する東南アジアでは共産主義の影響が強まっていった。加えて西洋諸国が植民地主義から手を引いていったことで，近隣諸国では少数民族たちによる民族運動が過熱していった。こうした動向に危機感を募らせた自由主義国のタイは，国境地帯が重大な国家安全保障上の問題を抱

えていることを強く認識することとなる。そして国境線が引かれた山岳地帯に関心を寄せ始め，そこに暮らす国家なき人々に積極的に介入していった。

　政府は手始めに，国境地帯の監視を強化した。そして山岳地帯に暮らすカレンやモン，ミエン，ラフ，リス，アカ，カム，ティン，ルアの9つの民族集団（のちにムラブリが加わって10の民族集団になる）を「山地民（hill tribes）」と総称して介入対象を同定し，山地民政策を担う部局を内務省内に設置した。ただ，山地民社会に介入するためには，それを正当化するための大義名分が必要となる。そこで政府が作り出したのが，①ケシ栽培とアヘンの流通，②焼畑移動耕作による森林資源の破壊，③共産主義への傾倒による国境地帯の不安定化の3つを主要な問題群とする「山地民問題（hill tribe problems）」だった。

　とはいえこれらの問題を山地民にだけ押し付けるのは無理があった。確かに山地民の多くは焼畑移動耕作に従事し，一部の人々は現金収入のためにケシを栽培し，ごく一部の人々は共産ゲリラ化した。だから山地民問題にまったく根拠がないわけではなかった。しかし政府はかつてアヘン売買での収益を重要な収入源にしていたし，ケシ栽培を奨励してもいた。それに焼畑は古くから平地タイ人の間でも行われていた農法であったし，以前は取り立てて問題視されてもいなかった。むしろ植生の回復に必要な休閑期間を取らなかった平地タイ人のほうが生態系に悪影響を与えていたとさえいわれている。また一部の山地民が共産主義に共鳴したのは，経済的に貧しかったり，差別を受けていたりなど，政府に対する不満が募っていたことが原因だった。

　しかし政府はこうした事実を意図的に無視した。「焼畑をするのも，ケシを栽培するのも，共産主義に傾倒するのも，山地民が十分な教育を受けることができずにいるからであって，こうした山地民由来の問題を解決するのは政府の責務である」という認識が，山地民社会への介入を正当化するためには必要だったからだ。それに国名変更から間もないタイにとって，山地民を敵視することは国民形成にも有益だった。山地民を「国家の敵」に仕立て上げることが，国民の結束をさらに高めることになるからだ。

⑶ 国家を生きる山地民

　政府が最初に進めたのは，強力な同化政策だった。そこでは山地に学校を作ってタイ語の読み書きを教えたり，布教団を派遣して仏教への帰依を勧めたりしながら，国家に対する愛国心や忠誠心を養うことが目指された。ただ，表面的なタイ化を求める同化政策では，問題はなかなか解決しなかった。政府の考えを一方的に押し付けるだけで，山地民のニーズに応えるものではなかったからだ。

　そこで政府は，1970年代中頃に，統合政策へと政策を大きく転換した。そして山地民の伝統文化を尊重しながら彼らの生活水準を上げることで，平地社会への統合を進めていった。その甲斐あって，1980年代に入ると，山地民問題は一気に収束へと向かっていく。一定の現金収入を得ることができるようになり，また教育を受けることもできるようになったことで，生活の質が大きく向上したからだった（McKinnon and Vienne 1989）。

　だが「開発」の名のもとで行われてきた山地民政策は無視できない副作用を伴った。たとえば政府が推奨した換金作物栽培に掛かる費用を賄えずに借金を抱えてしまったり，化学肥料の使用が原因で健康被害や環境汚染が起きてしまったりした。また，都市部に働きに出ても差別に遭ったり，低賃金で働かざるをえなかったりした。それに，比較的高い収入を得ようと売春に手を染めた女性たちが HIV に感染してしまったりもした。さらには急速な社会変化に適応できずに精神的に病んでしまったり，苦しい現実から逃避しようと薬物に手を出してしまったりする人もいた（McCaskill and Kampe 1997）。

　こうした問題は現在でもなかなか解決されていないが，そのなかでも特に深刻な問題とされているのが無国籍問題である。政府は以前から山地民の住民登録を進めてきたが，あくまで住民管理が目的であったり，一定の条件を満たさないと国籍を付与されなかったりしたために，多くの山地民が無国籍状態に置かれてきた。結果，彼らは国民であれば享受することのできる医療や教育へのアクセスが制限され，就労や移動の自由といった基本的な権利ですらなかなか行使できないでいた。

こうしたなか，統合政策への政策転換をきっかけに無国籍問題も大きく前進する機運が高まった。しかし山地民が期待したほどには進展しなかった。周辺諸国の情勢不安を理由に国籍法が何度も改正されたことで国籍の取得条件が二転三転しただけでなく，政府の怠慢や山地民に対する差別意識が手続きを遅らせることにもなったからだ。

　無国籍問題はその後，1999年にタイ北部の最大都市チェンマイで行われた大規模デモで大きな注目を集め，2000年代後半には国籍法が改正されたことで状況は大きく進展した（片岡 2013）。だが，今でも少なくない山地民が無国籍状態のままでいる。ある調査では1000万人を超える山地民人口の3分の1近くが無国籍だと報告されているが，実際はそれ以上ともいわれている。

(4)　抵抗から交渉へ

　山地民への国家的介入が始まってすでに半世紀以上もの月日が経った。この間に山地民の生活水準は確かに上がった。しかし「開発」という言葉で進められてきた山地民政策が，すべての山地民に利益をもたらしたわけではない。とはいえ彼らは決して無力ではない。実際，山地民たち自身が，自分たちが置かれた状況をどうにかしようと立ち上がっている（綾部 2008）。

　タイ北部最大の都市チェンマイの郊外に事務所を構える「タイ山地民教育文化協会（Inter Mountain Peoples Education and Culture in Thailand Association: IMPECT）」は，1990年に国連で「国際先住民年」が採択された翌年に設立された。国籍をめぐる大規模デモで中心的な役割を果たしたのもこのNGOだが，IMPECTは設立以降，山地民以外の少数民族を含むマイノリティの権利向上に向けて精力的に取り組んできた。その活動内容も，①伝統文化の復興と代替教育の実施，②環境と天然資源管理の促進，③先住民運動と先住民ネットワークの強化，④先住民としての権利主張と多岐にわたる。

　さらに国連で「先住民族の権利に関する国連宣言」が採択された2007年には，「タイ先住民ネットワーク（Network of Indigenous Peoples in Thailand: NIPT）」がIMPECT主導で設立された。この団体は現在，政府に対する提言を取りまとめるなど，「タイ先住民」の行末を決める重要な役割を担うま

でに成長している。そして彼らが構築したネットワークは，他の東南アジア諸国だけでなく，諸外国の先住民組織にも広がりを見せるまでになった。

　IMPECT の活動で特に注目すべきなのは，政府によって与えられた「山地民」ではなく，「先住民（indigenous people）」という言葉で自分たちを積極的に再定義していることだろう。これは IMPECT の支援対象が山地民だけではないからでもあるが，それ以上に「先住民」という言葉がもつ意味と意義に彼らが大きな希望を抱いているからだ。実際，国連が定義する「先住民」とは，単に「先に住んでいた人々」ではなく，植民地主義や同化政策によって「伝統文化を否定された人々」のことを指す。東南アジアに限らず，国家はこれまで国家なき人々を何度も蹂躙してきたが，「先住民」とはそうした国家が表の歴史から抹消してきた裏の歴史を浮き彫りにし，国家によって失われた人々の権利と尊厳を取り戻すための言葉として使用されている。

　これまでみてきたように，第二次世界大戦終結後から始まった山地民政策に対して，山地民はいろいろな形で国家に抵抗してきた。しかし国家のなかで生きる彼らの活動は現在，政府との交渉へとその内容が大きく変わった。IMPECT の活動とその広がりが設立当初から世界的な動きと連動したものだったことはすでに指摘した通りだが，彼らは今，グローバリゼーションという世界の脱領域的な現象を利用して超領域的なネットワークを築き上げながら，対話による政府との交渉を試みている。抵抗から交渉へ。単に国家の言いなりになるのではなく，「先住民」という言葉に希望を託しながら，国家によって奪われてきた権利と尊厳を取り戻そうと奮闘する姿がそこにみてとれるだろう。

4　「下から」の視点で考える

(1)　たかが国家，されど国家

　「国家には5000年もの歴史がある」と聞けば，国家がとても古いものであるかのように思うかもしれない。しかし人類の歴史が700万年であることを考えれば，国家の歴史など大したものではない。私たちは国家が誕生するは

るか以前から国家など必要とせずに生きてきたし，なかには国家が誕生してからだって国家を拒否する人々がいた。

そうしたなか，私たちが自明とする近代国家が世界中を覆い尽くすほどまで成長したのは，国家史上の一大事件だったといってもよいだろう。民主主義や専制主義といった政治システムの違いや，資本主義や共産主義といった経済システムの違いなどはあるにせよ，現在の世界地図で確認できる国家がどれも同じ国家形態で占められたことなどかつてなかったからだ。

それに，そのことで私たち国民が大きな恩恵を受けてきたことも事実だ。現に近代国家（特に民主主義国家）では，国民に与えられる自由と権利の範囲は前近代国家とは比較にならないほど大きい。国民という資格があるからこそ選挙で一票を投じることができるし，医療や教育を難なく受けることもできる。合法的に国外にいくこともできるし，何かの事件に巻き込まれても保護を受けることもできる。こうした国民であるために享受できる様々な恩恵を考えれば，先に触れた無国籍問題がどれほど深刻な問題か理解できるのではないだろうか。

ただ，前近代国家とは大きく違って，領土の隅から隅まで国家権力が及ぶ近代国家にゾミアのような国家の外部は存在しない。国家が作り出した制度が原因で自由や尊厳が奪われても，国家から完全に逃れることは許されない。それに，もはや国家なくして生きることを想像することができないところをみると，私たちは身も心もすでに国家に支配されているといえるかもしれない。たかが国家，されど国家なのだ。

(2) 国家との向き合い方

ただ，国家のない世界を想像することが簡単ではないにしても，私たちはなにも国家を前に無力なわけでは決してない。確かに国家の本質は支配や統治にあるが，国家とどのように向き合っていくかを決めるのは私たち自身でもある。それに，その手がかりはちゃんとある。

「下からの視点」を大切にしてきた人類学がこれまで見つめてきたのは，国家なき人々だけでなく，国家をもつ人々であっても，それぞれに国家と適

切な距離を取りながら生きる人々の営みだった。そのなかで本章が取り上げた「少数民族」と呼ばれる人々は、国家にとっては些細な存在かもしれないが、彼らと同じように「国民」として国家を生きる私たちにとっては、現実的な国家との付き合い方を教えてくれる貴重な存在でもある。

実際、IMPECT の活動が示すように、山地民をはじめとする人々は、対国家戦略を柔軟に変えながら、国家のなかを生きてきた。これは「少数民族」と呼ばれる人々だけでなく、他の地域住民にも当てはまることだが（瀬戸・河野編 2020）、いずれにしても「従順な国民」としてではなく「自律的な国民」として生きる彼らの姿に、私たちが学ぶことは少なくないだろう。

ところで、本章を読みながら、世界史や公民の授業で学んだ内容を思い出したという人は多いのではないだろうか。メソポタミア文明を含む「四大文明」や納税を含む「国民の三大義務」、さらには国民を含む「国家の三要素」など、かつて学んだことを懐しんだはずだ。しかし教科化された学習は、ある側面には光を照らすが、別の側面には光を当てない。

たとえば歴史の授業では、約1万年前に農業・牧畜が誕生し、これが後の食糧生産革命を可能にしたこと、そして灌漑農業によって食糧生産が増加したことで社会が階層化し、国家が誕生したことを学ぶ。しかし国家の本質が支配や統治にあること、そしてそんな国家からの逃亡を目論む人々がいたことを私たちが学ぶ機会はほとんどない。国家の外部で生きた人々の存在は、国家が作る教科書ではなぜか消されてしまうからだ。

だから国家なき人々をどこか「劣った存在」であるかのように考えてしまうのも無理はない。しかし彼らが無力だったわけでも、無抵抗だったわけでもないことは、これまでみてきた通りである。彼らは今でも、時代の潮流に合わせながら生存戦略を巧みに繰り出すことで、国家のなかをしたたかに生きている。

そうした教科書では教えてくれない人々の営みに目を向けるためにも、これまで学んできたことを一度疑ってみよう。それが新しい視点とより広い視野を私たちにもたらす機会となる。東南アジアという地域、そして人類学という学問は、そのための材料を数多く提供してくれている。

参考文献

綾部真雄　2008「エスニック・セキュリティ——タイ北部リスにみる内発的安全保障のかたち」『社会人類学年報』34：51-91。

アンダーソン，B　2007『定本　想像の共同体——ナショナリズムの起源と流行』白石隆・白石さや訳，書籍工房早山。

ウィニッチャクン，T　2003『地図がつくったタイ——国民国家誕生の歴史』石井米雄訳，明石書店。

柿崎一郎　2007『物語 タイの歴史——微笑みの国の真実』中央公論新社。

片岡樹　2013「先住民か不法入国労働者か？——タイ山地民をめぐる議論が映し出す新たなタイ社会像」『東南アジア研究』50（2）：239-272。

ギアツ，C　1990『ヌガラ——19世紀バリの劇場国家』小泉潤二訳，みすず書房。

白石隆　2000『海の帝国——アジアをどう考えるか』中央公論新社。

スコット，J・C　2013『ゾミア——脱国家の世界史』佐藤仁監修，みすず書房。

———　2019『反穀物の人類史——国家誕生のディープヒストリー』立木勝訳，みすず書房。

瀬戸裕之・河野泰之編　2020『東南アジア大陸部の戦争と地域住民の生存戦略——避難民・女性・少数民族・投降者からの視点』明石書店。

ダニエルス，C編　2014『東南アジア大陸部——山地民の歴史と文化』言叢社。

坪内良博　1998『小人口世界の人口誌——東南アジアの風土と社会』京都大学学術出版会。

床呂郁哉　1999『越境——スールー海域世界から』岩波書店。

弘末雅士　2004『東南アジアの港市世界——地域社会の形成と世界秩序』岩波書店。

リーチ，E　1995『高地ビルマの政治体系』関本照夫訳，弘文堂。

リード，A　2021a『世界史のなかの東南アジア』上，太田淳他訳，名古屋大学出版会。

———　2021b『世界史のなかの東南アジア』下，太田淳他訳，名古屋大学出版会。

McCaskill, D. and K. Kampe（eds.）1997. *Development or Domestication?: Indigenous peoples of Southeast Asia*. Chiang Mai: Silkworm Books.

McKinnon, J. and B. Vienne 1989. *Hill Tribes Today: Problems in Change*. Bangkok: White Lotus.

Wolters, O. W. 1982. *History, Culture, and Region in Southeast Asian Perspectives*. Singapore: Institute of Southeast Asian Studies.

1 普段の生活で国家を意識するのはどんなときだろうか。また，そのときに私たちは国家をどのようなものとしてイメージしたり，理解したりしているのかを考えてみよう。

2 近代国家の理念上，「国民のために国家がある」はずなのに，現実はあたかも「国家のために国民がいる」ようにも思える。そんなあべこべな状況が生まれてしまうのはなぜなのか，考えてみよう。

3 「従順」とは，具体的にどのような行動のことを指すのだろうか。逆に「自律」とは，どのような行動のことを指すのだろうか。普段の生活場面を念頭に考えてみよう。

●読書案内●

『地図がつくったタイ——国民国家誕生の歴史』
トンチャイ・ウィニッチャクン，石井米雄訳，明石書店，2003年
「国家」や「国民」はどのように創り出されたのか。タイを事例に，近代地理学をベースとした地図の影響力と，それをもとに編まれた国史がどのようにナショナリズムを形成したのかを解き明かす。「地理的身体（ジオ・ボディ）」という独自の概念を手がかりに，従来の国家観を根底から覆す一冊。

『ゾミア——脱国家の世界史』
ジェームズ・C・スコット，佐藤仁監修，みすず書房，2013年
少数民族は国家の周辺部で生きる弱者ではない。東南アジアを舞台に，国家の中心から遠くかけ離れた周辺である山地（ゾミア）に暮らす人々が，実は「国家を拒否する人々」であったと主張する。国家を前提とした歴史観を相対化するとともに，新たな少数民族像を提示する，刺激的な議論にあふれた一冊。

『くらしのアナキズム』松村圭一郎，ミシマ社，2021年
国家などなくても世界は秩序を失わない。国家なき世界を想像することが難しい現代社会で，どうしたら自律した生活を送ることができるのか。人類学がこれまで培ってきた知識を平易な文体で紹介しながら，私たちの生活を見直すきっかけを与えてくれる一冊。

第6章

経済とモラル

「豊かさ」は数値で測るだけで十分なのか

下條尚志

歩道を埋め尽くす屋台食堂。ホーチミン市1区にて。(2023年，筆者撮影)

1 東南アジアの街中で経済について考える

(1) 屋台のモラル

　ベトナム最大都市のホーチミン市，なかでも旅行客がよく訪れる中心部1区（冒頭写真）を訪問するのを想像してみよう。街中を歩いていてすぐに視界に入ってくるのは，バイクでごった返し，交通渋滞になっている車道だ。車道の脇や歩道，路地裏には果物や麺類，ご飯類，菓子，パン，飲み物，煙草など，様々な種類の屋台が軒を連ねる。

屋台を営む露天商のなかには，相場よりもだいぶ高い価格で，旅行客や見知らぬ人にふっかけてくる者もいる。ふっかけは「ここにやってくる連中は金持ちなのだから，気前よく払ってくれるだろう」と，他所からそこを訪れた人を試しているようにも思われる。ふっかけに気付いた人は慣り，自らが信じるモラルでもって公正な価格を求め，交渉を始めるかもしれない。

　ほとんどの屋台は行政の許可を得ておらず，非合法だ。交通を妨げ，健全な経済活動や社会の規律，公衆衛生を乱しているのに，なぜ行政や警察は規制しないのか。訝しく思う人もいるに違いない。屋台について，ベトナム社会主義共和国の法秩序の維持に努める公安警察は，少なくとも建前では快く思っていない。強制排除は合法であり，実際に時々，特定の人物を見せしめ的に取り締まることもあるが，普段は見て見ぬふりをする。なぜなら，露天商をしなければ，あるいは屋台での安価な食事がなければ日常生活を維持できない人々（給与が低い警察官も含まれる）がいるからであり，それらが生きるために欠かせないという暗黙のモラルが共有されているからだ。

　モラルという言葉は多義的で曖昧だ。それは通常，道徳や倫理と和訳されるが，語源であるラテン語のモーレス（mores）は，集団の慣習や慣行，規範も意味する（詳しくは グレーバー（2016：9）の訳注を参照してほしい）。これらの訳語自体も，多くの人にとってあまり深く考えたことのない言葉だろう。そこでモラルを「しなければならない」「すべきだ」「してもらいたい」など，自身や他人，社会に対して向ける様々なレベルの要望，要請の感情を引き起こし，個々人の行動や社会の営みを制約したり秩序付けたりするもの，と考えてみたい。

　たとえばベトナムの警察は，国家の法という規範を順守すれば，屋台を「取り締まるべき」ことが期待される。だが，社会の慣行として人々が生活を維持するために屋台が存在「しなければならない」ことはよく理解している。自身も個人的によく行く安くて美味しい屋台に経営を存続「してもらいたい」。だからこそ，慣例的に「見て見ぬふり」をする。

　日常生活のなかに様々なモラルが何層にも重なっている場として東南アジアという社会を捉え，経済とモラルの関係を考えてみることから始めよう。

⑵　ホモ・エコノミクス

　そもそも私たちは普通，経済とモラルを結び付けない。なぜなら，モラルといった曖昧な要素を考慮に入れると，無数に存在する人間の行動を抽象化，数量化し，データベースに落とし込んで計算することができなくなるからだ。たとえば，感染症が蔓延したとき，私たちは感染者数や死亡者数，人の移動傾向を図式化し，感染症対策や経済対策を考える。その際に「隔離しなければならない」とか「マスクを着用してもらいたい」など，一人ひとりの「正しい」行動モラルを，メディアや政府，学校，会社が求めることがある。だが，そうしたモラルの要請は，人々の日常的な行動を制約する一方で数量化しにくく，将来の経済の予測には役に立たない。

　現代社会は，先行き不透明な未来を予測し，その備えをしようと数えることに関心を払う。こうした考え方を生み出してきたものの一つは，経済学，なかでも数理理論を用いる新古典派経済学である。新古典派経済学は，「ホモ・エコノミクス（経済人）」を前提に議論を組み立てる。ホモ・エコノミクスとは，歴史や文化，社会といった要素とは無関係に，どんな時代，いかなる地域でも，世界のあらゆる人間個々人の行動選択が，市場原理の利益極大化という経済合理性に基づくと仮定した人間観だ。このように仮定することで，人間個々人の行動を変数のように抽象化し，数量的に数えることができるようになる。経済合理性に基づくものとして人間の行動パターンを数式のように単純化，公式化し，その公式に個々の状況に応じた数量を入れ込むことで，人間が未来にどう行動するのかを予測しようとする。

　だが，ホーチミン市１区の屋台の話に立ち戻って考えると，ホモ・エコノミクスを前提に，人間の行動を一律に捉えることに疑問が湧く。露天商のぼったくりは，利益極大化で説明できるかもしれないが，彼らが顔なじみの客にぼったくらないのはなぜか。ショッピングモールなどに代表される合法的な表の経済と，屋台に象徴される非合法的な裏の経済がなぜ併存してきたのか。これらの疑問を利益極大化で説明するのは，やはり無理がある。

(3) 社会に埋め込まれた経済

　20世紀以降，人類学者たちは，ホモ・エコノミクスを前提とする人間観に
批判的なまなざしを向けてきた。世界各地の民族誌を通じて数量化できない
多様なモラルが遍在し，それに依拠した人間の経済活動が営まれていること
に着目してきたからである。

　経済について，それを社会から切り離された，需要と供給を自己調整する
市場経済システムとホモ・エコノミクス論者が考える一方，人類学は「社会
に埋め込まれた」ものと考える。「社会に埋め込まれた経済」は，人々が日
常的に営む様々な政治，宗教，社会関係のなかに経済が従属的に組み込まれ
ているという考えだ (cf. ポラニー 2009：xxviii)。この考えによれば，資本主
義経済に覆いつくされる以前の社会では，生きるうえで欠かせない土地や労
働が，社会から切り離された商品ではなかったとする。人類学は，「人間の
経済」とは社会関係があってはじめて成立するものであり，モラルによって
支えられるものであることを明らかにしてきた。

　「人間の経済」を追求する人類学は，様々な社会で行われてきた贈与とい
う経済行為と，その行為に潜在するモラルに注目してきた。モノとモノをや
りとりするという点では，贈与経済と市場経済は似ている。だが市場経済は
モノとそれを購入するための代金が等価である必要があるのに対して，贈与
経済は，贈り合うモノとモノの価値が釣り合っているかどうかの基準が曖昧
であり，等価である必要もない。

　たとえば日本では多くの場合，贈物の値段を聞くのは非礼だし，一定の時
間を空けて返礼するのが礼儀とされる。結婚式の祝儀や葬式の香典に対して
は，半分の価格の贈物で半返しするという奇妙な慣行もある。個々人や社会
によって異なるモラルをよく理解し，空気を読み，贈与と返礼を行わないと
失礼に当たる。このような贈与経済を通じてはじめて，モノとモノをやりと
りする双方の間で信用が生まれ，やがて長期間続く社会関係が成立する。

　贈与を通じた社会関係は，信用に基づいて成立しているという点では，貨
幣を通じた経済取引と共通する。私たちがよく知る市場経済は，貨幣の存在

がまず想起されるが，そもそも国家や中央銀行によって貨幣価値の信用が保障されているからこそ，単なる紙きれや銅，銀の小さな塊に価値が生まれ，それを通貨とみなしてモノを購入することが可能になる。

　東南アジアは古くから貨幣が浸透し，市場経済との結び付きが強かった社会だ。だが，ベトナムのように過去の戦争や社会主義を背景とするハイパー・インフレーションで貨幣価値の大暴落を経験した社会では，表と裏の経済の併存がみえやすい。裏の経済，たとえば冒頭で述べた屋台では，ふっかけや値切りを駆使して言葉巧みに交渉を行い，異なる人間同士がそれぞれのモラルを持ち出し，時間をかけてすり合わせ，最後に相手を信用することで，ようやく等価性が保障される。表の経済である市場経済が浸透していても，東南アジアのように裏の経済が活発な社会では，日常的な価格交渉の場面で「社会に埋め込まれた経済」が垣間見れるのだ。

2　人間の経済をどう捉えるのか

⑴　モラル・エコノミーとは何か

　こうした人類学の経済とモラルの議論を踏まえ，本章では経済を「人間が日々生きていくために欠かせない，社会関係のなかに埋め込まれた仕組み」と考える。この経済に対する見方は，東南アジア研究では「モラル・エコノミー」という概念によって議論されてきた。この議論を活発化させたのは，政治学者・人類学者のジェームズ・C・スコットだ。彼は，徹頭徹尾，東南アジアの伝統的村落において，人間の経済行動が「生存維持倫理（subsistence ethics）」という，村落社会のなかで共有されるモラルに基づいていたことを強調している（スコット 1999：9）。

　「生存維持倫理」とは何か。スコットが想定しているものの一つは，贈り物を贈られたら返礼の義務が発生する「互酬」だ。スコットによると，伝統的な東南アジア村落社会には，農作業や冠婚葬祭などのときに，住民同士が互いに助け合う互酬的関係が広くみられた。互酬的関係では，互いに対等な関係であることが追求されるため，誰かに何かをしてもらったという「負い

目」を，義務的に贈物や互助的な労働で返済しようとするモラルが働く。

　この互酬は，20世紀前半から人類学の古典的テーマとなってきた。人類学者は，未開社会のなかに，家族や親族のような血縁組織の間で，社会的な義務として互恵的な関係があることに着目し，それを「互酬」と表現した。この関係の遵守が，飢餓や災害への備えとしてコミュニティ全体の利益となるだけでなく，「成員相互のギヴ・アンド・テイクの関係に基づく利益にもっとも役立つ」ことが，議論されてきた（cf. ポラニー 2009：81）。

　富者や権力者，コミュニティが富を人々に分け与える「再分配」も，東南アジアの農民にとって不可欠な生存維持倫理であったとスコットは言う。貧しい村人に対して共有地の一部が割り当てられたり，収穫後に稲穂からこぼれ落ちた落穂を拾う権利が与えられたり，飢饉のような災禍でもコミュニティのなかで足りない資源をないなりに分配したりする慣行があった。これらの慣行は，村落のなかで富や食糧が，特定の人物や集団に偏らないように再分配される機能を果たしていた。それは，ベトナム北部紅河デルタやインドネシアのジャワのように，村落の歴史が古く，人口が密集していて土地が希少な村落社会で広くみられる慣行であった。

　もっとも，伝統的な（主には植民地化以前の）東南アジア社会には，王や貴族，首長，地主，小作，商人，奴隷といった身分の違いに基づく階層も広く存在した。階層関係は互酬的関係と違って対等ではない。だが，上層の者が下層の者に饗宴に招いたり土地を提供したりして富を再分配することで，庇護を与え，下層の者に忠誠を誓わせるというパトロン（親分）・クライアント（子分）関係が成立する。それは，互酬的関係の負い目と似ているが，もらった恩に対する負い目の返済が難しい（そもそも返済しきったら主従関係が破綻する）という点で，互酬的関係と異なる。

　スコットによると，伝統的な村役人や地主は，小作農らに対し，徴税や賦役，徴兵を課す対価として土地や食糧を与えるなど，パトロンとしてふるまった。たとえば，悪天候や災害などで不作が生じた場合でも，小規模の土地しかもたない小作に対して地主が最低限のコメの取り分を保障する契約関係があったという。こうした慣行は，新興開拓地で村落の歴史が浅いとされ

る丁ビルマやベトナム南部メコンデルタなどでさえ存在した。

　モラル・エコノミーとは要するに，村落コミュニティの社会的関係のなか
に埋め込まれた生存保障の仕組みだ。それは，上述したような，人間が生き
ていくために欠かせない多様な生存維持倫理によって支えられている。伝統
的社会において地主や国家は，被支配者である農民の支払う地代や小作料に
財政的に依存していたために，モラル・エコノミーを遵守していたという。

(2) 守られなくなったモラル・エコノミー

　土地や労働が商品として売買されるのは，現代では普通のことだ。よりよ
い生活を求めて，不動産屋を通じて家や土地の賃貸，売買をし，また仕事で
自らの労働を売り，その対価として給与をもらうことは，私たちの多くに
とって馴染みのある経済活動である。これは現代東南アジアの都市部や市場
経済化された村落でも同じことがいえる。だが，植民地化以前の東南アジア
社会では（もちろん明治維新以前の日本でも），土地や労働は互酬や再分配を
成立させることから，人々の生存に欠かせないものであった。商品のように
簡単に売買し，手放せるものではなかったのである。

　もっとも植民地化以前の村落に商品経済がなかったわけではなく，農作物
が外の世界からやってきた行商人によって売買されることはあった。東南ア
ジアでは15世紀頃から中東やインド，ヨーロッパ，中国，日本の商人を乗せ
た交易船が香辛料や奢侈品を求めて行き交っていた。貨幣経済が浸透し，長
期にわたり世界市場向けの生産が行われた。とはいえ植民地化以降の時代と
比べれば，主食のコメなどは村落やその周辺地域で流通し消費されるとい
う，食べてゆくための生存経済のほうが大部分を占め，市場も小規模であっ
た。

　そのことを考えると，小作のみならず地主も，生存を維持するためには村
落社会のモラルを守り，土地に根付き，村落民と互酬的関係を築くほうが得
策であったのである。地主は，代々継承してきた耕作地を誰かに売ったり，
自らの土地で何世代にもわたって働いてきた小作農家族を切り捨てたりする
ことが簡単にできなかった。

スコットは，東南アジアの農民の特徴として「安全第一」という行動原理を挙げる。

　　小作農は自分の平均収益が極大化するよりも，災厄の確立を縮小にすることを選好するから，自分が置かれた小作関係を評価するのに，彼の平均収益や地主が持ち去る収穫の量よりも，生存維持のための安定と保障とがもっとも重要なのである。　　　　　　　　　　　　　　（スコット 1999：9）

　だが，西欧諸国によって東南アジアが次々植民地化されてゆくと，伝統的村落における生存経済は世界経済と結び付いてゆく。本来村落の生活と結び付いていた土地という自然（nature）と，労働という人間の活動（human work）が，生産性を重視する植民地政府によって商品として非人格的な市場の変動で測られ，価格がつけられ，市場で取引・売買されるようになったという（スコット 1999：9-10）。
　東南アジアが植民地化された19世紀以降，大規模なプランテーション農地を経営し始めた少数の地主は，自らの土地と切り離された小作農や土地なし農民をさらに多く抱えるようになった。これに伴い，小規模な農民と地主との社会的関係の結び付きは，次第に弱まっていった。世界経済に適応し，相対的に農民への権力を強めた地主は，収益の増大と安定化を図って，定額現金払いの地代や小作料を農民に課すようになった。伝統的社会では，地代や小作料は，不作が起こった場合に地主が減免するのが慣例的であった。だが，定額での現金払いに変わったことで，そうした柔軟な慣行は失われていった。さらに，プランテーション経済に財政的に依存していた植民地国家は地主の財産を積極的に保護するようになった。こうしてグローバルな資本主義経済との結び付きを強めた支配者層は，伝統村落において農民の生存を支えたモラル・エコノミーを守らなくなっていったとスコットは指摘する。

(3)　ろくでなしの貧乏人

　資本主義経済が世界各地に拡大したことで，自己利益極大化を追求するホ

モ・エコノミクスのような人間が増え始めた。このことをスコットは，マレーシアのクダ州スダカという村で行った調査に基づく，民族誌『弱者の武器』で明らかにしている（Scott 1985）。

　スコットが調査した1978年から1980年までのスダカは，「緑の革命」の只中にあった。「緑の革命」とは，高収量米や農薬，化学肥料，またコンバイン（稲刈り機）などの農業機械を導入し，二期作化を進め，労働力の負担を軽減し，個人収益を増大させることで，農民の生活水準を上げようとする政府主導の政策のことだ。「緑の革命」は，冷戦期に資本主義陣営側に属した東南アジア諸国で，急進的な革命を唱えて農村で支持を拡げる共産主義者から農民を引きはがすために，アメリカの莫大な支援のもとで推進された。農村経済の合理化を図ったという点で，「緑の革命」は，ホモ・エコノミクスたる合理的農民を創り出す装置であったといえるかもしれない。グローバルな規模で展開された「緑の革命」というプロジェクトこそ，経済的格差を拡げ，農村の社会的関係を支えていたモラルを侵犯したのだとスコットは論じる。

　このモラル侵犯を最も象徴的に示す事例として，ラザクという人物に焦点が当てられる。ラザクは，村人からすこぶる評判の悪い，スダカで一番貧しい「落ちぶれ者」であった。あるとき，あまりに貧相で「鶏小屋」と揶揄されるラザクの家が，地元政府による修繕工事の対象となった。しかしラザクはあろうことか地元政府が修繕のために用意した板の一部を，他の村人に売りさばいたのだった。しかし，実際には売ると口約束しておきながら，一部の人から代金だけ受け取って板を渡さなかった。ラザクの悪事はこれだけではない。図々しくも他人からコーヒーや食べ物，煙草をおごってもらおうとしたり，施しを執拗に乞い求めたりして，周囲から「ろくでもない嘘つき」とさえ呼ばれていた。

　金もちはラザクについて，「農業賃労働を怠けるくせに賃金を要求してくる」「施しをしたくない」「あいつが貧乏なのは自業自得だ」と言う。他方でラザクは「貧乏人はますます貧乏になって，金持ちはますます金持ちになっている」と愚痴をこぼす。金持ちがコンバインを導入したことで，かつて夫

婦で1シーズンの稲刈りと脱穀で稼げた労働賃金が，半分以下に減少したと言う。ラザクによると金持ちたちは饗宴で貧乏人に食事を振舞わなくなり，土地を貧乏人ではなく町の華人商人たちに貸すようになった。ラザクをめぐる人々の様々な語りやふるまいを描き出すことで，農村社会のモラルがどうあるべきかが村人の間で問われ，日常的な争いの種になっていたことを，スコットは描き出している。

⑷　モラルの侵犯に対する底流政治 (インフラポリティクス)

　スコットは，ラザクに象徴される貧乏人のふるまいや言動を，人々の最低限の生存維持を支えていたモラルが，「緑の革命」を受容した金持ちによって侵犯されていたことへの「日常型の抵抗」であると論じる。「日常型の抵抗」で挙げられる行為の例は，たとえば遅怠，逃散，面従腹背，ちょろまかし，無知を装うこと，中傷，放火，妨害行為などである。

　「日常型の抵抗」というと大げさに聞こえてしまう恐れがある。人々には，本当に抵抗の意志があるのか，単に無意識に行っているだけなのかもしれない。実際スコットは，のちに「日常型の抵抗」の代わりに，個々人の「抵抗」の意志の有無に関わらず使える「底流政治 (inflapolitics)」(Scott 1990) という言葉を使うようになる。ここで重要なのは，「抵抗」の意志の有無ではなく，現象として，人々の（経済的行動を含む）日常的な行為や言動の積み重ねが社会を動かしてきたということ，またそれらがモラル侵犯への人々の集合的な反応を示唆してきたということだ。

　前述したホーチミン市1区のように，行き交う人々の間で金銭をめぐり齟齬が生じたり諍いあったり，それを通じて互いのモラルを調整する行為も，地下水脈のように社会の底辺に流れる日常的な政治の一種だ。モラル・エコノミー論では，たとえば恐慌や飢餓など，生存維持経済を危機にさらすような深刻なモラル侵犯が起こったときに，それに対する反応として暴動や反乱に発展する可能性があることが示されている。とはいえスコット自身は，為政者によって鎮圧されてきた突発的な反乱よりも，ラザクのふるまいや言動に象徴されるように，日々の生活のなかで絶えず行われる，モラルの侵犯に

反応した人々の些細な行為の積み重ねこそ，支配者にほとんど気づかれぬまま徐々に社会の大きな変動を引き起こしてきたのだと述べる。モラル・エコノミー論において，経済はあくまで社会に埋め込まれた生存保障の仕組みだ。従来の互酬的関係や富の再分配，パトロン・クライアント関係を守らなくなったことを政治経済的強者に弱者が気づかせる，最も安全で効果的な方法は，ラザクに象徴される日々の生活のなかの底流政治なのである。

3　ベトナムの村から考える経済とモラル

⑴　なぜ人々は土地を失ったのか

　底流政治が社会変動につながりうることは，歴史が証明してきたことだ。東ヨーロッパの国々は20世紀，集団化や配給制度のように経済のあらゆる領域を統制した社会主義政策を経験した。社会主義体制のなかで，人々は絶えず工場での遅怠や妨害行為，西側諸国への脱走，闇市での取引，国家への面従腹背といった底流政治を展開していた。その積み重ねが，ベルリンの壁に象徴される社会主義政権の崩壊であった。中国やベトナム，カンボジア，ラオス，ミャンマーでは，政権崩壊とはいかないまでも，社会主義政権に集団体制を放棄させ，市場経済路線へと舵を切らせた。

　その具体的な例を私が調査してきた村落から考えてみたい。2010年末以降，私はベトナム南部メコンデルタのフータンという村落で調査を行ってきた。スコットがマレーシアのスダカで調査したときとは30年ほど時間のずれがあり，また地域の違いにより歴史的経験も大きく異なるものの，2000年代から加速化した政府主導の農業開発により，フータンは1970年代後半のスダカと同様に大きな変化の途上にあった。私がちょうど調査を始めた頃にコンバインが普及し始め，土地なき人々は農村で農業賃労働を続けるよりも，より高収益を得られる近隣の都市か大都市ホーチミン市近郊の工業団地で仕事を求め，出稼ぎに行く傾向があった。このように他地域へ移動する人の流れがすでにできていたためか，私が知る2010年代以降のフータンでは，スダカのように村落のなかで金持ちと貧乏人が激しく罵り合うような状況を，ほと

んど見聞きしたことがなかった。

　もっとも，過去になぜ多くの人々が土地を失ったのかについて，貧富の原因をめぐる様々な語りが人々の口からこぼれた。ある人は土地を失った人々の「無知」を強調した。彼は，かつて数百ヘクタールの農地を所有した旧大地主家族の長男であった。彼は，1975年から1980年代後半にかけて実施された社会主義政権による農業集団化によって，農地の大部分を接収された。難民として北米へ移住した子どもたちの支援もあり，現在は再び村の富者になった。彼は「国は接収した土地を貧乏人に分け与えたけれど，貧乏人は土地の扱い方をわからずに，土地を売ってしまったんだ」という。

　自らの努力と比べ，土地を失った人々の「怠惰」を指摘する人もいた。彼は，もともと前述の大地主のもとで小作農をする一家に生まれた。彼の家族は，農業集団化後に土地を国から与えられ，その後も土地を売らずに農業を続け，少しずつ土地を買い足し，自作農になった。過去になぜ多くの人が土地を失ったのかについて，彼は，「1980年代は農業機械がなくて疲弊していたし，生活の糧がなくて農業をしても利益はなかったんだ。それに彼らは怠け者だったから，土地を売ったんだよ」という。

　このように，フータンでも土地を失った人々の「無知」や「怠惰」が，現在は比較的豊かな農民たちの間で言及された。だが，「無知」や「怠惰」という語りを私たちが鵜呑みしては，土地を失った人々の，行き場のない怒りと不満は理解できない。当時の怒りや不満はどのような形で表現され，誰に向けられていたのか。

(2)　社会主義時代の「金持ち」

　フータンにおいて，過去に土地を失った人々の怒りや不満の矛先となっていた象徴的な人物が一人いた。その人物は，ヘンという男であった。私がフータンにやってきた時点ですでに90歳に達しており，杖をつき，前歯が2～3本しか残っていない，穏やかな顔つきの老人だった。その衣服はボロボロに着古されていたため，しばらくの間，私は彼のことを村の最貧困層の身寄りのない老人と思い込んでいた。

だが実際には彼は，村一番の土地持ちの農民であり，フータンでは富裕層だった。彼の家族は，1979年前後にベトナムとカンボジアの間で国境紛争が激化したときに，近隣住民とともに強制的にフータンの上座部仏教寺院敷地内へと疎開させられた。ヘンはフータンにやってきたとき，当然のことながら，住む場所も耕す土地もなかった。だが，幸運にも旧地主層の屋敷地を譲り受け，そこに私財を投じてトタン製の家を建てた。多くの疎開者は国境の政情が落ち着いてから故郷に戻ったものの，ヘンは新天地で新たな経済的利益を見出し，そのまま居続ける決断をしたのであった。

　1980年代初頭，集団農業体制は崩壊の危機を迎えており，農民たちは政府によって割り当てられた農地で収穫したコメを，本当は公定価格で政府に売らなければならなかったものの，それでは利益がほぼ得られないため，家や精米所に隠しておき，夜中にこっそりと非合法の闇市へともって行き，コメと引き換えに豚肉や魚醤，化学調味料，衣服などを入手していた。

　この時代の経済は，一般的に想起されるような物々交換でなかったと私は考えている。通貨であるドンの価値が急落してハイパー・インフレーションが起こっていた最中，人々は生存にとって不可欠のコメを，事実上の貨幣に見立てて，取引を行っていたようにも思われるからだ。紙切れとはいわないまでも価値が大幅に下落していたドンよりも，コメのほうがはるかに信用に足る「通貨」として，生存維持に奔走する人々のモラルの象徴となっていた。つまり，ドンよりもコメ，あるいは金塊のほうがその信用と価値が高く，交換の場で価値基準の合意が成立しやすかったのだ。

　コメが通貨のように扱われている状況を巧みに利用したのがヘンだった。最初に彼は，自らの私財（金塊や牛など）を投じて資金を必要とした農民から農地を借り上げた。そのうえで，人を雇ってコメの生産に従事させた。コメの貸付け業も始めたが，その手法は評判が極めて悪かった。聞けばそれは，資金を必要とする農民にその農地を抵当に入れさせたうえでコメを貸し付け，負債額を貸付け料の2倍に設定し，最終的に返済することができなくなった農民から農地を取り上げていくというやり口だった。やむなくヘンに土地を売らざるをえなくなった人々のなかには，私が調査した2010年代初頭

の段階でも，言葉の端々から，村一番の土地持ちとなったヘンに対してわだかまりの感情を示す者がいた。

「わだかまり」と表現したのは，土地を失った人々の怒りや不満の矛先が必ずしもヘンのみへと向かっていなかったからだ。1980年代におけるヘンの経済活動は，明らかに人々の考えるモラルを侵犯していた。だが，彼のように制度の侵害を厭わない型破りの人物がいたからこそ，人々が集団農業体制から逸脱できたことも間違いない。彼らの怒りや不満の矛先は，ヘンよりもむしろ，かつての農村に存在したモラルを徹底的に侵犯した集団農業体制下の国家に向けられていた。

(3) 富裕層が抱く負い目

1980年代のブータンでは，ほぼすべての人々が生存ぎりぎりの生活を余儀なくされていた。この点で，集団農業体制を忌避し，それを骨抜きにしていったヘンやヘンに関わった人々の日常的な経済活動は，一種の底流政治であったといえよう。ただし，人々が共謀して底流政治を行っていくなかで次第に土地や負債をめぐる経済格差や支配・被支配関係が生じていたことは，ヘンの事例からみて明らかだ。このような社会で，人々はあるべきモラルをめぐっていかに他者との関係に折り合いをつけ，日々行動してきたのか。

人々の怒りや不満が，富を集積していった自身に向けられていたことを，ヘンは意識していたのだろう。高齢となった彼は敬虔な仏教徒であるようにふるまい，貧乏人と違わない身なりをすることで，富を誇示するのではなく，清貧さを周囲に示さなければいけないと考えていたように思われる（身なりに無頓着でケチであっただけの可能性もある）。生存危機が生じていた集団農業体制下で，誰もが他人を犠牲にしなければ生きていけなかった事情があったにせよ，ヘンは過去の自身の行いに多少は負い目を感じていたようにみえた。ヘンの娘は，仏教徒として功徳を積むために，普通の村人には決して払えない金額を投じ，2012年にインドのブッタガヤへ巡礼に行った。

ブータンにおいて富者は，その富を誇示するのではなく，人々の精神的支柱でもある仏教徒の世界観のなかで富者としてふさわしいモラルの遵守を周

囲に示す必要があった。なぜなら，かつて生存維持のモラルを侵犯した彼らに対し，他の村人たちは厳しい目を向け続けていたからだ。このような「監視」や批判は，富者や支配者としてのあるべきモラルを日常生活のなかで絶えず喚起し，彼らに貧者に対する負い目を抱かせ，その経済行動を抑制するという点で，一種の底流政治であるといえよう。

　負い目，拡大解釈して言い換えれば「負債（debt）」は，人類学者デヴィッド・グレーバーが述べるように，貨幣という形で厳密に数量化可能だ（グレーバー 2016：34）。フータンに存在する上座部仏教寺院内の建造物のそこかしこに碑文があり，過去に村の富裕層や地主たち，また海外在住者によって寄進された金額が，ドンやドルなどの貨幣単位で刻まれている。フータンでは，富裕層が様々な上座部仏教の諸儀礼を通じて寺院に寄進し，またその富を僧侶や貧者に再分配することを求める暗黙の社会的圧力が強い。碑文に刻まれた寄進額は，富裕層の社会的威信や功徳のみならず，他者を出し抜いて富を獲得したことの負い目も含意しているように思われる。

　モラルはこの事例の場合，社会が富者に対して寺院に「寄進すべきだ」と考え，その社会的圧力に対して富者が負い目を抱き，「富を再分配しなければならない」と考えることで成立するコンセンサスだ。フータンは，メコンデルタに典型的な輸出米生産地であるが，資本主義経済に覆われたこの農村社会においても，人々の経済行為は社会に埋め込まれている。

4　問われるモラルのゆくえ

⑴　フィールドワークを通して考える経済

　モラルは「しなければならない」「すべきだ」「してもらいたい」など，自身や他人，社会への要望，要請の感情を引き起こし，人に負い目を感じさせる。人が負い目を感じるからこそ，個々人や社会の経済活動には規則ができたり制限がかけられたりする。ある社会のなかで，人々が法秩序や制度を破ってまで行う闇経済活動が社会の隅々まで広まっているということは，法や制度，あるいはそれらを作った権力者が，人々のモラルを侵犯しているこ

とを暗示する。闇経済活動のような底流政治を通じて，私たちは，自身のモラルに照らし合わせ，何が正しく何が間違っているのか，自己や他者，社会全体の営みを常に評価してきたのである。

　もちろん，人間には狡猾で自己利益の極大化しか考えないエゴイストの側面があることは，私たちの経験からいって明白だ。とはいえ，すべての人間をホモ・エコノミクスとして仮定して抽象化，定量化し，その行動を予測しようとするのは，人間の経済について重大な誤認をする恐れがある。その問題自体は，経済学を含む多数の学問分野によって長く指摘されてきた。だが，先行き不透明な未来を予測し，その備えをしたいという欲望を背景に，学問を超えて現代社会のあらゆる領域にホモ・エコノミクス的人間観が浸透し，前述の「緑の革命」のような国家政策にすら影響を及ぼしてきた。

　この潮流の問題にいち早く気が付いていたのは，人類学者であった。人類学的フィールドワークの礎を築いたブロニスワフ・マリノフスキーは，西欧が「自分のもっとも素朴な欲求を満足させることのみを欲し，最小限の努力の経済法則によってそれを実行しようとする，合理主義的な人間として未開人を考える」（マリノフスキ 2010：416）ことへの批判として自身の民族誌を位置付けた。人類学者たちはフィールドで長期滞在し，そこで得た知見をもとに民族誌を書くことで，定量不可能な人間の多様な生のあり方を示してきたのである。

(2)　屋台という底流政治

　最後に，冒頭の屋台の話に戻ろう。ベトナム戦争終結後，およそ10年続いた集団体制下の経済は厳格に統制され，屋台の営業は禁止された。ホーチミン市でも，親米政権期に営業していたほとんどの商店が「資本主義的」であるという理由で閉店を余儀なくされた。職を失った商店主たちのなかには，現状に絶望して密航船に乗り，国外脱出を試みる者もいた【☞第13章 3 (1)】。

　配給が滞り人々の暮らしが悪化するなか，人々の生存を支えたのは，どこからともなく出店し始めた屋台であったと考えられる。集団体制下で裏の経済がベトナム全土に広がっていたことは広く知られるが，前述のフータンか

らコメの闇流通ルートが作られていたように，都市部を中心にコメの高い需要があった。裏の経済を通じて食材が次第に出回るなか，その食材を購入した人たちが，国家の規制を恐れながらも日々の生活の安定を求め，次から次へと路上で屋台を始めていったのだろう。たとえ体制的には屋台の営業が禁止されても，食糧が不足して腹を空かせた人々の最低限のモラルを支えるには，屋台という存在が不可欠であったに違いない。同時代，フータンで評判の悪いコメの貸付け業を営んでいたヘンは，わざわざカンボジア国境に近い沿岸部の町まで出かけ，ヌクマム（魚醤）を買い付け，村に戻って行商人として売りさばいていたという。こうした人々の一つ一つの小さな底流政治が，少しずつ国家の統制経済を切り崩していったのである。

　時代が変わって2020年代前半，パンデミック下で極めて厳格な社会封鎖が行われたベトナムでは，聞いたところによると人々は数か月にわたって外出制限を強いられ，露天商や屋台の営業を禁止されていたようだ。感染者が急増し行動制限がもはや不可能になってゆくなか，人々は何事もなかったのようにまた路上や路地裏で屋台の営業を再開していった。

　同じようにパンデミックを経験した日本ではどうか。ベトナムと比べれば，日本政府は厳しい行動制限を人々に課さなかった。だが，「自粛すべきだ」という社会全体の雰囲気が蔓延するなかで，飲食店をはじめ多くの店が閉店を余儀なくされ，多数の人々が職を失い，なかには路上生活を始めた人もいた。だが，ベトナムのように人々が，たとえ法に反してでも生きるために路上や路地裏で屋台の営業を始めることは，日本ではほとんど起こらなかった。仮にそのような営業を白昼堂々と始める者がいたならば誰かが通報し，あっという間に取り締まられたことだろう。結局，炊き出しなどの支援を通じて生活困窮者の生存を支えたのは，NPOなどの合法的な民間団体であった。

　ここで上記の例を出したのは「古き良き義理人情としてのモラル」を理想化し，「日本では消滅してしまったモラルがベトナムにはある」と主張するためではない。そうではなく，それぞれの社会にはモラルの現れ方（人々にとっての「あるべき」社会の形や適用範囲，法への信頼など）に違いがみられる

点に着目してもらいたい。人々が生存の危機にさらされたとき，土着のモラルがどのように，いかなる場から立ち現れるのか。それが社会のなかでどの程度許容されるのか。あるいはどのような形であれば，容認されるのか。はっきりしているのは，経済的な「豊かさ」は，数値で測るだけでは不十分であるということだ。その力の源泉を理解するには，人が日々生きていくために欠かせない，社会的関係のなかに埋め込まれた仕組みが，危機のなかでいかにして，どれほど活性化するのか，その余地の広さが問われる。これを活性化させる力の源泉こそ，モラルなのである。

参考文献

グレーバー，D 2016『負債論——貨幣と暴力の5000年』酒井隆史監訳，高祖岩三郎・佐々木夏子訳，以文社。

スコット，J・C 1999『モーラル・エコノミー——東南アジアの農民叛乱と生存維持』高橋彰訳，勁草書房。

ポラニー，C 2009『新訳 大転換——市場経済の形成と崩壊』野口健彦・栖原学訳，東洋経済新報社。

マリノフスキ，B 2010『西太平洋の遠洋航海者——メラネシアのニュー・ギニア諸島における，住民たちの事業と冒険の報告』増田義郎訳，講談社。

Scott, J. C. 1985. *Weapons of the Weak: Everyday Forms of Peasant Resistance*. New Haven and London: Yale University Press.

—— 1990. *Domination and the Arts of Resistance: Hidden Transcripts*. New Haven and London: Yale University Press.

●課題●

1　日本の屋台文化について考えてみよう。どのような人たちがいつ，どこで屋台を営業しているのか，誰がそれを許可しているのか，またなぜ現代日本では屋台が少ないのか，歴史を調べながら考えてみよう。
2　私たちの身近な底流政治について考えてみよう。何も思い浮かばない場合は，それがなぜなのか議論してみよう。
3　私たちの日常生活のなかで，モラル・エコノミーとして説明できるような行動はあるだろうか。あるいはホモ・エコノミクスとしては説明できないような行動を考えてみよう。

●読書案内●

『インボリューション──内に向かう発展』
　　　　　　クリフォード・ギアーツ，池本幸生訳，NTT出版，2001年
　　　　　　「社会に埋め込まれた経済」の古典。インドネシアでは植民地化以降，人口が増加し土地が希少になった。農民たちは村落の慣習を複雑化させて仕事を分かち合い，「貧困の共有」を図った。このように生存保障の仕組みを社会の内側で複雑に発達させてゆく現象が，「インボリューション」である。

『反市民の政治学──フィリピンの民主主義と道徳』
　　　　　　日下渉，法政大学出版局，2013年
　　　　　　マニラ首都圏のスラムで民族誌的調査を行った政治学者の書。誰が「善良な市民」なのか。「市民」を自称する中間層と，中間層から「非市民＝大衆」と名付けられる貧困層の間で，モラルの政治が争われる。現代世界の民主主義国家に広くみられる，モラルをめぐる社会の分断について考えさせる。

『モーラル・エコノミー──東南アジアの農民叛乱と生存維持』
　　　　　　ジェームス・C・スコット，高橋彰訳，1999年，勁草書房
　　　　　　モラル・エコノミーはもともと，歴史家E・P・トムスンが18世紀イングランドの暴動を説明するために用いた概念。これを東南アジアの農民反乱への理解に援用したのが本著だ。ホモ・エコノミクス論者たちとの間でモラル・エコノミーの是非をめぐる論争を巻き起こした。

第7章

法と慣習

法は私たちを縛り，罰するためのものか

高野さやか

インドネシア北スマトラ州メダン市の地方裁判所の外観。官公庁や銀行
などが集まる市内中心部にある（2005年，筆者撮影）

1　法は遠い存在か

(1)　信号無視にルールはあるか

　みなさんは，法という言葉から何を思い浮かべるだろうか。まずは刑法や
民法といった法律，あるいは裁判所や弁護士かもしれない。専門として勉強
している人は別として，普段あまり考えたことがないけれども，それを守ら
ない者は罰金を課されたり逮捕されたりする，といったイメージも強いだろ
う。

121

法は私たちを縛り，罰するというこのイメージはわかりやすいけれども，どこまで当てはまるものなのだろうか。逆の方向から考えると，違法でなければ何をしてもいいということになってしまうのだろうか。少し考えてみると，どうもそうではなさそうだ。

　たとえば車を運転するとき，安全のために守らなければいけない「法」定速度があることは，たとえ免許をもっていない人でも知っている。しかし実際に運転してみると，道行く車が作っている「流れ」に乗ること，つまり，周囲と同じようなスピードで走ることも重要だとわかってくる。ゆっくり走っていると，「あおり運転」とまではいかなくても，周囲のイライラが伝わってくることがある。

　ではこのとき，法定速度と「流れ」の関係はどうなっているのか。「この車は制限速度を守ります。お先にどうぞ」というステッカーをみたことがある人もいるだろう。ここからは，運転速度の超過，あるいは法定速度ではなく他のルールを優先することが，身の回りでごく当たり前に起きると想定されていることがわかる。つまり，日常生活には何か，逮捕や罰金に関わるような「法」だけではないルールが作用しており，私たちの日々の行動を方向付けているのだ。

　別の事例を考えてみよう。みなさんが歩いていて，横断歩道にさしかかったとする。信号は赤で，でも左右を確認すると車は来ていない。渡ってしまおうか，でも隣の小学生は信号が変わるのを待っているし，などと迷った経験はないだろうか。私がインドネシアに滞在していたときに出会ったのは，そうしたことでは迷わない人々だった。信号の色や横断歩道の有無にかかわらず，行き交う車の間を縫って道路を横断するのは日常的な風景の一部だったのである。たとえ交通量の多い道路であっても特に急ぐ様子もなく，片手を水平にあげて渡る方向を示しながら人々は道路を横切り，車はそれに合わせてスピードをゆるめる。この絶妙な間合いの取り方が私にはなかなか真似できず，近くの道端で談笑していた人が見かねて付き添ってくれることもしばしばだった。これもまた，暮らしのなかのルールといえるだろう。

　このように，日常のなかには，法を含め，様々なルールがある。それらは

どうふるまうべきか，あるいは何をするべきでないかについての指針を示す一方で，法定速度と「流れ」のように，時に対立を含んでいることもある。また，そのなかには私たちの行動を意識的であれ無意識的であれ，強く拘束するようなルールもあるだろうし，もっと緩いものもあるだろう。さらに，それらのあり方は時が経てば変化していくことがあるし，先述した道路の渡り方の違いのように，国や地域によっても異なる。それらを含んだものとしての日常をみていくことで，私たちは法というものとどう関わり，それをどのように捉え直すことができるだろうか。

(2) 身の回りの様々なルール

改めて考えてみると，私たちは知らず知らずのうちに，いろいろなルールに従って暮らしている。たとえば，在学中は意識せざるをえなかった中学や高校の校則や，アルバイト先での服装や接客の言葉遣い。その内容も，適用される範囲も，違反してしまった場合に何が起きるのかも実に多様で，時にあいまいだ。たとえばエスカレーターに乗るときのルール一つとっても，施設を管理する鉄道会社などが安全のため立ち止まることをポスターで呼びかけているのに対して，関東では右側，関西では左側を急ぐ人のために空けることが多い。

こうしたルール，つまりある社会や人々のグループによって共有されている行為形式のことを，文化人類学では「慣習」と呼んできた。「慣習」には，地域のお祭りのやり方から校則，公共の場でのマナーからゲームのローカルルールまで，社会生活全般にわたり，多様なものが含まれ，ときに相互に矛盾する。これは多くの場合，文字として固定化され，人々に対して強制力をもち，それに違反した人に刑罰などの制裁を加えることができるとされる，狭い意味での「法」以外のルールを捉えるための言葉である。

法と慣習は，以下でみるように，時に対比的・対立的に扱われもする。しかし実際には，両者の関係はもっとあいまいで複雑だ。そもそも法は慣習からまったく乖離した形で機能しているとはいえないだろう。その意味では法も慣習も，社会規範，つまり人々の「そうするべきだ」という考え方に支え

られている。

　たとえば，かつてはほぼ黙認されていた歩きタバコや飲酒運転は，法改正によってゼロとはいえないものの大きく減少し，人々の認識も変わった。他方で自転車については，自動車の仲間と定義する道路交通法の原則を認識しつつ，生活のなかでは状況によって歩道を走行するという形で落としどころを探ることになっている。現れ方に多少の違いはあっても，いずれも一方的な上からの押し付けだけでなく社会からの働きかけや応答があってのことで，いずれの事例においても法と慣習は相互に影響しあっている。

　また法は国や自治体が定めるもの（文化人類学では国家法と呼ばれる）だけでなく，イスラーム法など，宗教的に定められた法もあり（宗教法），また後述のように，多くの場合口頭だけで共有されている慣習を文字に起こし，体系化して，「慣習法」として法と同列に扱うこともある。

　ちょっと話がごちゃごちゃしてきてしまったので，ここでこの章のポイントを確認しておこう。重要なのは，法や慣習などのカテゴリーを明確に定義して，厳密に分類することではない。ここで試みたいのはそうではなくて，ゆるく「慣習」と呼ばれるものとの連続性やグラデーションに注目しながら，「法」のありようを見直すことだ。人々の考え方や行動を形作るのに重要な役割を果たしている法や慣習などのルールは，堅固にみえて柔軟であり，説明不要に思えて実はあいまいである。ではそれらは，どのようにからみあい，作用しあいながら，人々のおおむね安定した暮らしを作り上げているのか。こうしたことを，異なる地域での事例を通して考えること。それはきっと，法を身近な問題として捉えることにつながるだろう。

2　文化人類学の視点から法を考える

(1)　国家なき社会の法

　文化人類学の視点からの法研究は，冒頭で聞いた法のイメージを構成するような，たとえば裁判所や警察，刑務所，そしてそれらを統括する国家といった現代の制度が存在「しない」社会を通して，法とは何かを考えるもの

として始まった。そのような社会での暮らしを，みなさんはどのようなものとして想像するだろうか（国家をどう捉えるかについては，【☞第5章2(4)】）。何でもあり，弱肉強食のまさに「無法地帯」だろうか。それともこれまでの慣習に従い，平穏な日々が営まれているのだろうか。

　フィールドワークおよび機能主義の考え方を確立した人物として知られるブロニスワフ・マリノフスキーは，パプアニューギニアのトロブリアンド諸島を事例に，現代的な法制度をもたない社会のありようについての記述を残している（マリノウスキー 2002）。

　トロブリアンドでは，母方のオジ，つまり母親の兄や弟が子どもの保護者，すなわち社会的「父」としての役割を果たすべきだ，といわれている。しかしある村の首長だったツウルワという男性は，実の息子ナムワナ・グヤウへの愛着と，自分の正当な継承者である姉妹の息子，甥っ子たちへの責任の間で揺れる。甥っ子たちと息子は食料や土地の配分をめぐって争いを繰り返し，息子はとうとう村から追い出されてしまう。彼はその後，自分の母の生まれた村落で受け入れられることになったが，首長ツウルワは親族による追放処分から息子を助けることはできず，3日間自分の小屋に閉じこもり，その後も親族とは話もしない状態が続いたという。

　トロブリアンドには親族関係をベースにした人々の関係とそれに関わるルールがあり，決して無法地帯ではない。他方で，人々は疑問をもつことなくそれに従っているというわけでもない。人々は悩み，怒り，悲しむ。そして時に悪事を働く。悪事には相応の対処がなされるが，その対処ももちろんランダムなのではなく，やはり社会に共有されたルールがあるのだ。

　その意味で，国家なき社会にも私たちと同様の複雑な社会関係が存在し，そのなかで人々がおおむね安定して暮らすための仕組みがある。マリノフスキーの研究が示したのはそのことであり，文化人類学者はそれぞれの社会でのフィールドワークによって，そうした仕組みやルールの体系を明らかにしていった。

　また，マリノフスキーの研究は，それぞれの社会での紛争を処理する過程に研究者の注目を引き寄せた。なお，ここでいう紛争とは，第12章で扱われ

る武力紛争とは異なり，主に暴力を伴わない，社会のなかでの「もめごと」のことである。そのポイントは，具体的条文の形をとっているものや，人々が法だと語ってくれるものが，それだけで効力をもつとは限らない，ということだ。ルールは破られるし，もめごとは起きてしまう。そうしたときには，それぞれの社会ごとのやり方で処理されることになる。つまり，いわば人々によって実践されるものとしての法，かつて法社会学者エールリッヒが「生ける法（lebendes recht）」（エールリッヒ 1984）と呼んだものがそこで観察可能になるのである。たとえば商法学者のルウェリンと文化人類学者のホーベルは，ネイティブ・アメリカンのシャイアンの人々を対象とした聞き取り調査によって，殺人・窃盗・姦通などに関する50件以上の紛争処理過程を再構成した。

　こうした視点はその後も森林や水産資源などの管理や，裁判による紛争処理を補完する手法【☞本章3⑶】に加えて，ジェノサイド後のルワンダで地域固有の寄り合いの形式を取り入れて行われたガチャチャ裁判など，紛争後の社会を再構築するにあたって応用されてもいる（片山 2020）。

　以上のように，文化人類学の法研究は，人々がいかにルールに従うのかという法律重視の視点だけでなく，秩序がいかに形成・維持され，紛争がいかに処理されるのかという社会に関わる視点，さらに，人々がルールをいかに利用するのか，という個々人に焦点を当てるような視点を提示し，法をより多面的に捉えていく議論を活発化させた。

⑵　法の多元性

　しかし，疑問も生じる。国家なき社会は，やはり例外的な存在ではないのか。あるいは，国家が「ない」のではなく，その影響力を認識できていないだけなのではないか。文化人類学的な法研究は1970年代以降，対象社会を孤立したものとして描いているという批判を受けるようになる。いまやいかなる社会も国家の統治のもとにあるし，政治・経済・宗教など，様々な周辺状況から影響を受けている。さらにいえば，日常に存在する様々なルールや規範は国家が制定する法に従属する（べきな）のだというのが，主流派の法研

究からの主張だった。法中心主義と呼ばれるこの立場に立てば，それぞれの社会のユニークなやり方も，近代的な司法制度によっていずれ取って代わられるべきものとみなされるだろう。

　この法中心主義への批判として登場したのが，法多元主義である。これは，日常に存在する様々なルールや規範を，国家法を頂点とするヒエラルキーの一部だとみなす，あるいはそこに押し込めるのではなく，国家法と同等の価値を認めるべきだ，という立場である。

　この主張の背景の一つが，植民地主義をとりまく状況だ。植民地化された社会では，宗主国の法が強制され，それに基づく支配が行われた。しかし1960年代以降，植民地の独立が進んでいくなかで，かつての植民地において，宗主国が導入した西洋法によって，その地域の慣習はどのように変化したのか，これから両者の関係をどうするべきか，などについての議論が進んだ。たとえば西アフリカに持ち込まれたフランスの法とローカルな慣習や，インドネシアに持ち込まれたオランダの法と，それぞれの民族の慣習の関係【☞本章3⑴】などが再検討された。

　そして1970年代後半には，欧米にも法多元主義の概念を拡大しようとする動きが起こり，欧米諸社会における国家法以外のルールやその意義や効力などにも関心が集まるようになっていった。例を挙げれば，特定の業界における自主規制・ガイドライン・申し合わせが拘束力をもって企業の行動を方向付けていることが，国家法と同様に意義あるものとして論じられた。その結果，国家法と国家法以外のルールの関係を，より流動的なものとして捉える見方が広まっていった。

　法を多元的なものとしてみる立場はその後，国際法や私法など法学の幅広い領域との関係でも注目を集め（浅野 2018），国家法のいわば「絶対性」を見直し，国家法だけではものごとがうまくいかないときに，国家法以外のルールに，相補的，あるいは，国家法を代替するような役割をもたせるという実践への可能性を開いている。

3　インドネシアにおける法と慣習

(1)　インドネシアと法

　以上を踏まえたうえで，視線を本書のテーマである東南アジアに移してみよう。インドネシアは1万を超す島々，200以上ともいわれる民族集団からなる。古くから海洋交易が盛んで，歴史的にみると紀元前1世紀頃からヒンドゥー，次いで13世紀頃からイスラームを受容し，地域ごとに様々な文化を発展させた。16世紀後半頃からはヨーロッパ人がやってくる。この地域は300年にわたってオランダによる植民地支配を受け，各地で土地が収奪され，大規模な農園が作られた。第二次世界大戦中の日本統治期および独立戦争を経て，1945年にインドネシア共和国として独立したが，国家法は植民地期に制定されたものが基本となっており，現在も民法や刑法など法律用語の正式な表記にはオランダ語が用いられる。

　他方で，国民の9割を占めるイスラム教徒の間では，特に結婚や離婚，相続などの領域でイスラーム法を参照することが定着しており，通常の裁判所ではなく，宗教裁判所で取り扱われることになっている。また，第1章で取り上げられているミナンカバウや第10章と第15章に登場するバリなど，それぞれの民族集団や地域社会が共有する，「慣習」（インドネシア語で「アダット (adat)」と呼ばれる。土地管理やもめごと処理，祖先祭祀や結婚，文化芸能など多岐にわたる）の効力も認められている。たとえばバタックのアダットによれば，理想的な結婚相手は母方のいとこだ。また，森林管理など天然資源をめぐる権利主張においては，国家法ではなくアダットが住民にとってのよりどころとなってきた（増田 2012）。

　そしてこのアダットと国家法の関係は，じつは前節でふれた「多元性」よりもっと錯綜している（高野 2020）。もう少し歴史をたどってみよう。20世紀前半，オランダは植民地支配の過程で，法体系の一元化を図ろうとしていた。しかしその一方で，現地の人々の強い反発に遭っていた。どう統治すればよいのだろう。そうしたなか，マリノフスキーの同時代人である法学者コ

ルネリス・ファン・フォレンホーフェンは，アダットを適切に評価することを主張した。アダットを植民地の人々の遅れた慣習として低くみるのではなく，インドネシアの諸民族のもつ法として尊重するべきではないか。そしてオランダ国内での論争に勝利すると，弟子たちとともに各地のアダットを調査し，成文化・体系化を進めていった。これは最終的に『アダット法集成』全45巻として結実する。この過程を経て，アダットは法としての地位を獲得したのである。

　その後，先述の通りインドネシアは1945年に独立を果たす。インドネシアという単位は，ここではじめて生まれたといえる。単に旧オランダ領という共通項しかもたない広大な範囲に多くの島々があり，多様な民族が住まう。多くの人口を抱えるジャワ島と，人口は少ないけれども天然資源に恵まれたスマトラ島のような差異も著しい。そのため潜在的な問題を抱え，国としてのまとまりは非常に不安定だった。この，いつばらばらになってしまうかもしれないインドネシアという国家をまとめるために掲げられたのが，「ゴトン・ロヨン」（相互扶助）や「ムシャワラ・ムファカット」（協議による全員一致という意思決定方法）などのアダットに由来する概念だった。こうしてアダットは「インドネシア性」の象徴となったのだ。

　こうした歴史的経緯から，現行のインドネシアの憲法や土地法にも，慣習法の尊重についての規定が盛り込まれている。またゴトン・ロヨンは現在でも，掃除や農作業，災害時の支援などコミュニティ単位で協力して行う様々な活動の意味でよく使われる言葉なのだが，スカルノ時代には，水路や学校など公共施設の建設や清掃に地域住民が無償で労働力を提供することを指していたのである。

(2)　歴史のなかのアダット

　『アダット法集成』が45巻もあるように，アダットはもともと地域ごと，民族集団ごとに違い，「慣習」と訳されるほかにも，「伝統」「儀礼」「適切なふるまい」の意味にもなる，幅の広い概念である。だからアダットを重視することは，かえって地域や民族集団の差異を強調することになり，共和国を

図7-1 「アダット人形」ぬりえ。
注：各州を代表する民族集団の衣装が描かれている。
表紙は西スマトラ州のもの（*Mengenal dan Mewarnai Boneka Pakaian Adat*, Mascot Media Nusantara, 出版年不明, 2006年購入）。

さらに不安定なものにしてしまうかもしれない。アダットはインドネシア性の象徴であると同時に，国家分裂の呼び水となりうる危険なものでもあったのだ。だからスハルト大統領時代（1968～1998年）には，アダットの無害な領域への「封じ込め」が進んだ。たとえばアダットに基づく村落区分を廃止し，新しい行政区分を設置することで，アダットの権威を弱め，そのかわりに，伝統舞踊や建築様式など観光資源の領域にアダット概念を限定していった。つまりアダットを，法やルールというより，民族衣装や舞踊，美術，特産物などといった領域に関わるものとして定義しなおしたのだ（図7-1）。

しかし，1998年にスハルト政権が崩壊すると，地方分権を目指す改革が始まり，アダットの扱いも方向転換する。一連の改革のなかで，地方自治のよりどころとして，アダットを再評価しようという動きが各地で活発化したのだ。ここで再びアダットは法に近いものとして扱われるようになり，地域社会の統治や土地の相続・売買などで参照されるようになる。地域に根差した規範の尊重というと，悪いことではなさそうに響くかもしれない。しかし実際にはこの急激な変化によって，アダットに基づく（とされる）ルールの施行が，暴力を伴う紛争にまで先鋭化するという事態も起きた。

たとえばバリ島では，島外の出身者に土地を売ることを制限し，また法律上，土地の所有者にはヒンドゥー教の儀礼への参加が義務付けられることになった。また，スラウェシ島やフローレス島では，国営企業や国立公園がかつて収容した土地の境界の正当性が問題視された。そして敷地内に移住した住民を警察や軍が強制的に排除する過程では死傷者が出た。

(3) 司法改革のなかでさらにねじれる法と慣習

　また，ちょうど私が調査していた頃のインドネシアでは，司法改革の一環として，国際協力を通じて ADR（Alternative Dispute Resolution：裁判外紛争処理）の制度が導入されつつあった。もともとの課題は，近代的な司法制度の整備だった。生活のなかで生じる様々な紛争では，適正な裁判を通じて判決を得ることが一定の解決をもたらす。だからこそこれまでは，誰もが必要なときに裁判所を利用できることを目指して司法改革が進められてきた。

　しかし他方で，裁判には時間もコストもかかるし，たとえば労使間の紛争など，当事者間のつながりがこれからも続いていく場合には，白黒つけてしまうことがかえって当事者間に禍根を残すこともある。こうした問題点はまず訴訟大国といわれるアメリカで注目を集め，1990年代以降，調停・仲裁・交渉など，訴訟から判決という流れを経ない手法をもっと活用しようという動きが広がった。そこでは，訴訟を重視するそれまでの考え方から大きく転換し，紛争の性質によっては必ずしも裁判が最適解ではないとしたうえで，訴訟よりも「簡易・迅速・低廉」な紛争処理が掲げられた。

　こうした司法政策の方針転換は実は文化人類学とも無縁ではなく，ネイティブ・アメリカンの「もめごとの処理」からヒントを得たうえで進められたといわれている。ADR の拡大に伴って，調停・仲裁・交渉などにおいて機能する規範として，慣習法が再評価されたのだ。

　この ADR がインドネシアに導入されたのは複合的な理由や経緯がある。一つには，インドネシアの経済発展のため，外国からの投資環境を整備する必要があり，様々な国際的な法整備支援プロジェクトが進められていた。また，前節でみたようなアダット復興も，大きな社会の流れとしてあった。そしてもちろん，裁判にかかる時間の長さ，その結果として増え続ける未処理の事件数が問題になっていた。

　こうして，インドネシア政府や外国企業，国際開発団体や現場の判事，あるいは市民や NGO など，様々な思惑が交錯するなかで，ADR の整備が行われた。また，具体的な制度設計にあたっては，日本の法律専門家による支

援もあった（草野 2020）。

　本章との関係で注目したいのは，実際に導入が進められるなかで生じた，ADR の意味付けの「ずれ」である。政府レベルで強調されたのは，ADR が司法プロセスのなかで，人々に共有されている慣習法，すなわちアダットの活用を進めるものだということだった。しかし，前述した通りアダットは多義的で，紛争処理の具体的なやりかたや規範を統一的に定めているわけではない。そのため現場では，アダットが期待されたような「その社会固有の法」としての機能を果たすことや，アダットを利用した紛争処理が増えることとは考えにくい。それに代わって司法関係者が重視したのは，訴訟提起後の和解・調停の推進という効果であった。とはいえそれでも，実際には和解・調停の成立件数に統計上目立った増加はみられていない。現場の判事たちは，「まあみんな他に道がなくなって訴訟を起こすんだから，いまさら和解したくないだろうね」と，紛争当事者の姿勢にも理解を示していた。

　かつて宗主国からインドネシアに持ち込まれた近代的な司法制度だが，その制度が抱えた問題は，ADR という新たな制度の導入を通じて，再びインドネシアといわゆる先進国の間で異なる立場からの異なる解釈や意味付けを生み出すとともに，国家法と慣習の関係にもう一段ねじれを加えようとしている。国家レベルのプロジェクトとしての法整備支援は，国境を越えて，国家法と慣習法が把握しなおされている場として捉えることができるだろう。

　このように，インドネシアの歴史を通じて様々な立場から操作され続けてきた結果としてアダットは，法の多元性の一つの要素でもあるが，その概念が指し示すものも多様になっている。村落部により色濃く残っているのか，あるいはインドネシア全体で共有されているのか。地域に根差したルールとして活用・尊重するべきなのか，あるいは近代的な法制度にとってはむしろ障壁なのか。近づこうとするほどぼやけてしまうようで，とらえどころがない。しかし前述したように，土地や森林，水産資源などをめぐっては，国家法では十分に保護されない権利がアダットを根拠として争われてきたのもたしかで，ここからは，法と慣習の一筋縄ではいかない複雑な関係を読み取ることができる。

4　身近な問題として法を見直してみよう

⑴　法と慣習のからみあい

　この章は主にインドネシアを事例として，文化人類学の視点から法のあり方を説明してきた。文化人類学は，小さい集団の内部で起きる紛争から，植民地政府の導入した国家法と植民地の慣習法との関係へ，さらには旧植民地から欧米諸国へ，専門的な法実務の現場へと研究対象を拡大してきた。

　インドネシアの事例からみえてきたのは，法のあり方が地域によって異なること，またその多様性が歴史の流れのなかで形作られていることだ。インドネシアでは民族集団を担い手として想定する慣習法であるアダットが，歴史的に意味を変えていき，それに伴い国家法との関係をも変化させていた。裁判官や弁護士といった法律専門家を含むインドネシアの人々は，こうした変化のなかで日々の生活や仕事を行っている。国家を背景とする法，イスラーム法，そしてアダットといった複数の法が存在するが，それらは状況に応じて姿を現したり，逆に目立たなくなったりする。また，こう表現するとそれぞれの法に定義があって分類可能なようだが，そうとも言い切れないことにも注意を向けておきたい。あるときは片方が前面に出たり，またあるときは別の方が前面に出たりするようでいて，そもそも複数の法は相互に影響しあい，その境界線はあいまいで，変化し続けているのである。この章のはじめで述べたように，法と慣習は連続し，からみあいながら私たちの暮らしを形作っている。

⑵　法が支える「わがまま」

　最後に，これまでみてきたような法と慣習の関係を念頭において，身近な事例について考えてみよう。たとえば選択的夫婦別姓制度については，男女どちらかが一方の姓に変更することを定めている民法の規定が違憲ではないのかといった，どちらかというと法律的な側面が注目されることが多い。

　そして法律的側面をみている限りにおいては，近年の変化を捉えることは

難しいかもしれないが，他方で通称利用を認める動きは広がっている。たとえば通称を併記したパスポートの発行はかつてのように困難ではないし，大学や職場での通称利用の手続きについての書式も整っている。法が特に変わらなくても，私たちの生活はすでに変化し，夫婦別姓は慣習のレベルではすでに選択肢の一つとして定着しているといえるだろう。

　もちろん通称利用がいくら拡大しても，夫婦のどちらかだけに負担がかかっていることには変わりがないので，通称利用の拡大では不十分だ，という意見は十分ありうる。しかし，このような実践が広く行われることで，家族のなかで名字が違うことは珍しい状況ではなくなるし，郵便物の配達など生活面でも特に支障ないことが実体験として共有されていくことで，夫婦別姓に対する認識が変化しつつあるのは間違いないだろう。

　そもそも現行の法規定も，女性が男性の姓に変更することを定めているわけではない。そしていわゆる国際結婚には適用されないため，その点で夫婦別姓はすでに部分的に実現していることになる。またこれまでも，読みにくく生活に支障があるといった理由での改氏名が家庭裁判所で認められている。したがって，特定の家族イメージが法制度の前提にあるのではなく，社会の変化を反映し，ある程度の「わがまま」をいえる状況を整えることも法の役割に含まれているのである。

　法は，ある見方をすれば「私たちを縛り，罰するもの」かもしれない。しかし文化人類学的な視点からみると，それは慣習とも結び付いて私たちの生き方の変化・多様化を様々な形で支えているし，決して強固なだけの存在ではないのである。

参考文献

浅野有紀　2018『法多元主義——交錯する国家法と非国家法』弘文堂。

エールリッヒ，E　1984『法社会学の基礎理論』河上倫逸／M・フーブリヒト訳，みすず書房。

片山夏紀　2020『ルワンダの今』風響社。

草野芳郎　2020「和解制度への取り組み」島田弦他『インドネシア　民主化とグローバリゼーションへの挑戦』旬報社，425-452頁。

高野さやか　2020「慣習法と国家法」島田弦他『インドネシア　民主化とグローバリ
　　ゼーションへの挑戦』旬報社，147-169頁。
増田和也　2012『インドネシア　森の暮らしと開発』明石書店。
マリノウスキー，B　2002『未開社会における犯罪と慣習　付 文化論』青山道夫訳，
　　新泉社。

1　みなさんが日常生活のなかで活用している，ローカルなもめごと処理のルールにはどの
　　ようなものがあるだろうか。
2　法の多元性の具体的な事例について考えてみよう。
3　ある集団のなかで共有している行為形式という意味での「慣習」にはどのようなものがあ
　　るか。そのうえでバリエーションや歴史的変化について，具体的な事例を挙げてみよう。

●読書案内●

『日本神判史』清水克之，中央公論新社，2010年
　　　　　煮えたぎった熱湯のなかに手を入れ，あるいは焼けた鉄のかけらを握っ
　　　　　て，やけどした度合いで判決が決まる？　こうした「神判」は，なぜ行
　　　　　われ，またなぜ廃れたのだろうか。もめごとへの対処法から，当時の社
　　　　　会のあり方に迫る一冊。

『インドネシア　民主化とグローバリゼーションへの挑戦』島田弦他，旬報社，2020年
　　　　　本章では詳しく触れられなかった憲法やイスラーム法の現在，知的財産
　　　　　法や汚職といった具体的テーマをめぐる改革の動向など，インドネシア
　　　　　の法と社会を様々な角度から知ることができる論文集。

『世界裁判放浪記』原口侑子，コトニ社，2022年
　　　　　弁護士である著者が一人の旅行者として30か国の裁判を傍聴し，法廷内
　　　　　外の様子と人々とのやりとりを記録した本。裁判所とその外部の連続性
　　　　　を感じることができる。

第8章

呪術と宗教

「信じること」は宗教に不可欠なのか

津村文彦

タイ・コンケン県のバラモン隠者のもとを訪れ，幸福祈願する中国人女性（2016年，著者撮影）

1 身の回りの宗教と呪術

(1) 宗教は危ない？

　みなさんは「宗教」と聞くと何を連想するだろうか。「騙されそう」「危ない」という否定的な印象をもつ人も少なくないだろう。日本では，幕末以降に誕生した天理教や創価学会などを新宗教と呼び，特に1970年代以降に登場したものを「新新宗教」と呼ぶ。オウム真理教や統一教会のような新新宗教は反社会的な宗教団体（カルト）として批判の対象とされてきたため，宗教

に厳しい見方がされることが多い。

　しかし日本では仏教や神道などの伝統宗教も古くから信仰されてきた。つまり宗教といっても，私たちが危険視するのは比較的新しい宗教であって，宗教それ自体が危ないわけではない。ISSP（国際比較調査グループ）の調査によると，「ふだん信仰している宗教があるか」という問いに対して「信仰している宗教はない」と答えた日本人は62％にのぼる。信仰心の有無については「ある」が26％，「ない」は52％である（小林 2019）。こうした宗教への無関心は「無宗教」と呼ばれる。神のような超越的存在を不要と考える「無神論」とは異なり，無宗教は特定の宗教を信仰しないことを意味する。日本人の多くは自らを宗教との関わりが薄いと考えている。

　だが，私たちは本当に宗教と無縁なのだろうか。正月には初詣で幸福を祈願し，クリスマスにはチキンとケーキを食する。結婚式はチャペルで厳かに指輪を交換し，葬式では僧侶の読経のなか故人に焼香を捧げる。こうした行動は宗教に無節操だと評されることもあるが，逆に日常生活での宗教の活発な現れとみることもできるだろう。宗教を信仰している意識は薄いのに，宗教的に行動するというのはどういうことだろうか。

(2)　呪術や妖怪のあふれる現代

　では呪術といえば，何を思い浮かべるだろうか。前近代的，非科学的なものをイメージするかもしれない。漫画やアニメで描かれる殺人的な呪術，テレビで面白おかしく紹介される海外の辺境の呪術師，さらには古代日本の陰陽師を連想する人もいるだろう。いずれも私たちから遠く離れたものとして呪術を捉える見方である。

　だが実際には呪術は身近なところにあふれている。ネット通販で「呪いのわら人形」を探してみよう。丑の刻参りで使う釘と木槌，打ち付ける木の板までセットで販売されている。またネット上には「呪いの代行」を請け負う業者もあり，「復讐，縁切り，略奪」など物騒な言葉が並んでいる。

　「呪い」を「まじない」と読むと，もっと身近に感じられるだろう。てるてる坊主で晴天を願ったり，「痛いの痛いの飛んで行け」という言葉に泣き

止んだ経験はないだろうか。「消しゴムに好きな人の名前を書いて、最後まで使い切ったら想いが通じる」と聞いたことはないだろうか。

「妖怪」も同様である。座敷わらしや一つ目小僧はすぐに名前が挙がるはずだ。私たちが妖怪を知るきっかけの多くは漫画やアニメだろうが、その歴史は古くさかのぼる。たとえば水木しげるが描いた妖怪の多くは、江戸中期の鳥山石燕らの妖怪画の翻案であるし、それらも平安末期以来の絵巻物や伝承の影響を強く受けている（小松編 2011）。

コロナ禍で話題になったアマビエは、江戸時代に肥後国に現れて疫病の流行を予言した妖怪である。もともと瓦版に刷られた半獣半魚の奇妙な姿は、可愛らしくアレンジされて、疫病退散の願いとともにマスクや除菌グッズに描かれ商品化された。また八尺様は身長が八尺（240cm）もある女の妖怪で、子どもを連れ去る恐ろしい存在だが、インターネット掲示板のネット怪談で21世紀に新たに生まれた妖怪の一つである。

呪術も妖怪も、はるか昔、遠いどこかの話ではない。いまも私たちは呪術を実践し、妖怪とともに生きているのである。

⑶ 「○○と信じられている」

ここで現代の東南アジアのある宗教風景をみてみよう。タイでは2015年半ば以降、ルークテープ人形というものが大流行した（写真8-1）。子どもの神霊が宿るという赤ちゃんの姿をした人形で、お菓子やジュースを与えて面倒をみると、お返しに持ち主を助けてくれる。多くのセレブがルークテープ人形を連れて街に出かけ、レストランで一緒に食事する様子をSNSにアップし、どんな幸運が舞い込んだかを喧伝し合った。人形向け割引を行うレスト

写真8-1　東北タイの呪術師が販売するルークテープ人形（2016年、著者撮影）

ランやエステも現れ，ルークテープ人形は一大ブームを巻き起こした。

この現象を私たちはどのように理解するだろうか。

　　タイでは，人形に子どもの霊が宿ると考えられており，お供え物を捧げると，
　　持ち主の願いが叶えられると信じられている。

こうした記述は外国の奇妙な習俗を紹介する文脈でよく目にするので，特
に気になるところはないかもしれない。

では，日本の宗教風景に目を移そう。日本の家には仏壇が置かれ，ご先祖
様が祀られていることが多い。毎朝，おばあちゃんが仏壇に食べ物やお茶を
供え，掌を合わせて拝む姿は日常の1コマである。では，おばあちゃんは何
をしているのだろうか。

機会があればインタビューしてみよう。きっと様々な答えが返ってくるは
ずだ。「亡くなったおじいちゃんの好物をお供えしている」「ご先祖様に日頃
の感謝をしている」と説明されることもあれば，「誰にお供えをしているの
かわからない」「昔からやっているからそうしているだけ」という要領を得
ない答えもあるだろう。

みなさんはこの状況をどのように記述するだろうか。

　　日本の家には仏壇が置かれ，死者が祀られている。仏壇に飲食物，特に故人
　　の好物を供えることで，死者や先祖に対して感謝を伝えることができると信
　　じられている。

この記述に違和感はないだろうか。「信じられている」という記述に，「私
は非現実的なことは信じないが，彼らはそれを信じている」という含意を感
じないだろうか。こうした視線は，タイのルークテープ人形についての記述
にもひっそりと含まれている。

宗教や呪術について，「○○と信じられている」という語りの背景には自
他の知識の不平等が隠れている可能性がある。記述する者と記述される者の

断絶，記述する者の優越，わかりやすくいえば，「あるわけのないことを盲信する愚かな他者に対する上から目線」が無意識的に含まれるのである。

では「信じる」という動詞にこだわらずに宗教や呪術を語ることは可能だろうか。日本人の多くは，宗教を「信じている」という自覚がないまま，宗教的な行動を取っているように，宗教はただ「信じる」対象だけではないはずだ。宗教や呪術と聞いて身構えたり，非科学的だと貶めるのではなく，そうした構えを一度解いてみよう。そうすることで，宗教をめぐる理解がより広がるだろう。

2 宗教とは何か

(1) 宗教という語

まずは宗教という言葉がたどってきた歴史を振り返ろう。

ヨーロッパ語の宗教 religion の原語であるラテン語 religio は紀元前 3 世紀頃まで公的な儀礼実践を指す言葉であった。反義語が迷信 superstitio で，初期のキリスト教もその一つであった。しかしローマ帝国でキリスト教が受容されると，キリスト教が religio，ローマの神々への信仰や祖先崇拝は superstitio となり両者の関係は逆転した。その後，中世までキリスト教を指す言葉として，secta（党派），fides（信），confessio（宗派）と並んで religio が用いられるも，やがて religio の使用頻度が増加し，他の語を凌駕する（深澤 2003）。

religion はアブラハムの三宗教（ユダヤ教，キリスト教，イスラーム）を意味した。だが大航海時代に西欧が非西欧世界に出会うと，世界の現象を総括する一般語彙として定着する。19世紀に生まれた「比較宗教学」はこの新たな概念に支えられたもので，刷新された religion 観が植民地主義とともに世界に拡大した。religion は世俗と対立して，日常から切り離された理念であり，個人の内面的な信仰に基づくとする見方が西洋近代に誕生する（アサド 2006）。そしてこの religion の語が，世界各地で翻訳を経て受容され，宗教の自己理解を規定していった。

日本の「宗教」もその一つである。中世以来，仏教の諸宗派は「宗」「宗門」「宗旨」，神道や儒教，道教は「教」「道」と呼ばれてきたが，明治時代に西欧諸国と交渉するなかで翻訳語として「宗教」が使われ始めた。それに伴い，仏教，神道，儒教，道教，キリスト教をまとめる一般概念としての「宗教」が新たに生成した（林 2003）。

　同様の現象は東南アジアでもみられる。タイでは，仏教を意味したサーサナーという語が，宣教師との出会いや近代憲法制定の過程で，キリスト教やイスラームを含む宗教一般の意味を獲得する。それと同時に，精霊信仰など制度外のものはラッティと名指され，不完全な信条としてサーサナーから排除された（矢野 2017）。西欧語 religion との，また擬似宗教ラッティとの関係に挟まれながら，サーサナーは独自の概念を構築してきた。

　東南アジアの他の地域でも，宗教を指す語は，近代化のなかで，それぞれに意味の変容を経験している。新しい語としての宗教と，宗教的なものの広がりとのズレを意識することが重要である。

(2)　宗教の起源は何か

　ヨーロッパで世界の宗教をめぐる知識が蓄積され，19世紀末に文化人類学が成立する。初期の文化人類学は，人類文化を未開から文明へと至る進化の原理で説明する進化主義の立場を取った。

　進化主義人類学では，宗教の起源が議論の中心であった。たとえばエドワード・タイラー（2019）は，あらゆる宗教の起源は「霊的存在への信仰」であるとして，それをアニミズムと呼んだ。霊的存在とは，霊魂や死霊，精霊，悪魔，神などである。なかでも霊魂の信仰が宗教の原初形態で，それが多神教，一神教へと進化したというのがタイラーの主張である。進化主義的な議論は現在否定されているが，超自然的存在への注目はその後の文化人類学の宗教研究に大きな影響を与えた。

　ジェームズ・フレーザーは，宗教や科学の前段階として呪術を位置付けた（フレーザー 2011）。呪術は自然を人為的に操作する疑似科学的な営みで，2つの原理に基づくという。一つは，似たものは似たものを生み出す「類似の

法則」である。人形に針を打つことで相手に攻撃を加えるというもので，類感呪術（模倣呪術）と呼ばれる。もう一つは，互いに接触していたものは離れた後も作用し合う「接触の法則」である。足跡に害を加えるとその人の足を攻撃できるというもので，感染呪術（接触呪術）と呼ばれる。呪術の背景に，呪術的思考ともいえる人間の認知の特性を指摘した点は興味深い。

　ほかにも，祖先崇拝や自然信仰，非人格的な力（マナ）への信仰，トーテミズム（ある集団が動植物や自然現象と特別な関係にあるという信仰），フェティシズム（特別な力が宿るモノに対する信仰）など多様な宗教起源論が提示されたが，宗教の起源と進化を一元的に論じることには根拠がなく，現在はいずれの起源論も受け入れられていない。

⑶　宗教はどのように機能するのか

　1920年代以降，現地調査をもとに実証的な民族誌が描かれるようになると，文化や社会の全体のなかで宗教がもつ機能が検討されるようになった。機能主義と呼ばれるアプローチである。

　ブロニスワフ・マリノフスキーは個人の欲求や感情に注目して，「心理学的機能主義」と呼ばれる。たとえば邪悪な力を払うために呪文を唱えることから，呪術を日常の不安に対処する技術と位置付けた（マリノフスキー1997）。一方，アルフレッド・ラドクリフ＝ブラウンの立場は「構造機能主義」と呼ばれる【☞第1章2⑴】。彼は，儀礼を通じて人々の団結が強化され秩序が維持されるとして，宗教が社会構造に果たす機能を分析した（ラドクリフ＝ブラウン 2002）。

　一例としてタイの宗教をみてみよう。タイは，ミャンマーやラオス，カンボジアと並んで，多くが上座部仏教を信仰する仏教国である。石井米雄によると，上座部仏教は，異なる原理に基づく「二つの宗教」である（石井1991）。一つはエリートの宗教で，出家者が自己の救いを目指し，サンガ（出家者の集団）で仏法を保持しながら修行に勤しむ。もう一つは民衆の宗教で，金儲けや出世など現世利益を追求する。両者の志向はまったく異なるが，カンマ（業）の論理に基づくタンブンを通して共生関係にある。

カンマとは，善行が善果ブンを，悪行が悪果バープを生むという考え方で，仏教の輪廻転生観を支えている。ブンを積む行為をタイではタンブンと呼ぶ。寺院の建立，僧侶への布施，出家などがタンブンである。いずれもサンガに奉仕する行為で，民衆にとってはサンガが「福田」（善果を生み出す源）であり，サンガに貢献することで現世の幸福が約束される。一方の出家者は，民衆の物質的支援に支えられ超俗的な生活を維持し，良き出家者として民衆からの支持を享受する。この「二つの宗教」の平衡関係によって社会構造が保持されるというのが石井の議論で，上座部仏教のもつ2つの異なる機能を鮮やかに描き出す。

だがタイの宗教は仏教だけで構成されるわけではない。実際はバラモン教や精霊信仰，呪術など多様なものが並存している。こうした複数の要素の混淆状況をシンクレティズムと呼ぶ。

東北タイの宗教的シンクレティズムを分析したのがタンバイア（Tambiah 1970）である。農村では，寺院を中心に人々の宗教生活が構成されるが，同時に多様な宗教専門家が，霊魂や守護霊に働きかけたり，悪霊を払ったりして，人々の安寧と村落の平穏に関わってきた。

この複雑な宗教世界を，タンバイアは，2組の宗教概念，善果ブンと悪果バープおよび死（死霊＝ウィンヤーン）と生（魂＝クワン）を提示し，それを2軸にして4つの領域に整理した（図8-1）。それぞれの領域に，仏教―僧侶，霊魂―バラモン，村落守護霊―司祭チャム，悪霊―悪霊払い師モータムを配置して，

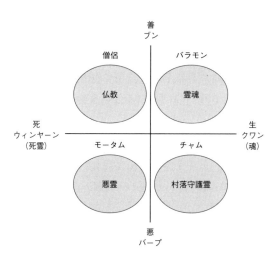

図8-1　タンバイアによる東北タイの4つの宗教領域
出所：筆者作成。

144

宗教的対象と専門家が果たす機能を明らかにした。混沌とした宗教的シンクレティズムを範疇化することで，一つの宗教世界として統合的に捉える視点はいまもなお重要である。

⑷　宗教はいかなる意味をもつのか

　だが機能主義的説明は明快ではあるが万能ではない。全体的な機能が指摘できても，なぜある表象が用いられるのかはわからない。たとえば，タイの悪霊（ピー）信仰が死や悪と関連することがわかっても，ピーの多くがなぜ女性として表象されるのかは説明できない。また多くの場合，機能は調査者の解釈による。現地の人々がどう考えているのか，ある神話や儀礼の意味がどのようであるかは問われないまま残されてしまう。

　こうした批判を受け，1960年代後半から象徴人類学が注目された。象徴とは，あるもので別のものを表すことである。たとえばインド神話の神鳥ガルーダはタイ王国を表し，国章としても用いられる。象徴人類学では，文化を意味の体系と考え，象徴を通して人々がいかなる世界を生きるかを問う。そうした無数の象徴を通して，世界を捉えるあり方を世界観と呼ぶ。

　宗教を介して人間の行為は世界観に結び付き，また逆に世界観のイメージが人間の経験に反映される。たとえば，バリ島の舞踊劇チャロナランでは，善を表す聖獣バロンと悪の象徴である魔女ランダの終わりなき戦いが演じられる。バリの人々はこの舞踊劇を演じ，鑑賞することで，世界における善悪の均衡を知り，同時にその世界観が人々の生活を律するものとなる。

　タイの出家のなかの象徴もみてみよう。1970年代にバンコクで僧侶生活を送った文化人類学者の青木保は得度式（仏僧として出家するための儀礼）を象徴論的に分析した（青木 1998）。まず出家する者は得度式の準備として髪も眉も剃り落とし，世俗の衣服を脱いで白衣に着替える。白衣のまま本堂で先輩僧侶から得度式を受け，黄衣に着替えて僧侶となる。俗世の名前を捨て新たな僧名で呼ばれ，仏典学習や瞑想など禁欲的な修行生活を送り俗世から隔絶される。多くの場合，雨期の3か月だけ一時出家をしたのちに還俗する。還俗式では，黄衣を脱いで白衣をまとい，水浴びをして，世俗に戻っていく。

タイでは出家経験のない人をコンディップ（生の人間）と呼び，出家期間を経て還俗した者をコンスック（熟した人間）という。成人することと僧侶になることが深く結び付いている。俗から聖へ，聖から俗へという社会的移行が人を熟させるのである。衣服の象徴性も顕著で，聖（黄衣）と俗（世俗の衣服）が明確に分かれ，その間にどっちつかずの状態（リミナリティ）として白衣が置かれ，社会的境界を際立たせている【☞第4章2(1)】。

　宗教儀礼に含まれる象徴に注目することで，そこに生きる人々の価値観に迫ることができる。しかし，象徴や意味を問うことにも限界がある。たとえば，ある現象が何を象徴するかの解釈をいったい誰が行うのか。先の機能と同じように，解釈を人類学者が行う場合，そこに現地の人々の見方が反映されにくい。また解釈が現地の人によるものであっても，ごく一部の人々の見方に過ぎないかもしれない。そこで必要になるのは，単に象徴が何を意味するかではなく，いかにしてある意味ができあがるのか，また象徴をもつ慣習がいかにして安定的に持続するかである。

(5)　宗教を実践から考える

　人々の慣習的行為や日常的実践がいかに安定して持続し，社会とどのように関係するかという問題については1980年代以降に実践論として議論が深められた。この理論を理解する手がかりとなるのは，ピエール・ブルデューによるハビトゥス概念である。

　ハビトゥスとは「持続性をもち移調が可能な心的諸傾向のシステムであり，構造化する構造」（ブルデュ 1988）だという。難解な表現だが，人々の実践を自由に組織化しつつ，同時に制限する構造がハビトゥスである。個人の身体の所作は自由で即興的だが，そこには社会関係や権力関係が埋め込まれていて，それが慣習的行為として維持されるというのがブルデューのいう実践（プラクティス）である。

　たとえば，日本人は，目上の人の前を横切るときに，腰をかがめ頭を低くし，片手をかざしながら控えめな表情を見せつつ通過する。目の前の相手の性別や年齢，社会的立場に応じて，自他の上下関係を即座に判断し，それを

身体技法として即興的に表出する。こうした個人の行為にみられるハビトゥスが，実は日本社会の上下関係を下支えして，個人の行動を規定している。

　この実践論を東南アジアの宗教研究で展開したのが田辺繁治である。田辺は，宗教を言語や慣習的行為で表現される知識と捉える。人々の経験世界に深く根ざした宗教的知識は，超越的な力と同時に，王権などの権力とも関わりをもつ【☞第11章2⑵】。

　田辺が分析したのは，北タイ・チェンマイの精霊祭祀プーセ・ニャーセ儀礼である（田辺 2013）。この儀礼は，もとは先住民ルアの男女の祖霊（セジいさんとセばあさん）に対する供犠だが，タイ系民族によるチェンマイ王権（ラーンナー王国）の守護霊祭祀としても継続されてきた。

　儀礼の冒頭で水牛が屠畜され，ルアの精霊に捧げて雨乞いや豊穣が祈願される。その後，祭場に巨大な仏画が掲げられ，ルアの男女の祖霊が仏教に帰依したことが示唆される。さらに祭場に集まった霊媒たちに精霊が次々と憑依し，儀礼の参加者の求めに応じて託宣を行う。占うのは商売や恋愛など世俗の悩みである。やがて精霊が去り憑依が終わると，儀礼が終了する。

　この儀礼では，まず水牛供犠を介して精霊の力がなだめられ，王権の守護力へと転換される。また仏画の登場は，先住民の仏教への帰依とチェンマイ王権の正当化を示すものであり，さらに精霊憑依では霊媒の託宣を通じて個人の欲望が実現される。先住民の祖霊，仏教，チェンマイ王権といった互いに異なる力が，儀礼のなかでいずれも承認されるのに加えて，資本主義的な世俗の個人的欲求までもが満たされる。

　宗教的儀礼という慣習的行為を分析することで，精霊と仏教，先住民と王権など，多様な権力関係が埋め込まれていることが明らかになる。宗教を，言語を含む多様な知識，儀礼などの身体行為との関わりで捉え，実践が社会関係や権力を構造化する局面を分析するのが実践論である。宗教を対象化する際に，思想や教理など「信じる」対象としてだけでなく，身体を介して行為する個人と社会構造との間の相互関係を捉える視点を提供してくれる。

3 タイの宗教を理解する

(1) 悪霊払い師モータム――仏教と呪術を刻み込んだ身体

　では実践論の視点で東北タイの宗教実践を検討してみよう。まず取り上げるのは，仏法タンマに由来する守護力を駆使して悪霊を追放するモータムである。タンバイアの示す複数の宗教領域（仏教，村落守護霊，悪霊）がモータムの活動に混在するが，東北タイの人々にとっては矛盾のない単一の現実に過ぎない。このモータムの宗教実践は，どのように理解できるだろうか。

　本章2⑴でみたように，20世紀はじめのタイは，明治期の日本と同様に様々な分野の近代化を推進した。宗教でも，地方ごとの仏教伝統を国家標準に統合し，雑多な信仰を取り払うことで仏教の純化を図った。その過程で，瞑想と呪術に長けた僧侶の影響を受け，新たに登場した専門家がモータムである。

　モータムのもつ呪術的な力はウィサーと呼ばれる。モータムになるための儀礼では，寺院の本堂にある巨大な仏像の前で師匠が弟子の身体にウィサーを吹き込む。師匠はその仏像を指して，仏陀がモータムを守護することを説く。モータムは単なる土着の呪術師のようでありながら，仏教と国家という近代の力の秩序に連なる存在である。かつて村を守ってきた守護霊ですら，モータムにとっては他の悪霊と同じく追放の対象となる（林 2000）。モータムは霊的存在を払うことによって仏教的秩序を強化するのだ。

　一方で，モータムはウィサーを維持するためにタブーを守らなければならない。流派によるが，仏教の五戒（不殺生戒・不偸盗戒・不邪淫戒・不妄語戒・不飲酒戒）のほか，生肉や生血を食べることが禁じられる。東北タイでは生の牛肉と血を和えた伝統料理ラープ・ディップがしばしば食されるが，モータムは絶対に口にしてはならない。これを破ると，モータムの体内に宿るウィサーが，悪霊ピーポープに変質して，周囲の人々の肝臓を食べて殺してしまう（津村 2015）。現在でもピーポープはしばしば発生し，人々に災厄の原因として語られる。

モータムは仏法に裏打ちされた聖なる力によって人々を助けるが，その特別な力はタブーを破ることでたちまち精霊の荒々しい力へと変化し，人々を食い荒らす。ピーポープの存在は，モータムのもたらす仏教的秩序が絶対的ではないことを人々に意識させる。

　近代化過程で国家仏教が新たに編成されたが，精霊信仰や呪術は排除され消滅したのではない。それらは国家や仏教との間に新たな関係を結びながら，人々の宗教世界を更新した。制度的には国家仏教が精霊信仰を凌駕しつつも，時に仏法が破られた途端にモータムの身体にピーポープが発生する。モータムは呪術と仏教の相克を体現化した存在であり，その宗教実践には，国家仏教の不安定さと精霊信仰の持続が如実に刻まれている。

(2)　バラモン隠者リシ──レパートリーで考える

　次に取り上げる事例は，もう少し複雑である。伝統的な村落宗教というよりは，多様な宗教的・文化的背景をもつ人々が入り混じる東北タイのバラモン教的な宗教実践である。

　タンバイアによると，司祭バラモンは霊魂を扱う専門家である。実際に東北タイ村落では，バラモンを意味するプラームという専門家が結婚式や地鎮祭などを行って，環境が変わる際に乱れる人々の霊魂を落ち着かせる。

　一方，仙人や隠者と訳されるリシも古代インドのバラモン教的伝統を引く専門家である。現代タイのリシは，長髪を束ねて獣の皮を模した布をまとう。その姿は剃髪し黄衣をまとう仏教僧侶と対称的である。リシは自身の庵や寺院で瞑想修行を送りながら，訪れたクライアントに宗教的サービスを提供する。除災招福や商売繁盛，延命祈願のほか，呪術的なイレズミや悪霊払いも執行する。また敵を攻撃する人形，攻撃から身を守る護符や，異性の心を自在に操る油など呪力を付与された道具（呪具）を求める者に授けるところはモータムのようでもある。

　一例として，東北タイ・コンケン県のあるリシをみてみよう。現在42歳のリシは呪術イレズミ（サックヤン）の技術の高さでクライアントを集める。双子の子役俳優の母親は，自らの背中に魅力を増幅させる鳥の図柄を彫っ

て，娘たちの芸能界での成功を祈願する。また工場で働く若い男性は，出世を願い権威を高めるために虎の姿を肩に彫る。

　リシの信奉者には，中国や台湾，マレーシアなど，海外から訪れる外国人もいる。彼らは東南アジアの辺境の呪術師に対して，エキゾチシズムと真正性が入り混じったイメージをもつ。通訳を伴って直接寺院を訪れることもあれば，SNS を通じて外国にいながら種々の依頼をする者もいる。インターネットで呪具の注文を受けたり，儀礼の様子をライブストリーミングで生配信することは現在では日常茶飯事である。

　このようなリシの信奉者が年に一度大集合する儀礼がワイクルー（「師を崇める」）である。儀礼のなかで，全身にサックヤンを彫った信奉者が中央に集められリシが読経を始めると，古代のリシや竜神ナーガなどが次々と信奉者に憑依する（写真8-2）。また古代のリシを象徴する仮面を，リシが信奉者の頭にかぶせると，ある種の人は体を前後に大きく震わせ，自らがコントロールできなくなる。こうした現象をコーンクン（モノが立ち上がる）と呼ぶ。ワイクルー儀礼は，リシの聖なる力を年に一度信奉者に充填する機会であるが，コーンクンについての説明は一様ではない。

　こうしたリシをめぐる宗教実践をどう理解できるだろうか。信奉者の大多数が仏教徒で，当のリシすら仏教を信仰する。彼らの「信じる」対象が仏教か，バラモン教かはもはや重要ではない。外国から来た信奉者もワイクルー儀礼に参加する。台湾から来た大乗仏教を信仰する女性は，仮面を頭に被せられると，身体が震え立ち上がらずにはいられなかった。多様な人々すべてに共通する機能や意味，構造や権力関係を見出すことは困難である。

　タイの宗教を研究するジャス

写真8-2　ワイクルー儀礼でサックヤンに彫られた虎が憑依した男性（2017年，著者撮影）

ティン・マクダニエル（2011）は，人々が出来事を解釈し操作し表現するための素材を「文化的レパートリー」と呼んだ。そこには言葉やモノ，イメージまでも含まれる。人々は個々のレパートリーを駆使しながら，臨機応変に宗教実践を行う。レパートリーから生み出される宗教実践に注目することで，ある集団の全体性を過度に強調することなく，個々の現実に応じた分析が可能になる。多様な人々が混在して複数の解釈が交錯する現代では，レパートリーとして宗教実践を捉えることが有効である。

　ここで，注目するのは信仰ではなく個々の実践である。村で僧侶に布施しながらも商売繁盛の呪術イレズミをまとうタイ人にとっては，上座部仏教の積徳観，リシ信仰，呪術信仰などのレパートリーがあるだろう。また上海でビジネスを営みながらも旅行のついでにリシを訪ね呪具を爆買いする中国人には，華人社会の祖先崇拝や道教的な民間信仰，大乗仏教，さらにエキゾチシズムをまとった東南アジアの仏教，さらに護符信仰などのレパートリーがあるはずだ。何がレパートリーになって宗教実践を生み出すかは状況によって大きく異なる。それぞれが自分のレパートリーを通じて宗教を実践し，そこにはじめて個々の宗教的現実が生成する。宗教は「信じるもの」というよりは「実践すること」のただ中にあるのである。

4　宗教を生きるということ

⑴　宗教を「実践する」，宗教を「生きる」

　さて，冒頭の問いに戻ろう。「信じる」にこだわらずに宗教や呪術を語ることは可能だろうか。

　私たちが使う「宗教」という言葉は，近代性との関わりのなかで，個人の内面的な信仰に重心を置くものになった。しかし文化人類学が対象としてきた宗教はそうしたものばかりではない。呪術や精霊，憑依などを含めたより広義の宗教である。宗教はもっと広く捉えることができるのだ。

　また，宗教は「信じる」対象でもありうるが，それがすべてではない。宗教的なものは行為のなかに埋め込まれ，「実践する」こともまた宗教であり

うる。「実践」には様々な行為が含まれる。出家も実践であるし，ルーク
テープ人形とカフェでお茶することも実践だ。リシの仮面をかぶせられ，得
体の知れない力に身体を持ち上げられたと感じることもまた実践である。そ
して実践には，社会関係や権力，世界観が埋め込まれており，実践を通じ
て，宗教的なるものが構築されていく。宗教は「実践する」ものであり，私
たちは日常的に宗教を「生きている」とすらいえるだろう。

(2) 日本の宗教を考える

　最後に，日本の宗教を考えてみよう。リシの信奉者の宗教実践には日本人
の状況とよく似た部分があった。タイの人々も，バラモン教や仏教に関係な
く，節操なくリシのもとにやって来てそれぞれが宗教を実践していた。日本
人は宗教意識は希薄だが，宗教的な行動は活発といわれる。それならば「信
じる」から離れて，私たちの行為を宗教実践として捉え直してみよう。たと
えば，どんな動詞で私たちの宗教実践を語ることができるだろうか。

　本章1(3)でみた，仏壇にお供えをするおばあちゃんの様子を，私たちはい
かなる動詞で切り取れるだろうか。「合掌する」「供える」「感謝する」な
ど，この場面だけでも様々な行為が絡み合い，「信じる」という言葉だけで
は見出せない宗教の広がりに気付くだろう。私たちの身の回りにあふれる宗
教的な実践を発見して，それが作る豊かな宗教的世界を考えてみよう。

参考文献

青木保　1998『儀礼の象徴性』岩波書店。

アサド，T　2006『世俗の形成——キリスト教，イスラム，近代』中村圭志訳，みす
　　ず書房。

石井米雄　1991『タイ仏教入門』めこん。

小林利行　2019「日本人の宗教的意識や行動はどう変わったか——ISSP 国際比較調
　　査「宗教」・日本の結果から」『放送研究と調査』69（4）：52–72。

小松和彦編　2011『妖怪学の基礎知識』角川学芸出版。

タイラー，E・B　2019『原始文化』奥山倫明他訳，国書刊行会。

田辺繁治　2013『精霊の人類学——北タイにおける共同性のポリティクス』岩波書店。

津村文彦　2015『東北タイにおける精霊と呪術師の人類学』めこん。

林淳　2003「宗門から宗教へ――「宗教と倫理」前史」池上良正他編『岩波講座宗教
　　1　宗教とはなにか』岩波書店，169-190頁。

林行夫　2000『ラオ人社会の宗教と文化変容――東北タイの地域・宗教社会誌』京都
　　大学学術出版会。

深澤英隆　2003「「宗教」の生誕――近代宗教概念の生成と呪縛」池上良正他編『岩
　　波講座宗教1　宗教とはなにか』岩波書店，23-54頁。

ブルデュ，P　1988　『実戦感覚』今村仁司・福井憲彦・塚原史・湊道隆訳，みすず
　　書房。

フレーザー，J・G　2011『図説　金枝篇』吉岡晶子訳，講談社。

マリノフスキー，B　1997『呪術・科学・宗教・神話』宮武公夫・髙橋巌根訳，人文
　　書院。

矢野秀武　2017『国家と上座仏教――タイの政教関係』北海道大学出版会。

ラドクリフ＝ブラウン，A　2002『未開社会における構造と機能』青柳まちこ訳，新
　　泉社。

McDaniel, J. 2011. *The Lovelorn Ghost & the Magical Monk: Practicing Buddhism
　　in Modern Thailand*. New York: Columbia University Press.

Tambiah, S. J. 1970. *Buddhism and the Spirit Cults in North-east Thailand*.
　　Cambridge: Cambridge University Press.

●課題●

1 「おまじない」をしたことがあるだろうか。それはどんなもので，フレーザーのいう2
　つの呪術の論理でどのように説明だろうか。
2 「信じる」以外で宗教実践に関わる動詞を探してみよう。その動詞はどのような宗教実
　践を語るものなのか説明してみよう。
3 私たちの身の回りにある宗教的なもの（宗教的レパートリー）を探して写真を撮ってみ
　よう。もちろん宗教的なものはできるだけ広く捉えよう。その写真を周りの人に見せな
　がら，どのあたりが宗教的なのか説明してみよう。

●読書案内●

『タイの僧院にて』青木保，青土社，2021年
　　　　　半世紀ほど前にバンコクの僧院で出家をした文化人類学者の記録。得度
　　　　　から還俗まで，筆者が直接体験したタイの僧侶生活が軽やかな筆致で紹
　　　　　介される。異文化におけるフィールドワークと参与観察がどのようなも
　　　　　のかを知るうえでも格好の入門書。

『カミと神――アニミズム宇宙の旅』岩田慶治，講談社（講談社学術文庫），1989年
　　　　　東南アジア各地の精霊や霊魂の豊富な事例を取り上げながら，人と世界
　　　　　の突然の出逢いのもとに姿を現すものをカミと呼び，独創的なアニミズ
　　　　　ム論を展開する。宗教文化と関わって名前と姿をもつ神とは異なった，
　　　　　原初のカミをめぐる世界観の価値を説く。

『精霊の人類学――北タイにおける共同性のポリティクス』田辺繁治，岩波書店，2013年
　　　　　北タイにおける精霊祭祀や霊媒カルトを事例として，精霊の力がコン・
　　　　　ムアンの人々の心身関係，社会関係，権力関係に作用する様子を分析す
　　　　　る。伝統的な権力基盤の形成だけでなく，変動する社会状況のなか都市
　　　　　での新たな共同性が生成される様子を描き出す。

第9章

死と儀礼

どのように死と向き合うのか

寺内大左

インドネシア・カリマンタンのブヌア社会の葬儀では水牛を供犠する。
多くの人が集まり，祭りのように賑わう（2010年，筆者撮影）

1　社会文化的な「死」

⑴　様々な「死」

　死とは何か。若い人ほど今まであまり正面から考えたことがないかもしれ
ない。人の老化現象は徐々にすすみ，どれだけ健康であってもすべての臓器
の機能は自然に低下し，やがて停止する。それでも物理的な身体はこの世に
存在し続ける。肉が腐敗し，白骨化し，そして朽ちて消える。人がこの世か
ら完全に姿を消すには長い時間が必要になり，朽ちて消えるまでの変化のプ

ロセスは連続的である。では人々は何を基準に，またどのタイミングで，「死」を判断してきたのだろうか。

　たとえば，現在の日本で死の判断を下せるのは医師のみである。医師によって心肺停止，呼吸停止，瞳孔散大が確認されたとき，人の死は確定する。連続的な変化のなかに医学が生者と死者を分ける境界線を引き，「死」を確定しているのである。

　だが，これで終わりではない。医学的な死が確定したとしても，自治体に死亡届が提出されない限り，国家はその人を生きていると認識し続けることになる。国家にとっての人の「死」は，行政手続きのなかに存在するのである。

　さらに，死者は葬儀を通して社会文化的な「死」を遂げる。葬儀は死者と交流があった人々に「死」を伝える手段であり，葬儀に参列する人々からすれば，葬儀（通夜や告別式）での死者との対面のときこそが「死」を意識し，受け入れる機会になる。遺族も，葬儀を終えてやっと死者とお別れができたという気持ちになるのではないだろうか。葬儀という社会文化的な行為を通して私たちは「死」を受け入れることができるのである。

　以上のように「死」は自然に存在するものではなく，現代の日本においては医学的に，行政的に，社会文化的に存在するものだといえる。文化人類学は主に社会文化的な「死」に注目し，世界の多様な社会の葬儀や死生観を明らかにしてきた。本章では私たちにはあまり馴染みのない東南アジア地域の葬儀と死生観について学んでいく。そして，その学びを通して私たちの葬儀と死生観を改めて捉えなおしてみたい。

⑵　儀礼の 3 つの局面

　葬儀は儀礼の一つであるが，そもそも儀礼とは何なのだろうか。儀礼（rite/ritual）とは，「ある文化や社会の人々がそろってとる習慣化された行為」のことをいう。入学式や結婚式などの儀式（ceremony）のみならず，お辞儀や会釈などの日常的な習慣も広い意味での儀礼に含まれる（ゴフマン 2002）。儀礼は周期儀礼（農耕儀礼，年中行事など），状況儀礼（病気治療，雨ごい，浄化），人生儀礼（誕生儀礼，成人儀礼，結婚式，葬儀など）など様々に

分類され整理されている。

　世界には私たちにとって馴染みのない一風変わった儀礼が多く存在する。人類学は世界の多様な儀礼を研究し、多くの儀礼に共通する構造や性格を見つけ出してきた。まずそのことについて学んでいこう。

　アルノルト・ファン・ヘネップ（2012）は、世界の多様な儀礼に共通する構造を見つけ出した。それは現在の状態からの「分離」、どこの状態にも属さない「過渡」、新しい状態への「統合」という３つの局面から構成されるというものである。そして、この特徴を有する儀礼を「通過儀礼」と呼んだ。通過儀礼の特徴は、様々な儀礼のなかでも人生儀礼において確認されやすい。

　儀礼によって３つのどの局面が強調されるかは異なっている。ファン・ヘネップ（2012）によれば、葬儀では「分離」の局面が強調されると思われがちだが、実は「過渡」「統合」の局面のほうが複雑化し、重要視されていたりするという。また、葬儀では死者のみならず、遺族も「分離」「過渡」「統合」の局面を経験する。死者の過渡期は遺族が喪に服す期間（過渡期）でもあり、日常の生活から分離されている。死者があの世へ統合されることで、遺族も喪の状態から日常の生活に再統合されるという。

　ファン・ヘネップ（2012）は、「すべての儀礼が通過儀礼である」「すべての民族が３つの局面をもつ儀礼を行っている」と主張しているわけではない。儀礼には様々なバリエーションがあることも指摘している。特に葬儀は死後の世界に関する民族ごとの信仰の違いから、典型的な通過儀礼の要素を確認しにくいことがあるという。しかし、細かくみれば多くの民族の葬儀において通過儀礼の図式は確かに存在すると主張している。

(3)　日本の葬儀の３つの局面

　日本の仏教式の葬儀を事例に３つの局面を説明しよう。「葬儀」は狭い意味ではお通夜、葬儀式、告別式を指す言葉だが、湯灌・納棺、お通夜・通夜振る舞い、葬儀式、告別式、出棺、火葬、収骨、初七日法要、精進落とし、後飾り、四十九日法要、納骨式、一周忌法要・お斎などの一連の葬送儀礼を

「葬儀」と呼ぶこともある。この一連の葬送儀礼のなかに３つの局面をどのように見出すことができるのだろうか。

医師の判断で死が確定した後，まず行われるのが湯灌・納棺である。故人の体を湯水で清め，身づくろいと死化粧を施し，死装束という旅立ちに適した白い衣装を着せる。そして，遺体と死後の世界で過ごすための品や思い出の品を棺に納める。湯灌・納棺は故人がこの世からあの世へ旅立つための支度をする儀式であり，この世からの「分離」の儀式であるといえる。

お通夜から後飾りまでが「過渡」の儀式である。一般的に亡くなった日の夜にお通夜と通夜振る舞いが行われ，翌日には葬儀式・告別式から精進落としまで行われる。お通夜は遺族や親しかった人々が死者と夜を過ごし，別れを惜しむ儀式で，儀式後には通夜振る舞い（会食）が催される。葬儀式は遺族が参加する宗教的な儀式で，告別式は死者と交流があった人々も参列し死者と最後の別れを行う儀式である。告別式の後，火葬場に向けて出棺となり，火葬後には死者の遺骨を骨壺に拾い上げる収骨が行われる。初七日法要は亡くなった日から７日目に行われる死者を供養するための法事であるが，現在では告別式の前後に行うことが多い。また，かつては四十九日法要後に行われていた精進落とし（会食）も，火葬後に行われることが多くなっている。その後，自宅などに後飾り祭壇を用意して遺骨，位牌，遺影を安置する。

四十九日法要，納骨式，一周忌法要が「統合」の儀式である。故人が亡くなってから49日目に四十九日法要が行われ，かつてはこの法要後に精進落としがもたれていた。四十九日法要は故人の死霊が無事冥土へたどり着き，極楽浄土へ行けるようにと願う法要である。精進落としとは，49日目に精進料理（肉や魚を利用しない料理）から通常の食事に戻す際の食事のことをいう。かつて遺族は故人が亡くなってから49日目まで精進料理を食べて過ごすこととされていたのである。49日目までを忌中と呼び，神社への参拝，祝い事への参加，レジャーなどは控えるべきとされている。忌中は四十九日法要を行うことで明け，死霊は来世に統合され，遺族も通常の生活に徐々に再統合されていく。また，四十九日法要と合わせて納骨式が行われることが多く，故人の遺骨はお墓や納骨堂に納められ，物理的に日常生活から離れた場所へと

移されるのである。しかし，故人が亡くなってからの1年間はまだ喪中の期間とされ，遺族は年賀状の送付やお正月の飾り付け，結婚・入籍などは行ってはならないとされている。一周忌法要を行うことで喪が明け，遺族は完全に普段の生活に戻るのである。

(4) リミナリティとコミュニタス

ヴィクター・ターナー（1989；2020）は，ファン・ヘネップが提唱した3つの局面の「過渡」の局面に注目し，その局面の性格と過渡期に経験される社会関係の様式について，「リミナリティ（liminality）」と「コミュニタス（communitas）」という概念を用い考察した【☞第10章2(1)】。

リミナリティとは，「過渡」の局面およびその性質を意味する概念で，「境界性」と訳される。通常，シンボリックな儀式や儀礼を通じて，非日常的な状況，すなわちリミナリティが作り出される。リミナリティにある人々は，「分離」前および「統合」後に存在する従来の社会構造（社会的な役割や地位）から一時的に解放されたあいまいな状態にある。このリミナリティ状況では死と再生，匿名性，穢れ，両義性，試練などを表すシンボルが確認されることが多い。そして，この過渡のあいまいな期間に人々は変容・成長し，新たな役割や地位を獲得し，社会構造に統合されるのである。

コミュニタスとは，リミナリティの状況にある人々の社会関係の様式を表す概念である。その社会関係とは，政治的・法的・経済的な役割や地位によって体系化されていない，全人格的な個人たちからなる社会関係である。コミュニタスでは平等な関係や連帯感，一体感が共有される。一方で，従来の社会構造のなかで抑圧されていた物事が許され，活気にあふれる危険な無秩序状態になり，そのため犯罪や暴動などの害が起きやすい状態でもある。

ターナーは，日常的に意識され社会的に機能している「役割のセット，地位のセットおよび地位の順序」を「（社会）構造」と呼び，その対概念として過渡期の状態で経験される非日常的な社会関係を「コミュニタス」，あるいは「反構造」と呼んだ。このような構造とコミュニタス／反構造を，ターナーはセットとして捉えている。社会は構造だけでは硬直化する。反構造と

してのコミュニタスが時々現れることで社会はエネルギーを獲得する。そして，エネルギーをもたらすコミュニタスはやがて構造に吸収されていくと考えた。

　では，ターナーのいうリミナリティとコミュニタス，構造とコミュニタス／反構造の関係は，日本の葬儀のなかにどのように見出すことができるのだろうか。リミナリティから確認していこう。

　葬儀では僧侶の読経や焼香など様々なシンボリックな作法によって非日常的な状況が作り上げられる。葬儀に参列するすべての人がリミナリティの状況にあり，死者の死を悲しむ。そこでは死者や遺族，参列者の社会的な地位や財産，職業，親族における序列や役割，地位といったことが考慮されない場面がみられる。たとえば，葬儀で着用する喪服の習慣は，そういった個性を無にする匿名性のシンボルであり，社会構造を一時的に解放する役割を果たしていると解釈することができる。また，各儀式・法要の後に設けられる会食の場では，すべての人々が故人をしのび，遺族は参列者・僧侶に感謝し，参列者・僧侶は遺族を思いやる。この場面においても，日常の社会構造が意識されることは少ない。かつて，お通夜は数日間にわたり，酒を飲んで大騒ぎする時代もあったという（宮田 1988）。そして，葬儀（過渡）の期間を通して遺族と参列者は死者のいない社会構造に順応すべく変容・成長し，新たな役割や地位を獲得するのである。たとえば，家長が亡くなった場合，遺族のなかから新たな家長が選ばれるのである。

　また，故人が亡くなってから四十九日法要が行われるまで，死霊は来世が決まらないあいまいな状態にある。この期間は死霊にとって修行の期間であり，その修行の苦労を分かち合うために遺族も肉や魚を利用しない精進料理で過ごすのである。そして，死霊の来世が決まらない状態は穢れた状態であり，穢れは伝染して次の死者を出すと考えられていた。そのため，49日目まで遺族の神社への参拝や祝事への参加などがタブーとされていたのである。リミナリティ特有の試練や穢れを確認することができる。

　では，このリミナリティにおける人々の社会関係はどのようなものか。葬儀における遺族と参列者の間には社会的な役割や地位を超えた平等な関係が生まれ，死を悲しむ一体感とそれを乗り越えようとする連帯感が経験され

る。また，精進料理で死霊の修行の苦労を分かち合っていた遺族は，遺族の
なかだけでなく，遺族と死霊との間で一体感や連帯感を感じることも可能で
ある。このような社会関係はコミュニタスの性格と合致する。

　コミュニタスで経験される悲しみの一体感とそれを乗り越えようとする連
帯感は，死者のいない新たな日常生活を営むための活力になる。また，死者
が担っていた家族内や職場内における地位や役割を新しい人々が担うことで
新たなエネルギーが注がれることになる。コミュニタスが時々現れること
で，社会構造に新しいエネルギーがもたらされるのである。

　ではここまで説明してきた儀礼の理論や概念は，日本以外の社会でも同様
にみられるのだろうか。これから私たちの葬儀とはまったく形が異なるボル
ネオ島先住民のブヌア社会の葬儀を紹介し，ブヌア社会の葬儀のなかにも3
つの局面とコミュニタスが存在するのか検証してみよう。

2　ボルネオ島ブヌア社会の死生観と葬儀

(1)　ボルネオ島ブヌア社会の死生観

　ブヌア社会では，天界に神が存在し，神が夫婦に霊魂（ジュース）を与
え，子どもが誕生すると考えられている。人の呼吸が止まる，すなわち死を
迎えると，霊魂は肉体から遊離し，神はその死者の霊魂を生前の善き行いを
引き継ぐ善霊（クルルガン）と，悪しき行いを引き継ぐ悪霊（リアウ）に分
ける。生前に善き行いを行えば行うほど，善霊が増えると語られる。

　善霊と悪霊はあの世へ行くわけだが，善霊は天界に行き，悪霊はブヌア人
のホームランド近くに実際に存在するルムッ山の山頂に行くと考えられてい
る。あの世で死霊はこの世と同じように焼畑や狩猟採集を行い，川で洗濯し
たり体を洗ったりして過ごしている。死霊の生活の良し悪しは，この世に残
された家族がどれだけ死者を思い，儀礼を行うのかで決まってくるという。

　善霊には，病気を治したり，雨を降らしたりしてこの世の遺族の生活を助
ける能力がある。一方で，悪霊にはその能力はない。腹痛をもたらすなど悪
い影響しか及ぼせないと語られる。生前に善行を重ね善霊が増えれば，この

世の遺族は助けを多く受けられることになる。

(2)　ブヌア社会の葬儀における3つの局面

　ボルネオ島の先住民社会の葬儀は，19世紀以来，研究者の注目を集めてきた。注目される理由は，死の直後に葬儀を行い，死体を安置したのち，死体が腐敗して白骨化した段階でもう一度葬儀を行うという「複葬」が行われることと，2回目の葬儀では骨を洗う「洗骨」が行われ，大量の家畜の供犠や物資の消費が伴う祭宴のような葬儀（死者祭宴）が催されるという特徴を有しているからである（内堀・山下 2006）。これから紹介するブヌア社会では複葬，洗骨，死者祭宴が現在でも活発に行われている。

　ボルネオ島先住民といっても多様な諸民族に別れており，ファン・ヘネップが提唱した通過儀礼の図式にうまく当てはまる葬儀を行う民族がいる一方で，そうでない民族もいる。たとえばブラワン社会の葬儀（メトカーフ／ハンティントン 1996）では，1回目の葬儀が分離，2回目の葬儀が統合，間の期間が過渡という典型的な通過儀礼の図式が当てはまる。一方，ブヌア社会では1回目の葬儀「プラム・アピ」と2回目の葬儀「クアンカイ」のそれぞれで分離，過渡，統合の3つの局面を確認することができ，両葬儀の間の期間において過渡期特有の特徴がみられない。ただし，遺族は「クアンカイ（2回目の葬儀）をやらないと死者に悪い気がする」「なんだか落ち着かない」「気分的に満たされない」という感覚を有しており，1回目の葬儀で始まり，2回目の葬儀で終わるという認識をもっている。すなわち，1回目の葬儀が分離，2回目の葬儀が統合，その間の期間が過渡という3つの局面が不完全ながらも存在し，それと同時に各葬儀のなかにも3つの局面が確認されるという二層構造が存在するのである（図9-1）。これからどのような葬儀が行われているのか説明していこう。

　プラム・アピの準備として次のことが行われる。死体を洗ってから，目，鼻，口に硬貨を当てて塞ぎ，頭には白い皿を被せ，両足の親指を紐で結び，その両足の下にも白い皿を当てる。「7」は死者の数字と考えられているため，死体は7の倍数の数の布でくるまれ，棺に入れられる。これらはあの世

葬送儀礼							
〈分離〉			〈過渡〉	〈統合〉			
プラム・アピ			~数年間~	クアンカイ			
〈分離〉	〈過渡〉	〈統合〉		〈分離〉	〈過渡〉	〈統合〉	

図9-1　ブヌア社会の葬送儀礼と3つの局面
出所：筆者作成。

へ送るための準備作業であり，「分離」の局面といえる。

　プラム・アピは，死後，7日以内に行わなければならないとされている。死者に料理を供物し，呪術師が呪文を唱えるという行為が3回繰り返される。これは朝食，昼食，夕食の3回分の食事を提供していることを意味している。プラム・アピは通常1日で執り行われ，最後に棺は埋葬される。

　死後から埋葬までの期間が「過渡」の期間となる。死後，霊魂は肉体から遊離し，死霊はあの世にたどり着けずにこの世をさまよっていると考えられている。死者の声が聞こえたり姿が見えたりして，人々に害を及ぼす危険があると認識されている。

　棺が埋葬されると死霊はあの世（天界とルムッ山）にたどり着き，遺族は安全な日常を取り戻すと考えられている。すなわち，死霊はあの世へ「統合」され，遺族は通常の生活へ再統合されるのである。

　数年後にクアンカイが行われる。クアンカイは7の倍数の日数，慣例的に21日間，あるいは28日間の長期にわたって実施される。大量の家畜（ブタ，ニワトリ，水牛）が供犠される盛大な死者祭宴で，大量の食料，多額の資金も必要になる。単独の世帯で実施することは困難で，主催世帯が中心になりつつも，クアンカイを行えていなかった主催世帯の親族も一緒に実施している。21日間／28日間の一連の儀式を箇条書きで簡単に紹介しよう。

　①　呪術師による祈祷・呪文で葬儀の開始が告げられる。
　②　墓を壊して棺を掘り起こし，呪術師が洗骨する（写真9-1）。
　③　洗骨された頭蓋骨にタバコや料理が供えられる。その後，頭蓋骨を布でくるみ，毎晩，主催世帯の家で踊りが開催される（写真9-2）。男性

のみが頭蓋骨を背負って踊り，女性は背負ってはならないとされている。

④　主催世帯の屋内に設置した船の模型に呪術師が乗り，漕ぐ仕草をして天界に善霊を迎えに行く。後日，善霊のための祭宴が屋内で催される。

⑤　呪術師が船の模型に乗って，ルムッ山に悪霊を迎えに行く。後日，悪霊のための祭宴が屋外の地面の上で催される。2本の棒を開閉させて，その上を飛び越える振り棒の遊びなど特徴的な祭宴が行われる。

⑥　彫刻された柱を広場に建て，籐製のロープで柱と水牛の首を結ぶ。柱の周りを逃げ回る水牛を槍やナイフで刺して供犠する（章扉の写真参照）。

⑦　先祖の骨が納められている納骨堂や墓に骨を移す。最後にビンロウ（ヤシ科の植物）の花やココナッツオイルなどを混ぜ合わせた聖水で参加者の体を清める。

クアンカイによって死者は墓に埋葬されていた状態から分離され（②），20日間近い過渡期（③～⑥）をへて，先祖の骨が納められている新たな納骨堂や墓に統合される（⑦）。遺族はクアンカイを終えて，プラム・アピから始まる一連の葬送儀礼の終了を実感するのである。

写真9-2　頭蓋骨を背負って踊る（2010年，筆者撮影）

写真9-1　呪術師が洗骨する（2008年，筆者撮影）

(3) 葬儀時のコミュニタス

クアンカイでは，墓を掘り起こして棺から死者の骨を取り出し，死霊を現世に呼び戻すことで，顕著な過渡／リミナリティの特徴を表出させる。その期間，次のようなコミュニタスが生成されることになる。

まず，毎日多くの人々が協働労働で準備を行うので，一体感と連帯感が抱かれることになる。クアンカイの実施前には実施委員会が組織される。2010年のクアンカイでは145人の名前が委員名簿に記載されていた。これらの名簿の人の家族も総出で手伝うので，実際にはもっと多くの人々が助け合いながらクアンカイを実施する。女性は朝，昼，晩と大量の料理を作り，男性は呪術師の儀式をサポートし，ブタ，ニワトリ，水牛の供犠や解体を担当する。主催者の家では多くの人々がせわしなく働き，人々の汗が飛び散り，料理や家畜の血の匂いが充満している。

様々な非日常的な様子もみられる。頭蓋骨をゆりかごで揺らして赤子のように扱ったり，生きているかのように料理やタバコなどの嗜好品を与えたりする。また，毎晩，音楽を奏で，頭蓋骨を背負いながら十数人が列をなして踊る。周りでは煙草をふかした男性や子連れの女性が踊りを見守っている。

クアンカイの期間，法律で禁止されている賭博（闘鶏，トランプ，スロット）も，慣習的な儀礼の一環ということで行政によって許可される。村外からも多くの人々が参加し，裸電球の光のもとで夜通しトランプやスロットが行われる。水牛の供犠時も村外から多くの見物客が訪れる。供犠に参加したり，スマートフォンなどでその様子を撮影したりしている。クアンカイの時期だけ村内にブルーシート屋根の簡易店舗が開かれ，食べ物や飲み物が販売される。村には祭りのような雰囲気が漂うのである。

コミュニタス特有の危険な無秩序状態も確認できる。村外から多くの人が訪れるので男女の出会いの機会も増える。そのため村の女性をめぐるいざこざが起きることになる。水牛を供犠するときには，興奮しているからか村人間での殴り合いの暴動も起きていた。

以上のように複雑怪奇なブヌア社会の葬儀にも３つの局面が存在し，クア

ンカイの過渡の局面ではコミュニタスが生じていることを確認できた。このような理論を用いることで，一見するとばらばらで統一性のない種々の儀礼を体系的に，そして通文化的に理解することができるようになるのである。

　ファン・ヘネップの通過儀礼の３つの局面も，ヴィクター・ターナーのリミナリティとコミュニタスも，地域社会から儀礼という文化現象を取り出し，並置し，共通項を見出す作業を通して理論化・概念化されたものである。一方，異なる方向性の儀礼研究も存在する。それはこれまでみてきた儀礼そのものを理解する研究とは違って，儀礼を通して当該地域社会を理解するという研究である。世界には儀礼が重要な位置付けにある地域社会が多く存在する。人々がどのように意味付けして儀礼を実施しているのかを理解することは地域社会の性格を理解することにつながる。また，このような儀礼研究なら，マクロな政治経済の影響による地域社会と儀礼の変化という文化動態も考察可能になる。代表的な研究成果として山下晋司のスラウェシ島トラジャ社会の研究を紹介しよう（山下 1988）。

3　地域社会における葬儀の意味

(1)　トラジャ社会の儀礼をめぐる政治・経済

　トラジャ社会は大量の水牛を供犠する大規模な死者祭宴を行うことで有名である。山下はこの儀礼が当該地域社会の経済と深く結び付き，政治的・社会的秩序を再生産・再編成していることを明らかにした。

　トラジャ社会の経済的基盤は水田である。また，水牛も経済的な富の象徴とみなされており，現金が得られた場合は家畜（特に水牛）に投資される。しかし，死者祭宴では苦労して獲得した大量の水牛を供犠し，富の破壊を行う。こうした供犠は欠かせないものとされ，遺族は水田を抵当に他者から水牛を借りることさえある。彼らがここまでして大量の水牛を供犠するのは，死者祭宴に供出する水牛の質・量に応じて，死者から相続できる水田の量が決まるからである。すなわち，トラジャ社会の経済は，水牛を媒介にして水田（生産）と死者祭宴（消費）の間を円環しているのだという。

また，死者祭宴のもう一つの重要な経済的側面として贈与交換が挙げられている。葬儀では弔問客がブタ，水牛，ヤシ酒といった贈り物を持参する。遺族はこれらを逐一ノートに記録し，後に同じものを同じ分量，返礼として贈っている。実態として贈与者と受贈者の間で貸借関係が発生していることに等しく，野心的な富者は相手が返せないほどの水牛を贈与することで，相手の富と相手そのものを富者に従属させようとすることもあるという。

　死者祭宴における水牛の供犠や肉の分配は，地域社会の社会的秩序の再生産・再編成，言い換えれば権力をめぐる政治の問題にもつながっている。祭宴主催者の家族の内部においては，死者祭宴は死者の財産およびリーダーシップの継承をめぐる政治として現れる。この財産とリーダーシップをめぐる相続問題は水牛の供出，すなわち誰がどれだけ多くの質の高い水牛を供出したかという形で争われる。

　祭宴主催者の家族が属する共同体内においては，死者祭宴は水牛の肉の分配を通した政治的・社会的秩序の再生産・再編成として現れる。トラジャ社会は階層社会である。人々は王族層，貴族層，平民層，奴隷層の地位に序列付けられている。祖先の家である慣習家屋と祖先の親族集団はトンコナンと呼ばれ，祖先の地位に従ってトンコナンも序列付けられている。水牛の肉の分配は，トンコナンおよび諸個人の社会的地位に配慮して，分配する肉の量と質が決められる。従来通りの序列で分配する肉の量と質が決められれば，親族集団や個人の社会的地位が再確認（再生産）されたことになり，従来とは異なる序列であった場合は社会的地位が再編成されたことになるのである。

　さらに，社会的地位を反映させた肉の分配とは別に，儀礼への労働提供と奉仕に対する返礼や，労働提供や奉仕に関係なく村人一般への肉の大盤振る舞いも行われている。分配される肉をもらう・食べるということは，もらう人・食べる人が祭宴主催者の傘下に入ることを意味し，主催者は分配を通して祭宴の社会的な威信と名誉を獲得していくのである。

　共同体を超えたレベルでは，死者祭宴は共同体の富と組織力の誇示でもあり，他の共同体にとっては一種の挑戦状となる。その挑戦状を受けて立つとしたら，さらに盛大な祭宴を主催することで自身の共同体の存在を誇示する

ことになる。こうしてトラジャの死者祭宴はポトラッチ化する。ポトラッチとは，共同体間で威信と名誉をかけて消費と贈与を競い合うことである。アメリカ先住民社会において，かつて頻繁にみられた慣習であるが，それはここトラジャにおいてもみることができるのである。

⑵　変わる社会，変わる葬儀

　トラジャ社会では伝統的な葬儀が行われているようにみえる。しかし，実は過去から現在に至るまでの間に社会は変化し，そのなかで葬儀のやり方や意味も変化している。

　トラジャ社会では，もともと「東側の儀礼」（神々に関する儀礼）と「西側の儀礼」（死者に関する儀礼）が車の両輪のごとく存在した。しかし，20世紀初頭に，宣教師がトラジャ社会にキリスト教を持ち込み，異教の神々に供物をささげることを禁じるなど「東側の儀礼」を抑圧した。その結果，「西側の儀礼」が相対的に強調されるようになり，死者儀礼でも死霊や他界観といった宗教的信仰よりも社会的地位の再生産・再編成といった側面が重視されるようになったのであった。

　1970年代には 2 つの要因でトラジャ社会は変化した。1 つ目はトラジャの人々の都市部への出稼ぎである。都市部や移住地で自らのアイデンティティの実現を地元の文化に見出した人々は，稼いだ金の余剰を地元の慣習家屋（トンコナン）の改築・新築や死者儀礼のために使用した。これにより死者儀礼が活発化・盛大化したのである。

　2 つ目はインドネシア国家による伝統儀礼の観光開発である。当時のスハルト政権はインドネシアの「多様な民族集団の多様な伝統文化」を「国民国家の国民文化」へと再編・統合する必要があった【☞第 3 章 2 ⑴】。そして，民族文化を国民の文化資源として位置付け，観光開発を推進した。トラジャ地域ではスハルト大統領の政敵であるキリスト教政党が締め出され，トラジャの王族層出身の伝統主義者からなる政治組織が地方政治で優勢となった。これらにより，観光開発と伝統文化の活性化が進められることになったのである。

こうした状況のなかでトラジャ社会では，キリスト教と伝統宗教が混淆する死者儀礼が行われるようになる。キリスト教上の理由で，死者への供物の献上や祭司の祈祷などが割愛される一方で，大量の水牛供犠を行うという「伝統的儀礼」さながらのキリスト教式の葬儀が行われたり，真に伝統形式の儀礼であっても主催者はキリスト教徒であったりするということが起きるようになった。人々は，信仰はキリスト教で，伝統的な儀礼は慣習や芸能と捉えている。儀礼は観光客を意識したトラジャのアイデンティティを誇示する芸能，あるいは社会的地位をめぐる慣習へと変化したのであった。

　このようにマクロな政治経済の影響を受けて社会，および儀礼と死生観は変化する。ではこうした変化をどのように捉えればよいのだろうか。山下はトラジャ社会で伝統形式の儀礼とキリスト教式の儀礼が混淆している状況を踏まえて，「儀礼の真正さとはおそらく，伝統が昔のまま繰り返されることではなく，新しい変化のなかで，伝統が作り直されたり，見直されたりする文化の動態そのものの中にある」（山下 1988 : 288）と述べている。社会の変化のなかで伝統や文化は新たに創造されるのである【☞第10章 2 (4)】。

4　私たちはどのように死と向き合っていくのか

(1)　日本の葬儀と死生観の変化

　かつて日本の農村では葬儀は村の親族・親類や互助組織（講や組）が主体となり地域の人々によって執り行われていた。地域の人々は喪家に集まり，喪家に代わって葬儀の準備を行った。喪家も立場が変われば同じように葬儀の準備を行うのであった。人手のみならず葬儀に必要な物資や知識も地域社会のなかに存在した。また，親類の範囲や順序が指名焼香の順序や香典の量などで確定されたり，法要の種類や引き出物の餅の大きさなどが喪家の威信につながったりと，葬儀が社会的秩序を再生産・再編成する場ともなっていた（山田 2015）。ブヌア社会とトラジャ社会と同様に葬儀は地域の社会システムに埋め込まれていたのである。

　しかし，日本では高度経済成長以降，葬儀は商品化した。葬祭業者が広く

葬儀に関わるようになり，地域の人々の相互扶助ではなく，喪家が業者に現金を支払う市場交換で行うようになった（山田 2015）。葬祭業者による葬儀が一般化することで葬儀は地域社会から遊離し，葬儀を通した地域の社会システムの維持機能は失われることになった。

　そして，日本は超高齢社会（65歳以上が人口の21％を超える社会）を迎え，葬儀は簡略化へと向かっている。高額な葬儀費用をまかなえなかったり，葬儀を担う親族が近くにいなかったりする場合，簡略な葬儀のほうが都合はよい。また，高齢になるにしたがい社会との接点は少なくなり，老人ホームや老人介護施設に入所すると極めて限定的になる。超高齢社会では多くの人々が参列する葬儀は必要とされなくなっているのである（島田 2022）。

　葬儀の商品化の様相も簡略化の様相も葬祭斡旋業者のホームページを見れば一目瞭然である。人々が参列に訪れる「一般葬」，身内だけで行われる「家族葬」，お通夜を行わない「一日葬」，お通夜・告別式を行わずに，納棺の儀式と火葬直前のお別れの儀式のみを行う「火葬式」，納棺の儀式もお別れの儀式も行わない「シンプル火葬」などの葬儀プランが料金とともに掲載されている。僧侶を呼ぶか呼ばないかは別途料金がかかるオプションになっている。かつては「一般葬」が通常の葬儀スタイルであったが，現在は一般葬よりも簡略化された葬儀プランのほうが充実しているのである。

(2)　変化の意味とこれからの葬儀

　こういった変化は何を意味しているのだろうか。まず葬儀の簡略化は，リミナリティの期間とコミュニタスの規模の縮小と捉えることができる。リミナリティの期間は死者のいない社会状況へ移行するまでの過渡期であり，遺族と参列者の変容・成長の期間であった。この期間の縮小は気持ちの整理など死者のいない社会への順応を不十分にする。葬儀時のコミュニタスでは，遺族と参列者は皆で死を悲しみ，死を乗り越えるための一体感と連帯感を経験することができた。この規模の縮小は，悲しみを乗り越えるためのエネルギー蓄積の縮小を意味し，そのエネルギーが新しい日常・社会に活かされるというコミュニタスと構造の循環の鈍化をも意味するであろう。葬儀の簡略

化は死を受け止め，死を活かすための文化装置の弱体化につながる。

　では日本社会はトラジャ社会のように社会変容のなかで新しく文化を創造することができるのだろうか。現在の日本では喪家や地域社会よりも葬祭業者のほうが知識，物資，労働力を有しており，葬祭業者が実質的に葬儀を主導し，様々な葬儀スタイルを創造するようになっている（山田 2015）。生者が業者に依頼し，生前のうちに葬儀の形式をもつ集会を開催する「生前葬」や，本人が望む葬儀を予約しておく「生前予約葬」を行うようにもなっている。このような葬儀は超高齢社会のなかで今後活発になってくるのかもしれない。墓ではなく海や山に散骨する「自然葬」も業者が代行している。

　葬儀の商品化により，人々の欲求に沿う自由な葬儀スタイルが創造され始めている。需要と供給で成り立つ市場経済のなかで，今後，新たな葬儀文化が創出されうるのだろうか。葬儀が単なる経済的なコストとして認識されるようになったとき，「死をめぐる文化」は死を迎えるのかもしれない。市場経済がすみずみに行きわたる超高齢社会を生きる私たちは，葬儀のあり方，言い換えれば死との向き合い方についてこれまで以上に考えてみる必要があるだろう。

参考文献

内堀基光・山下晋司　2006『死の人類学』講談社。

ゴフマン，E　2002『儀礼としての相互行為——対面行動の社会学』浅野敏夫訳，法政大学出版局。

島田裕巳　2022『葬式消滅——お墓も戒名もいらない』G．B．。

ファン・ヘネップ，A　2012『通過儀礼』綾部恒雄・綾部裕子訳，岩波書店。

宮田登　1988『霊魂の民俗学』日本エディタースクール出版部。

メトカーフ，P／R・ハンティントン　1996『死の儀礼——葬送習俗の人類学的研究第2版』池上良正・池上冨美子訳，未來社。

山下晋司　1988『儀礼の政治学——インドネシア・トラジャの動態的民族誌』弘文堂。

山田慎也　2015『現代日本の死と葬儀——葬祭業の展開と死生観の変容』東京大学出版会。

ターナー，V　1989『象徴と社会』梶原景昭訳，紀伊國屋書店。

──　2020『儀礼の過程』冨倉光雄訳，筑摩書房。

●課題●

1　葬儀以外の通過儀礼（たとえば，成人式など）を取り上げ，その儀礼の地域社会における意味や役割を考えてみよう。
2　その儀礼における３つの局面はどのようなもので，過渡におけるコミュニタスとはどのようなものか考えてみよう。
3　社会の変化と関連付けながら，その儀礼の形式と意味の過去から今日に至るまでの歴史的な変化について調べ，今後の変化について考えてみよう。

●読書案内●

『死の人類学』内堀基光・山下晋司，講談社，2006年
　　　ボルネオ島先住民とスラウェシ島先住民の死生観と葬儀に関する民族誌が所収されている。そして，生業・生態と社会組織の面でかなり異なる両民族の民族誌研究を比較し，「死」に関する個別文化を超えた人類の共通項を導き出そうとする画期的な本である。

『通過儀礼』ファン・ヘネップ，綾部恒雄・綾部裕子訳，岩波書店，2012年
　　　世界の多様な儀礼をはじめて体系的に論じた本である。1909年に出版され，現在まで読み継がれる儀礼研究の古典中の古典といえる。儀礼には分離，過渡，統合の局面が存在するという視点は，現代社会における儀礼を理解するうえでも有効である。

『儀礼の過程』ヴィクター・W・ターナー，冨倉光雄訳，筑摩書房，2020年
　　　本書の前半部分ではアフリカのンデンブ族の儀礼における象徴の意味構造が明らかにされている。特に興味深いのはンデンブ族自身がその象徴をどう説明するのかが詳細に記述されている点である。後半ではファン・ヘネップが提唱した３つの局面の「過渡」の局面を深く考察し，「リミナリティ」「コミュニタス」という概念を展開している。

第10章

芸能

社会にはなぜ歌や踊りや芝居が必要なのか

吉田ゆか子

インドネシア・バリ島における仮面舞踊劇トペン・ワリの上演。老いたお喋り好きな村人役の演技（2018年，筆者撮影）

1　社会生活と芸能

(1)　私たちの暮らしのなかの芸能

　芸能と聞いて何を思い浮かべるだろうか。アイドルやお笑い芸人が活躍する芸能界，あるいは能や歌舞伎のような伝統芸能だろうか。本章ではそれらを含み込みながら，より広く「歌，踊り，芝居などの身体を用いたパフォーマンス」を指すこととしよう。校歌を歌うことも，放課後に楽しむカラオケも，夏祭りで参加する盆踊りもここに含もう。観客を前提としたものから，

皆で楽しむものまで様々ある。

こうした多様な芸能が社会にとって重要な役割を果たすことをこの章でみてゆきたいのではあるが，日常生活のなかでみなさんは芸能にそのような重要性を感じることがあるだろうか。COVID-19の感染拡大下の日本では，芸能の多くは「不要不急」とされた。また，子どもの頃ならばまだしも，大人になった今，歌ったり，踊ったり，ましてや演技を披露したりといったことはどこか自分とは縁遠い，あるいは気恥ずかしさを伴う行為のように感じる人も多いだろう。一部の優れた芸をもつ職業芸能家は別として，普通の人々にとっては，こうした行為は日常生活の中心ではない付け足し，なんなら，ちょっと変わり者が好んでするものだとのイメージがあるかもしれない。芸能のもつこうしたいわば周縁性は，実は以下にみるようにある意味で芸能の本質的な性質の一つといえる。他方で，歌や踊りや芝居は楽しみや感動といったポジティブなイメージと結び付いてもいる。こうした両義性もまた芸能という営みがもつ特徴の一つである。

ここまで歌，踊り，芝居などをざっくりとまとめて「芸能」と呼んできたが，歴史的にみると日本語の「芸能」という語自体は「人の体得した才能ないし能力の発揮」（守屋 1992：12）という，やや幅広い意味をもっていたという。それが後に，音楽や踊りや演劇を指す語として意味が限定されていったのだ（守屋 1992：13）。日本各地の芸能を研究した日本史研究者の守屋毅は，狭義の「芸能」の４つの本質として，無形・無用・虚構・定型を挙げた（守屋 1992：16-29）。芸能は形ある作品を残す工芸とは違い，わざが発揮されるその瞬間に立ち現れては消える，一回性を特徴とする。そして基本的には実用的・生産的な価値を生み出すのではなくむしろ「現実実用の次元を超えた価値に属する」（守屋 1992：22）ものであり，「遊び」である。それは日常からは隔離された虚構の時空間を作り出し，芸能者はその時空間のなかで変身する。加えて，踊りの型や，音楽の形式など，なんらかの型やルールがある。もちろん型を破ろうとする前衛的な試みも芸能に含まれるが，型から逃れようとするそのこと自体が型の存在を前提としているといえるだろう。

ところで，現実実用を超えた価値とは何だろうか。これはこの章を読み，

またみなさんが芸能についていろいろと思考を巡らせるなかで探求してほしい問いであるが，まずは東南アジアにどんな芸能があるのかについて概観しよう。

(2) 東南アジアの多様な芸能

　本書全体をみわたすと，実に様々な章のなかで芸能についての言及があることに気づくだろう。国家，観光，歴史，民族，難民等々……東南アジアにおけるこうしたトピックを考えるうえで芸能は重要な位置を占めるようだ。
　歴史的にみれば，東南アジアには大小の王国が多数存在し，そうした王国があった／ある地域では，時の権力者たちが育てた格式高い宮廷舞踊や宮廷音楽がみられることがある。タイの仮面劇コーン，アンコール王朝時代（9〜14世紀）に生まれたカンボジア古典舞踊，ジャワ島の古都ソロやジョグジャカルタの宮廷舞踊，ベトナム・フエの雅楽ニャーニャックなどがその例である。王族貴族はしばしば芸能のパトロンであり，芸能者を育て，国の儀礼や行事で上演させることで，自らやその統治国の洗練さ，富，豊かさを表現した。他方で，庶民の間で受け継がれてきた大衆芸能とでもいうべきものも多数ある。田植え歌など生業に関わるもの，結婚式や成人式といった人生儀礼に関わるもの，社交の場などでの娯楽として発達したものもある。
　東南アジアで比較的広範囲にみられる特徴的な芸能の一つに，影絵がある。インドネシア，マレーシア，タイ，カンボジアなどで上演されている。牛や水牛など動物の皮に彫刻を施した影絵人形を炎にかざし，ぴんと張った布のスクリーンに影を映し出す。地域によって上演方法は様々であるが，楽器の生伴奏がつき，人形使い自身が，あるいはそれとは別にいる語り部が，物語を歌い語る。日が沈み日中の暑さがおさまった夜，人々は集まって地域の民話，歴史，神話などに目耳を傾ける。ジャワやバリの影絵は夜通し行われ，1回の上演が4〜5時間以上になることも少なくない。観客は上演中，お菓子をつまんだり，うたた寝をしたりしつつ，好きなシーンを待つ。
　インド由来の，ヒンドゥー教の神々の化身たちが活躍する叙述詩「マハバラタ」と「ラマヤナ」は，東南アジアに広く伝わっている。神々や，その化

身である人間や動物たちが活躍するこれらの英雄物語は，各地で影絵のほか，舞踊，歌，劇，人形劇に用いられ，東南アジアの芸能にとってのインスピレーションの源泉になり続けている（たとえば，福岡編 2022）。

　その他，マレーの楽器とポルトガル経由で学ばれた西洋楽器が混在するマレー民謡など，植民地時代を含む外来文化との接触を経て発達した芸能もある【☞第3章】。また近年では，洋楽や K-POP，ボリウッド・ダンス等々，グローバルに展開するポピュラーカルチャーも楽しまれている。人類学は，非西洋社会で生まれ伝承されるローカルな芸能に関心を向ける傾向にあったが，東南アジアにおけるこうしたポピュラーカルチャーの展開に目を向ける研究も生まれている（福岡・福岡編 2018）。

　ところで，人類学は芸能をどのように研究してきたのだろうか。音楽，舞踊，演劇など，ジャンルによって研究の系譜や動向が違い，一つの大きな流れとして整理することは難しい。また人類学的な芸能研究は，パフォーマンス研究，民族音楽学，舞踊学，カルチュラル・スタディーズなど他の学問領域と重なる部分も多い。次節では「社会にとって芸能がなぜ必要か」という問いに対し，特に有用だと思われるアプローチを選んで紹介する。

2　人類学は芸能をどう捉えてきたのか

(1)　リミナリティとリミノイド——非日常としての芸能

　まず，文化人類学は，芸能を儀礼と似たもの，あるいは儀礼と連続するものとして捉えてきた。たしかに芸能のなかには，神々への捧げものだったり，神々や精霊の憑依を伴ったりと，信仰や儀礼と関わりが深いものも多い。しかしそれだけではなく，儀礼と芸能には，非日常という共通点がある。成人式のような通過儀礼や，神社の例年祭のような祝祭を思い浮かべるとわかりやすいが，儀礼とは日常の秩序から離れた，そして次の日常が始まるまでの過渡期の時間である。よって終わりがあり始まりがある，区切られた時間のなかで展開するという点も芸能と共通する。第9章でも言及されたが，人類学者ヴィクター・ターナーは儀礼の特徴としてリミナリティに注目

した。「敷居」という意味のリメン（limen）からくるこの語は，日常生活から分離し，また儀礼の後の新しい日常に戻る前の宙ぶらりんの状況を指す。そこでは日常の秩序が停止しているから，普段は許されていないような行動がみられたり，普段の社会的役割から解放された人間関係が結ばれたりする。このリミナリティの特徴として「聖なる物のコミュニケーション」「遊戯的再構成」「コミュニタス」の３つが挙げられる（ターナー／ターナー 1983）。

　聖なる物のコミュニケーションとは，神聖な物や神像が取り出されたり，この世界の起源や，神々の物語が表現されたり，この世の系譜や歴史が語られたりすることである。舞踊や劇はこうしたコミュニケーションにおける重要な要素とされる。遊戯的再構成とは，日常の秩序から逸脱した様々な事柄が楽しまれることである。たとえば，世界の祝祭においてはしばしば道化が活躍する（山口 1985）。道化の特徴とは秩序からの逸脱である。ナンセンスな物言いをしたり，マナーやルールに違反したり，身の程知らずの発言をしたりして，人々を笑わせる。人類学者の山口昌男によると，それは，普段常識や規則のなかで凝り固まった人々にひと時の解放感を与え，人々を普段と違う思考や感覚へといざなう（山口 1985）。

　再びターナーの言葉に戻ろう。リミナルな時間においては，文化の要素がいったんバラバラにされたうえで，様々な組み合わせが試される。普段とは違う，意外な事象に出会う遊びを通じて，固定化しがちな思考パターンや感覚がかく乱され，普段当たり前とされている慣習や秩序を改めて見直す契機となる。こうした反省の機会としてのリミナリティの側面をターナーは重視していた。コミュニタスとは，通常の社会的役割から離れ，相手と直接的に関わりあう，真の絆のことである。このコミュニタスの感覚に音楽や踊りが重要な役割を果たすということについては後で再び言及することとする。

　ところで，たとえば通過儀礼では青年たちに様々な試練が課せられ，それを乗り越えることが大人になるうえで必須とされるように，儀礼という営みは農耕社会において人々の義務であり，そこには遊びとまじめさの両方があった。しかし，近代化・産業化をへて複雑化した社会では，労働と遊びが分離し，遊びは余暇という，労働から切り離された特別な時間のほうに振り

分けられる。労働と次の労働の間に余暇がある。そして境界の時間であるその余暇には，社会的な秩序や役割から逃れる，リミナルに似た状況があり，ターナーはこれを「リミノイド」と呼んだ（Turner 1982: 32）。人々は仕事から解放される束の間の時間に，義務ではなく個人の好みに応じて劇場や遊園地やクラブを訪れ遊ぶ。そこには労働の日常にはない自由や創造性がある。劇場公演から YouTube 配信まで，現代における芸能の多くは，こうした余暇の一部として消費されるといえよう。

　いずれにしても，芸能は厳格な秩序と社会的役割から成る日常生活と対比される時空間に位置付けられる。前節で触れたように，芸能がまじめな社会生活に対しどこか副次的で周縁的な存在にみえるのも，そういった性質に起因するといえよう。そうした非日常は束の間の解放感やカタルシスをもたらし，常識や秩序に縛られた思考と感覚から人々を開放して新たな活性を社会にもたらす。それは日常を振り返る省察の機会ともなる。なおターナーは，リミノイドがもつ社会変革の力にも注目していた。たとえば年に一度のお祭りといった儀礼におけるリミナリティには，社会変化の萌芽があったとしても，基本的に儀礼が終わったあと社会は秩序を回復する。他方，共同体の義務ではなく，個人の楽しみであるリミノイドの活動においては支配的な社会構造を風刺したり，茶化したりする自由もある（Tuner 1982）。

(2)　メッセージ・隠れた意味・伝承——メディアとしての芸能

　芸能を，意味や価値を伝達するメディアとして捉えることもできる。特にアフリカや東南アジアをはじめとする，文字を使わない社会や文字の利用が限られている社会において，演劇や歌，楽器演奏，踊りは重要なコミュニケーションのツールであり，様々な価値観や知恵が伝承される回路となっていることが観察されてきた（たとえば，川田 2001；Brandon 1974: 277-278）。演劇研究者のジェームズ・ロジャー・ブランドンは，欧米と比較して東南アジアにおいては芸能が民衆の教育や統率の媒体として特に重要な役割を担っていると指摘した。彼はそういった強力なコミュニケーションチャネルとしての演劇の存在なしには，東南アジアに今のような文明は育たなかっただろ

うとまで論じている（Brandon 1974: 227-228）。文化人類学は，芸能がどのように社会的コミュニケーションを担っているかを考えたり，あるいは上演内容から読み取れる意味や価値観やメッセージを分析することで，その社会や文化についての理解を深めてきた。

　日本において舞踊人類学を提唱した宮尾慈良は，身体の動きそのものだけをみるのではなく，その背後にある意味や世界観を読み取ることこそが重要だとして，アジアの多様な舞踊の上演を比較研究した（宮尾 2006：206；2007：252）。たとえばジャワの宮廷文化においては人の内面世界と外的な表現や行動，そして宇宙の秩序と王宮の秩序が分かちがたく結び付いている。よって王宮で踊られるブドヨやスリンピといった舞踊では人間のカサール（kasar）な性質，すなわち粗野さや粗雑さを乗り越え，アルス（arus）な，すなわち洗練され繊細で調和的な表現を生み出すことが目指される。それは精神の秩序，ひいては王宮の，そして宇宙の秩序の顕れともなるのである（宮尾 2007：158-159）。なおここでの宮廷舞踊はジャワ的な世界観を「表わす」メディアであるのと同時に，この世に秩序や調和を生み出す営みでもあるということも確認しておきたい。宮尾は，ブドヨを鑑賞したときに，ゆったりとした踊り手の動きに引き込まれ，普段の身体感覚から切り離され，呼吸の音までを意識するような境地に陥り，ある種の瞑想のような体験をしたと報告している（宮尾 2007：152-153）。王族のために演じられるアルスな舞踊は，アルスな世界を表現するにとどまらず，王たちの心身に調和と安寧をもたらし，王宮に，そしてそれが顕現させるところの世界の秩序に調和を生み出しているのである。

　なお，時代をさかのぼれば，隣のバリ島ではかつて王族たちが豪華絢爛な宗教儀礼を開催することで自らの力を誇示し，求心力を維持していた（ギアッ 1990）。バリではヒンドゥー教的な世界観に基づき演出された大掛かりな葬式や祭りなどの儀礼が催されていた。そこには多くの演劇，音楽，舞踊が含まれる。こうした一大スペクタクルは，宇宙の秩序を司る存在としての王の力の顕現となり，村人たちの感覚に直接働きかけ，彼らを魅了した。王の権威や国の秩序はこのようにして生み出されていたのであり，こうした国の

あり方を人類学者のクリフォード・ギアツは「劇場国家」と呼んでいる【☞第5章2(2)】。

⑶ 芸能が生み出す集団性

　人類学は芸能に参加する人々の身体的な経験に注目しながら，芸能が集団を生み出すプロセスや，あるいは集団をまとめ上げる様子にも注目してきた。人類学者エドワード・T・ホールによれば，他者とシンクロ（共調）することは，人間の根源的な性質である（ホール 1993 : 86）。人々の日常動作や子どもが遊ぶ様子などを分析しながら，「接しあっている人間は，基本的には一緒に踊っているかのように動くが，当人たちは，自分たちが共調動作をしていることに気づいていない」（ibid.: 86）と主張する。身体動作が周囲の人々とシンクロしないということは，その人にとってどこか居心地の悪い状況である。身体動作のシンクロは集団の成員の結び付きを強める効果があり，音楽やダンスはそのために役立てられている（ibid.: 92-93）。

　民族音楽学者トマス・トゥリノはこの論を参照しながら，ともに踊ったり歌ったりする人々が，互いに注意を向けあい，ノリやリズム，音楽についての知識を共有するなかで，「共にあるという感覚，深い一体感，仲間同士のアイデンティティの高まり」（トゥリノ 2015 : 83）を感じると論じる。そこに先ほど紹介したターナーが儀礼に見出したような，人と人の直接的な関わり，すなわちコミュニタスをみてとることもできる（ibid.: 44）。

　また，歴史学者ウィリアム・H・マクニールは，舞踊だけでなく行進や体操なども含めて，集団的な身体動作に着目し，一定時間一緒に発声しながらリズミカルに動くことは，共同体を育む非常に効果的な方法である論じ，彼はこのようなつながりを「筋肉の絆（muscular bounding）」と呼んだ（MacNeill 1995: 152）。なお他者とともに動きやリズムに没頭する過程は，人が集団のなかに飲み込まれる過程でもある。日本では学校や工場において，音楽とともに，あるいは数字の号令をかけながら一斉に体操が行われているが，これらは同時的な筋肉の動きが（学校や国や会社への）忠誠心と集団性を養うために活用されている例である（MacNeill 1995: 136, 144）。音楽や踊りは，人と

人の直接的で，身分から自由な関わりのためだけでなく，集団の支配や統率のために現代も利用されているのである。

(4) 「伝統」芸能の資源化と遺産化

　このように芸能は，集団の感覚と深く関わるのであるが，前頁の(3)でみたような参加者自身の身体経験とは別のレベルで，芸能が集団のアイデンティティと結び付く局面がある。みなさんは，日本の文化には何があるかと問われたとき，歌舞伎や能を挙げたことがないだろうか。そう語る本人が必ずしもそれらを頻繁に観たり演じたりしているわけではない。経験とは無関係に，芸能がある集団（ここでは日本国民）の記号となっているのだ。

　他集団との差異を見映えよく，大勢に向けて表現できる芸能は，集団のアイデンティティ表出のメディアとして重宝されてきた。国家のレベルでいえば，こうした現象は歴史の浅い東南アジア諸国において顕著である。この地域は，植民地支配を経て新たに境界付けられたため，多様な文化や歴史的背景をもった集団が国民として束ねられるようになった【☞第5章2(4)】。そうした国では，国民として共有する「我々の文化」というべきものが自明ではない。そこで，国内の一地域に伝承されているいわゆる伝統芸能を取り上げ，国の文化的豊かさやユニークさの表現として活用する事例がみられる（たとえば，関本・船曳編 1994）。この場合，国家にとって芸能が文化的な資源となっている。国民文化育成の対象となれば，上演や伝承のあり方にも多様な変化をこうむりうる。民族とエスニシティについての第3章で紹介された，国家の介入を受ける演劇レノンはその一例である。

　伝統文化として語られるもののなかには，実はそれほど古くなく，近代になってから創られたり，大きく改変されたりしたもの多い。こう主張した歴史学者たちによる論集『創られた伝統』は，人類学における伝統文化をめぐる議論に大きな影響を与えた（ボブズボウム／レンジャー編 1992）。東南アジアでは，バリ島のケチャがそうした「創られた伝統」のよく知られた例である（山下 1999：52-53）。車座になった男性たちが，いくつかのパートに分かれ別々のリズムパターンを刻む声の芸能であるが，1920年代から1930年代に

バリに滞在したドイツ人画家ヴァルター・シュピースがその誕生に大きく寄与した。彼がバリ人と共に，悪霊祓いの舞踊サンヒャン（*sanghyang*）のコーラスを抜き出し，ラマヤナを演じる舞踊劇と組み合わせたのが，ケチャの始まりである。現在ケチャは，娯楽の演目として観光客やバリ人に向けて上演されるほか，しばしばインドネシアで開催される国際会議などの余興としても上演されており，今や国を代表する文化の一部となったといえる。

　ケチャもそうであるが，「伝統」芸能は，国や民族の象徴となるだけでなく，観光資源にもなりうる。また近年ではユネスコの無形文化遺産制度のなかで，人類の遺産としてのお墨付きを得ることもある。資源化，遺産化が芸能に何をもたらすのか，という問いもまた重要な研究テーマである。

　なお現代では，人や情報が頻繁に国境を越えて移動する。特定の地域や民族と結び付いていた芸能が他所に持ち込まれ，その新しい土地やコミュニティに独特な形で受容されたり，芸能が，移動した人々にとって故郷や出身コミュニティとのつながりを確認したり表現したりする手段となることもある【☞第13章2(2)】。グローバル化のなかで重要な役割を担う芸能の様子もまた様々に研究されている（たとえば，松川・寺田編 2021）。

3　仮面舞踊劇トペンにみる芸能とバリ社会の深いつながり

(1)　トペン・ワリとは

　ここでは，バリ島のトペン・ワリ（以下トペンと表記）と呼ばれる仮面舞踊劇を取り上げ，芸能が社会生活のなかで重要な役割を果たしていることをみてゆく。バリ人の多くはヒンドゥー教徒であり，ヒンドゥー教の儀礼では様々な芸能を捧げる。トペンはそのような芸能の一つであり，寺院祭，葬式，結婚式，生誕3か月の祝い，成人式，浄化儀礼など，多様な場で上演が必須とされることから，バリの他の芸能と比較しても非常に上演頻度が高い。以下この芸能の概要を述べてゆくが，詳細は吉田（2016）を参照されたい。

　トペンは，ジャワやバリにかつて存在していたヒンドゥー教王国の王や大臣たちが登場する時代劇である。現在ではインドネシア語の解説書も多く出

ているものの，かつてこうした歴史は，古語で書かれた古文書に書かれており，一部の専門家を除き，人々はもっぱらトペンや影絵や歌芝居などを通じて知るのみであった。よってトペンは歴史を伝える重要なメディアであったといえる。なお，トペンで語られるのは，バリのヒンドゥー教徒たちにとって自分の祖先たちが暮らした王国の物語である。そのため，この演目を自分たちの家系の栄光を誇るために利用しようとする人もいる。家族や親族が開催する儀礼（たとえば結婚式）で，自分たちの祖先に関わる王や大臣の話をトペンで取り上げてもらうのだ。多くの来賓の目の前で，先祖たちの王国での活躍ぶりなどを上演し，家系の歴史的重要性を印象付けて威信や名誉を得ようとする。このようにトペンは政治的なメディアにもなりうる。

　ただしここで強調しておきたいのは，トペンは時代の一幕を忠実に描写するものではなく，歴史上の王や大臣のエピソードをあらすじに用いながらも，演者が自由にセリフや登場人物を創作し，話を膨らませるものであるということだ。後述するように，王族貴族以外に一般の村人役もたくさん登場するが，そうした役柄は演者によるまったくの創作である。

　青銅の鍵盤打楽器のアンサンブル，ガムランが伴奏を担うなか，1〜3人ほどの男性演者が，仮面を付け替えながら10前後の役柄を演じる。内容はおおむね次のようなものである。①強い大臣の舞，②老人の舞，③王に仕える従者プナサールによる物語の導入。ここで彼の主人として歴史上の王の名前が語られ，時代設定が明らかになる。弟のウィジルを伴うこともある。④そのプナサールは王に会いに行く。美しく均整のとれた顔の王が表れ，ゆったりと舞ったのち，王は儀礼を開催することを告げる。プナサールはその準備を命じられ，儀礼の会場へと向かう⑤儀礼会場のシーン。僧侶，そして様々な村人が儀礼を手伝いにやってくる。⑥伝説の高僧シダカルヤの祈り。

　トペンは，人間だけでなく，（現実の）儀礼会場に集っているであろう地霊・悪霊（buta kala）や神々を楽しませるために上演される。また偉大な王や大臣たちを称えることで，それらの偉人たちの魂を喜ばせている。そして最後のシダカルヤの登場は，儀礼を成功に導くものでありこの上演の神聖な機能を司る。彼が神々へと語りかける言葉マントラを唱え，古銭や聖米を四

方にまくことで，儀礼が成就するとされる。

　バリの芸能にとって重要な概念に「タクスー（taksu）」がある。これは，人を魅了する力のことであり，神から授けられるものである。バリの演者は練習や勉強をするだけでなく，日々祈り，仮面や上演道具に供物を捧げてタクスーを得られるよう願う。トペンにおけるタクスーとは，第一に仮面が「生きる」ことであるという。また，観客が演技に魅せられ場が熱気を帯びるような状態も，タクスーの顕れとされる。木片であるはずの仮面が生き生きとした表情をみせるとき，また演者が尋常ならぬ魅力を放つとき，人々はそこに神の力の働きを感じるのである。

　ここまでの記述で，トペンがバリの人々のルーツの物語を伝える演劇であり，またそこにはターナーのいう「聖なる物のコミュニケーション」が多重に含まれていることが理解されるであろう。しかし，トペンには，それ以外にも様々な面でバリ社会に，そしてバリの人々にとって重要な働きをする。以下ではコメディ要素が特に強い⑤に限ってそのことをみてゆこう。そこでは，ターナーが儀礼の非日常性にみてとったもう一つの特徴「遊戯的再構成」が様々にみられる。

(2)　トペンにみる遊戯的再構成

　王の開催する（劇中の）儀礼会場のシーン⑤が始まると，雰囲気は一転，劇はコメディの様相を帯びる。そこには，王の儀礼を手伝いにくる村人が次々と現れる。彼らはみな性格や身体にどこか不具合や欠点を抱えている。じっとしていられないせっかち，目上の者に敬語も使わずに話しかける無礼者，観客に色目をつかうぶりっ子，ヒンドゥー教の儀礼にもかかわらずイスラームの祈りをあげるイスラム教徒，耳がわるく会話がかみ合わない老人など，一癖も二癖もある村人が現れては自分の境遇などを語り観客を笑わせる（冒頭の写真もその一例）。そこにはバリの村落社会における規範からの，多様な逸脱がある。王に仕える従者プナサールはこうした村人たちのふるまいに対し，なだめたり，ツッコミを入れたり，あきれたり，笑ったりして会話を紡ぐ。

　これらのジョークを，教育効果の面から分析する研究者もいる（Young

1980)。そうしたお行儀の悪さや，秩序を乱すさまは，プナサールや観客に笑われるが，これは，ある種の社会的制裁なのだという。トペンは，そうした姿を人々の前で演じることで，人々の規範意識を再確認し教育するように機能しているといえる。

　他方で，規範から逃れ自由にふるまう道化がもたらす楽しさやある種の爽快感に注目することも重要である。身の程知らずのふるまいや，不合理な発話，不格好ではあるがユニークな身体や声の使い方などは，秩序だった社会関係やロジックやリズムをかく乱し，いつもとは違う人々の関係性や存在の仕方を垣間見せてくれる。そこに「遊戯的再構成」の契機を見出すことができるだろう。

⑶　トペンがつなぐ過去と現在

　従者プナサールや村人たちがやる逸脱的なジョークのなかで特に重要なものに，時代設定のかく乱がある。トペンで表現される歴史的な時間・空間には多くのほころびがある。どういうことだろうか。私たちは時代劇といったときに，演者が始めから終わりまで一貫してある時点の過去の時間に住む者としてふるまうことを想定しがちである。21世紀の今上演されているのではあるが，舞台上だけはさも16世紀の王国や，15世紀の戦場であるかのように設定されているはずである，と。しかし，トペンに限らずバリの演劇の場合，特にコメディでは「役になり切る」「時代設定を守る」といった演劇の「お約束」をあえて破ることがよくある。

　プナサールは，王国時代の従者でありながら，現代の観客に直接語りかけ，会話したりもする。16世紀の偉大な王にかしずいたそのあとに，最近のニュース（選挙戦や，テロ事件や津波被害）に言及したり，劇で伴奏を担っているガムラン奏者たちを褒めそやしたりもする。また王の儀礼を手伝いに来たという設定の村人役も，現代の地元のゴシップを口にしたり，インドネシア語の流行り歌を歌ったり，カメラを構えている日本人（私）にちょっかいをかけたりもする。また詳細は省くが，言語面でも，サンスクリット語，古代ジャワ語（カウィ語），バリ語，インドネシア語など，様々な時代を連想

させる言語が複合的に用いられるという特徴がある（Emigh 1996）。

　従者や村人役は，王国時代を生きながらも，軽々と時空を超えて観客の世界に足や口を突っ込むのである。よってトペンは，バリの歴史をそのまま語り継ぐ静的なメディアではない。演者と観客が過去と現代の境界を侵犯しながら，過去の世界を遊び，現在との意外な組み合わせを楽しむダイナミックな営みであり，その上演が何度も繰り返されるなかで，バリの王国時代と現在のコントラストやつながりが試され，吟味され続けるのである。

4　芸能が生み出すこと

　仮面劇トペンについての記述からは，この芸能が，神々や悪霊たちへと働きかける儀礼としての機能を果たしながら，また人間の美しさも愚かさも演じてみせながら，束の間の解放感を与え，日常とは違う世界のあり方を垣間見せ，独特なやり方で過去と現在を架橋していることが理解されたであろう。

　他方で，トペンの話は，どこかみなさんとは縁遠いもののように感じられたかもしれない。しかし，みなさんがお笑いショーを楽しむなかで，お気に入りの歌詞を感情移入しながら歌うなかで，あるいは校歌や流行歌を替え歌にして友達の笑いを取るなかでも，トペンの村人役のシーンのように，日常的な規範意識や当たり前の感覚が揺るがされ，いつもと違う心の働きを味わう契機はあるだろう。お笑い芸人がコントの途中でギャラの安さを愚痴ったりするとき，彼はフィクションと現実の境界を遊んでいる。またみなさんが通学中にヘッドフォンで感傷的なバラードを聴いていて，なじみの風景が違って見えることもあるだろう。替え歌を作る途中で，日常の用法とは違った言葉の組み合わせや響きに出会うこともある。労働や勉強の合間の余暇に味わうそれらを通じて私たちは普段の世界の見え方を少しずらし，意外な物事の組み合わせを楽しんでいる。

　まじめな社会生活のなかではどこか端っこに置かれたようにみえる芸能であるが，常識的で規範的な営みにはないユニークなやり方で，私たちの身体，感覚，思考を揺さぶる。そしてそのことで私たちと世界の関わり，人と

人の関わり，過去とのつながりに影響を与えているのである。

参考文献

川田順造　2001『無文字社会の歴史——西アフリカ・モシ族の事例を中心に』岩波書店。

ギアツ，C　1990『ヌガラ——19世紀バリの劇場国家』小泉潤二訳，みすず書房。

関本照夫・船曳建夫編　1994『国民文化が生まれる時——アジア・太平洋の現代とその伝統』リブロポート。

ターナー，V／E・ターナー　1983「宗教的祭礼——神，危機，加護，救済」V・ターナー／山口昌男編『見世物の人類学』三省堂。

トゥリノ，T　2015『ミュージック・アズ・ソーシャルライフ——歌い踊ることをめぐる政治』野澤豊一・西島千尋訳，水声社。

福岡まどか編　2022『現代東南アジアにおけるラーマーヤナ演劇』めこん。

福岡まどか・福岡正太編　2018『東南アジアのポピュラーカルチャー——アイデンティティ・国家・グローバル化』スタイルノート。

ホール，E　1993『文化を超えて』岩田慶治・谷泰訳，TBSブリタニカ。

ボブズボウム，E／T・レンジャー編　1992（1983）『創られた伝統』前川啓治・梶原景昭他訳，紀伊國屋書店。

松川恭子・寺田吉孝編　2021『世界を還流する〈インド〉——グローバリゼーションのなかで変容する南アジア芸能の人類学的研究』青弓社。

宮尾慈良　2006『比較芸能論——思考する身体』彩流社。

───　2007『舞踊の民族誌——アジア・ダンスノート』彩流社。

守屋毅　1992『近世芸能文化史の研究』弘文堂。

山口昌男　1985『道化の民俗学』筑摩書房。

山下晋司　1999『バリ——観光人類学のレッスン』東京大学出版会。

吉田ゆか子　2016『バリ島仮面舞踊劇の人類学——人とモノの織りなす芸能』風響社。

Brandon, J. 1974. *Theatre in Southeast Asia*. Cambridge: Harvard University Press.

Emigh, J. 1996. *Masked Performance: The Play of Self and Other in Ritual and Theater*. Philadelphia: University of Pennsylvania Press.

McNeill, W. H. 1995. *Keeping Together in Time: Dance and Drill in Human History*. Cambridge, Massachusetts: Harvard University Press.

Turner, V. 1982. *From Ritual to Theater: The Human Seriousness of Play*. New York: Performing Arts Journal Publication.

Young, E. F. 1980. *Topeng in Bali: Change and Continuity in a Traditional Drama Genre*. Ph. D. thesis, University of California, San Diego.

●読書案内●

『パフォーマンス研究――演劇と文化人類学の出会うところ』
　　　　リチャード・シェクナー，高橋雄一郎訳，人文書院，1998年
　　　　パフォーマンス理論の古典的な入門書。ターナーの儀礼論を演劇にひき付けながら発展させている。なおここで論じられるパフォーマンスには，演劇だけでなく，日常のふるまい，遊び，スポーツや儀礼も含まれる。

『バリ島仮面舞踊劇の人類学――人とモノの織りなす芸能』吉田ゆか子，風響社，2016年
　　　　本章で紹介されトペン・ワリについての民族誌。仮面は人にとって「仮の面」であるかもしれないが，仮面にとって人は仮の胴体でもある。演者や観客のみならず，仮面や衣装，仮面を作る人，仮面に供物を備える人，など様々な人やモノがこの芸能を育んでいる様を描き出す。

『音楽の未明からの思考――ミュージッキングを超えて』
　　　　野澤豊一・川瀬慈編，アルテスパブリッシング，2021年
　　　　音楽を作品としてではなく「行為」として捉えることを提唱した音楽家で音楽教育者クリストファー・スモール。本書は彼の「ミュージッキング」の概念に触発された日本の文化人類学者や民族音楽学者による論文集であり，世界の様々なミュージッキングの現場がいきいきと描かれる。

第11章

医療

人は心身の問題にいかに向き合っているのか

岩佐光広

ラオス低地農村部で「バオ」と呼ばれる施術を行う民俗的治療者（2004年，筆者撮影）

1 「医療」について文化人類学的に考える

(1) 私たちの医療の捉え方

　医療という言葉を聞いたとき，みなさんはどんなことをイメージするだろう。医療という言葉からイメージされる物事はいろいろありうるが，そこにはある程度共通した医療の形を見出せるのではないだろうか。それは，簡単にいえば，病院という空間において医師や看護師などが行っている医療である。こうした医療は「近代医療」と呼ばれる。もう少し厳密にいえば，近代

189

社会において，国家により制度的に規定（制限）された構造・関係のなか
で，医師を中心とする医療専門家が，主に病院や診療所などの専用の施設に
おいて，近代科学の理論と方法論に基づき治療などを行うことである（佐藤
1995：2，8）。この近代医療の基盤となっているのは，19世紀以降に西欧や
北米を中心とする西洋世界で，科学の一分野として発達した生物学的な医療
の理論と方法論である。それらの点を踏まえ「西洋医療」や「生物医療」と
も呼ばれる。

　私たちは，どうも医療という言葉を近代医療とほぼ同義で使っているよう
である。そしてそのことは，ことさら疑問には思われない当たり前のことに
なっているであろう。この〈医療＝近代医療〉という図式を前提として用い
られる医療という言葉を，以下，カッコ付きで「医療」と表すことにしよう。

⑵　「医療」を相対化する

　この章で試みたいのは，私たちにとって当たり前になっている「医療」の
捉え方を文化人類学の視点から見つめ直してみることである。この作業は文
化人類学では「相対化」と呼ばれる。

　相対化とは，ある物事をそれ単体で捉えるのではなく，他の物事と関連付
けながら捉えようとすることである。たとえば，日本人の20歳の平均身長と
の関連からすれば身長が高い人でも，身長2mの人との関連でいえば多く
の場合身長は低いことになるだろう。このように相対化とは，どのような物
事と関連付けるかによって物事の捉え方は異なるのであり，絶対的な捉え方
はないという相対主義を前提とする。そこから派生して相対化とは，ある物
事を特定の見方で固定化・絶対化して捉えることに対して，別の基準や物事
と関連付けてみせ，別の捉え方ができることを示すことで批判的に検討する
作業のこともいう。

　この相対化の作業は，文化人類学においては，他者を理解しようとする自
分のものの見方を批判的に見直すために重要なものとなっている。なぜな
ら，自分にとって当たり前となっている見方に無自覚でいることは，そのも
とで他者を自文化中心主義的に切り取って捉えることにつながりかねないか

らである。他者を適切に理解するためには，「目に映る事物だけでなく，それをみている目そのものについても知るべきことがある」のである（クラックホーン 1971：13）。

　では，この相対化は何と関連付けて行われるのか。それは自分とは異なる他者の営みである。文化人類学における相対化の作業とは，自分とは異なる他者の営み（異文化）の理解を試み，それと関連付けることで自分のものの見方（自文化）を捉え直し，それを踏まえて改めて他者の営みの理解を試みるといったように，他者理解と関連付けながら反復的かつ継続的に行われるものなのである。

　この章は，私たちの「医療」という捉え方をめぐって，上述のような文化人類学的相対化のプロセスを動かしていくための出発点を用意するものである。そのために取り上げるのが，東南アジアで生きる人々の（カッコのつかない）医療をめぐる営みであり，それに関する文化人類学者の民族誌的研究である。それらを学ぶことを通じて，私たちの「医療」の捉え方を相対化し，他者の医療をめぐる多様な営みと向き合うための準備をしてみよう。

⑶　医療人類学

　本題に入る前に，医療人類学について簡単に説明しておきたい。医療人類学とは，1960〜70年代に米国を中心に成立した文化人類学の下位分野で，自然人類学，民族医学研究，文化とパーソナリティ研究，国際的な公衆衛生活動などの多様な領域にルーツをもつとされる（フォスター／アンダーソン 1987：15-19）。日本では，1980年代以降に医師の中川米造や文化人類学者の波平恵美子（1984；1994）らによって紹介され，議論が蓄積されるようになった。

　世界各地の様々な場所で行われたフィールドワークの知見をもとに，医療人類学では医療について様々な議論を展開してきた。その内容は多岐にわたるが，この章との関連で重要なのは，近代医療中心主義的な「医療」の捉え方を批判的に検討する議論である。その議論はまさに「医療」からカッコを外す試みであった。そしてそれは，東南アジアを含む世界各地に暮らす人々

の多様な医療の営みを理解するうえで不可欠の作業でもあった。

　この章は，医療人類学において展開されてきたそうした議論を参考にしている。この章の主な目的は，東南アジアの事例を通じて「医療」を相対化しつつ，人間にとっての医療とは何かを考えることにあるが，同時に医療人類学という領域のイントロダクションとしても読んでみてもらいたい。

2　複数の医療資源を利用する

(1)　文化人類学の医療の捉え方

　フィールドにおける様々な事象を「現地の人の視点から」（ギアーツ1991）理解することを基本方針とする文化人類学では，医療もまた同様の視点から捉えようとしてきた。端的にいえば，心身の問題に対処したり健康を維持・増進したりするために人々が行っている実践を広く医療として捉えるということである。

　こうした立場からみてみると，医療実践とは様々な場所で様々な人によって行われるものということができる。米国の医療人類学者であるアーサー・クラインマンは，医療実践が行われる場を大きく3つに分けて整理している。1つ目が「民間セクター」である。これは，病者個人やその家族・親族などがその地域で利用可能な様々な資源を用いてケアを提供する場であり，その代表的な現場は家庭である。2つ目が「専門職セクター」である。これは，近代医療のように組織化された治療専門家によってケアが提供される場で，治療のための専用の施設や器具が整備され，体系化された知識と方法のもとでケアが行われる。3つ目が「民俗セクター」である。これは，非専門職的・非官僚的な治療者によってケアが提供される場で，たとえば宗教的な治療を行う者，薬草を処方する者，伝統的な外科的処置を行う者など様々なタイプの治療者が含まれる（クラインマン 2021：56-68）。

　このように文化人類学では，近代医療だけだけでなく，それとは異なる形の医療実践も含めて医療というものを捉えようとしてきた。そして，そうした立場のもとで，それぞれのフィールドで営まれる多様な医療のあり方を記

述してきたのである。

(2)　東南アジアにおける多様な医療実践

　では，東南アジアにおいて，近代医療とは異なるタイプの医療実践として
どのようなものがあるのだろうか。ここでは民俗セクターに分類される民俗
的施術者による医療実践をみてみよう。

　東南アジア島嶼部に位置するインドネシアには，「ドゥクン（dukun）」と
呼ばれる民俗的施術者がいる。北スマトラで調査を行った吉田正紀による
と，ドゥクンとは病気の診断と治療を行う呪術師であり，たとえば骨折や脱
臼，捻挫，打撲などの治療を引き受ける接骨師，ココナツ油などを塗布剤と
して用いるマッサージ師，伝統的な手法で助産を行う産婆，ジャムゥと呼ば
れる生薬の処方と販売を行う生薬売りなど，様々なタイプがある。それらの
技能は，基本的に，家族の伝統として親や親族から受け継がれるという（吉
田 2000：80-98）。

　東南アジア大陸部に位置するラオスの低地農村部には，「モー（mo）」と
呼ばれる民俗的施術者がいる。ラオス語でモーは「専門職能者」を意味し，
行う施術によってさらに分類される。たとえば私が調査を行ったラオス南部
の低地農村部には，「パオ（pao）」と呼ばれる施術を行うモーがいる。火を
灯したロウソクを手にもち，乾燥したビンロウジ（ヤシ科の植物の種子）を
噛みながら呪文をつぶやく。区切りのところでロウソクの炎をいったん口に
含み，それからクライアントの患部に息を吹きかける。この施術は，打ち身
や捻挫といった怪我，頭痛や身体のだるさなど，幅広い症状に対して行われ
る。他にも，腹痛などの症状に応じた民間生薬を処方するモー・ヤー（mo
ya），病気や不運の原因を占いによって同定し対処法を示すモー・ドゥー
（mo du），精霊（ピー（phi））に起因する心身の問題に対処するモー・ピー
（mo pi）などもいる。また，上座部仏教が信仰されるこの地域では，仏教僧
や還俗した者などが行う厄払いの儀礼も，心身の不調に対処する実践の一つ
として行われる（岩佐 2007：54-57）。なお，第5章で説明のあった東北タイ
の悪魔祓いモータムも，こうした民俗的な施術者の一種といえる。

東南アジアのそれぞれの地域には，通常どこの村や町にも，どの民族集団にも上述したような民俗的施術の技能を有する者がおり，人々は病気の症状や原因に応じて利用している。つまり東南アジアの人たちにとって「近代医療だけが医療ではない」のである。

(3)　近代医療の浸透とその影響

　このように東南アジアでは，民俗的施術者をはじめ近代医療とは異なる医療が幅広く利用されている。しかし，そのことは近代医療が利用されていないということを意味するわけではない。むしろその利用は一般化している。

　東南アジア諸国において近代医療が利用されるようになったのは，おおむね19世紀以降のことである。欧米からやってくる宣教師などによって部分的に持ち込まれてきたが，近代医療が制度的に導入される端緒となったのは欧米諸国による植民地支配である。東南アジア各地を植民地化した欧米諸国は，植民地行政官などの入植者の健康，植民地経営の労働力となる現地の人たちの健康を維持するために近代医療を持ち込み，特に公衆衛生の向上に利用した（奥野 2006）。

　第二次世界大戦後，植民地下にあった東南アジア諸国が独立を宣言し，国家建設を進めていくなかで，近代医療は公的な医療として位置付けられることになる。しかし，政治的な動乱や経済的な制約などにより，その制度化や医療サービスの提供体制の整備は十分には行われず，特に農村部などでは部分的に利用されるに留まっていた。

　その状況に変化が生まれるのが1970年代後半からである。そこには，東南アジア諸国における産業化の進展とともに，国際保健医療の動向が密接に関係している。そのなかでも重要なのが，1978年に国際会議で採択された「アルマ・アタ宣言」である。この宣言では「すべての人々に健康を」を目標とし，地域住民が主体となって地域の保健医療に関する課題に取り組むことを重視する「プライマリヘルスケア」の重要性が強調された（ハルドン他 2004：50-58）。この宣言のもと各国は，農村部を中心に，地域住民に対する保健教育やヘルスプロモーションに力を入れ，同時に公衆衛生環境の改善，

医療施設の整備拡充とアクセスの向上といった活動を展開した。そしてこうした取り組みは，WHOなどの国際機関や各国の開発機関，各種のNGO・NPOによる国際保健医療プロジェクトと連動して進められた。このように国内外の動向が絡み合うなかで，東南アジアの地域全体に近代医療が普及していくことになった。

　現在では，地域的な条件や経済的な条件によってそのアクセスに格差がみられるものの，東南アジア各国では農村部も含めて近代医療が広く利用される状況にある。さらに大都市の病院では，分野によっては日本以上の最先端の医療を受けることもできるようになっている。たとえば，シンガポールの近代医療サービスは世界でも最高水準のものであり，それを諸外国の富裕層を呼び込み，外貨を獲得するために活用する「医療ツーリズム」が政策として展開されている。

⑷　医療化の進行と医療実践の複雑化

　近代医療の一般化は，東南アジアに暮らす人々の医療の営みに様々な影響を及ぼした。その一つに「医療」化が挙げられる（以下，煩雑になるためカッコをつけずに医療化と表記する）。たとえば，出産はもともと家などで，家族や親族，あるいは出産に関する伝統的な知識や技能を有する「伝統的産婆」の介助のもとで行われていたが，現在では病院で医師や看護師の介助を受けながら出産することが一般化している（松岡編 2014）。このように医療化とは，近代医療の対象でなかったものが，近代医療の対象とされるようになる現象のことである。本章の2⑵で紹介した表現を用いれば，これまで民間セクターや民俗セクターで行われていた医療の営みが，近代医療（専門職セクター）によって対処されるようになるということである。近代医療が一般化するなかで，東南アジアの地域全体で様々な形での医療化が進行している。

　ただし，医療化の進行によって，民間セクターや民俗セクターにおける実践が行われなくなるわけでは決してない。たとえばベトナムでは，フランスによる植民地化とそこからの独立，ベトナム戦争と南北の対立，その後の南北統一といった複雑な歴史のなかで，近代医療の医薬を使用する「西薬」と

ともに，ベトナム独自の医薬である「南薬」と中国由来の医薬である「北薬」で構成される伝統医療の一部が公的医療を構成している。そして，そこに含まれない薬師，たとえば少数民族の薬に詳しい薬売りなどは，公的な医療制度から外れた存在でありながらも，人々のローカルな医療実践において利用されている（小田 2022）。また私が調査を行ったラオス低地農村部では，民間セクターでのケアを受けながら様子をみたが症状の改善がみられず，病院を訪れ近代医療による治療を受けたがそこでも十分な治療が受けられず，今度は民俗的施術者のもとを訪れた人がいた。また病院で診察を受けたうえで，自身の症状の重症度と経済的条件を踏まえ民俗的施術を受ける選択を行った人もいた（岩佐 2007：57-59）。

　医療化の進行は，近代医療と他の医療とが結び付いたり競合したりといった複雑な動きを生み出すものである。そしてそうしたなかで，人々の医療実践もまた複雑な様相を示すことになるのである。では，医療化が進むなかで，東南アジアの人々の医療実践はどのように複雑化しているのだろうか。その具体例として，次節では「死の医療化」という現象に注目してみたい。

3　死の医療化と看取りの実践の複雑化

(1)　死の医療化

　死の医療化とは，人の死にゆく過程が近代医療の対象となる現象のことである。その代表的なものが，死を迎える場所が自宅から病院へと変化することである。死の医療化は，多産多死から少産少死への人口構造の転換，急性疾患から慢性疾患への疾病構造の転換，医療技術の進展や医療サービスの拡充，それらに伴う平均寿命の延長と高齢期の長期化といった複合的な社会変化のなかで進行するものである（ウォルター 2020）。

　死の医療化の進行のなかで生まれたのが「終末期医療（terminal care, end-of-life care)」である。終末期とは，疾病などで余命が近く尽きることが予期されているにもかかわらず，その状況を抜本的に変える手段がない，という近代医学の進捗がもたらした特殊な時間のことである。この特殊な時間のな

かで実践される近代医療が終末期医療である。そこでは，治癒が目指される通常の医療とは異なり，病状の進行や痛みを抑える緩和ケアや，生命の維持を行う延命処置などが中心となる（服部 2018）。以下，終末期医療を提供する専門職者の関与があるかないかを問わず，死にゆく者とその家族や親族などが相互に関わり合いながら営まれる一連のケアの実践を「看取り」と呼ぶことにしよう（岩佐 2015）。

　欧米諸国や日本では，1960年代から70年代にかけて死の医療化が進行し，それとともに終末期医療も進展してきた。対して東南アジアでは，出産など生命の誕生に関わる領域の医療化が比較的早く進められたのに対し，高齢者介護や終末期といった生命の終焉に関わる領域の医療化が問題化されるようになったのは2000年代以降のことである（Iwasa 2013）。その点で，東南アジア諸国における死の医療化と終末期医療は，極めて現代的なトピックといえよう。

　では，死の医療化が進行する状況のなかで，東南アジアの人々はいかに近代医療を利用しながら看取りを実践しているのだろうか。それを具体的にみていくために，スコット・ストニングトンの『魂の救急車——タイにおける終末期の振り付け』（Stonington 2020）を取り上げる。この民族誌は，ストニングトンが2000年代中頃にタイ北部のチェンマイを中心に行った調査に基づくもので，近代医療とそれとは異なるタイプのケアの実践が併存する状況において，人々がいかに死にゆく者をケアし，そしてその死をよりよいものにしようとしているのか，その営みが活写されている。以下，ストニングトンの記述をもとに，タイ北部に暮らす人たちは，どのように近代医療との関係を切り結びながら看取りを営んでいるのかをみていこう。

⑵　タイ北部における死の医療化と看取りの２つの段階

　もともとタイ北部では，民間セクターと民俗セクターにおいて看取りが営まれていた。ストニングトンがインタビューを行った高齢男性はその様子を次のように語っている。「昔は私たちが村の年配者のケアをしていました。誰かが病気になると，治療的な処置やマッサージをしてくれたり，生薬を処

方してくれたりする地元の治療者のもとを訪れました。そして，年配者の子どもたちが彼の家に留まり，彼の世話をし，食事を与え，そして彼のために祈ったものです。仏教僧もやってきて詠唱をしてくれました」(Stonington 2020: 35)。

　しかし，ストニングトンがフィールドワークを行った2000年代中頃には，すでに死の医療化が進行し，農村部も含めて看取りの過程において近代医療を利用することは常態化していた。大きな病院に行けば，高度な終末期医療を受けることもできる状況であった。したがって焦点となるのは，看取りの過程において近代医療が利用されるかどうかではなく，どのように利用されているのかという点である。

　では，タイ北部の看取りの過程において近代医療はどのように利用されているのだろうか。先述した高齢男性の語りにみられるように，タイ北部における看取りは親子関係を基軸とし，高齢の親をその成人の子がケアするという構図が基本となる。死の医療化が進行した状況においても，この構図は基本的に維持されており，子どもらが中心となって看取りの過程が進められる。注目すべきは，近代医療の利用が常態化したことによって，その看取りの過程が大きく2つの段階に分かれて営まれるようになった点である。

　看取りの第一段階は，高齢の親が慢性的な病状を見せ始めた段階である。この段階で子どもたちは積極的に近代医療を利用して親のケアを行おうとする。その背景には「いのちの負債 (*nii chiiwit*)」という考え方がある。これは，子が親に対してもつ生得的な負債であり，それは父母から血を分けてもらうことで子の身体が作られたことに由来する。そして，子は親に対してその負債を返済する義務があるとされる。とはいえ，この負債がどれほどのものであり，なにをどこまですれば返済できるものなのかがはっきりとしているわけではない。そうしたなかで，その返済の重要な機会とみなされているのが老いた親をケアし看取ることであり，そのことが看取りの基本的な構図を規範付けている。

　こうした看取りの構図を維持しつつ死の医療化が進行したタイ北部では，いのちの負債をより多く，そしてみえる形で返済するための手段として近代

医療が利用されるようになった。子どもたちは，老いた親の予後や治癒の可能性に関わらず積極的に病院に入院させ，ときには親が家に帰りたいと願っていても病院にとどめ，より高度な近代医療を受けさせようとするのである（Stonington 2020: 27-41）。

　第二段階は，死期が迫っていることを当人やその家族が認識したときから始まる「人生の最終段階」である。タイで広く信仰されている上座部仏教では，輪廻転生という観念との関係で死を迎える状態が重要とされる。なぜなら，死を迎え，魂が身体から離れるそのときの状態が，その後の死者の転生の過程に影響するとされているからである（Stonington 2020: 73）。したがって，死者の魂をよりよい状態で来世に送ることが看取りにおいて重要となる。

　そこで問題となるのが死を迎える場所である。タイ北部において，死を迎える理想的な場所は自宅である。死にゆく者が暮らしてきた家は，その人の人生を形作ってきた他者やモノが凝縮した場所であり，そして各種の儀礼が繰り返されることで聖性を湛えた場所でもある。この自宅こそが，平和裏に死を迎え，適切に死者を来世に送り出すことのできる場所とされる。それとは対照的に，病院とは強い力を宿した場所ではあるが，その力は科学技術に由来するものであり，儀礼を積み重ねてきた歴史はなく，そのため聖性を帯びない場所である。その点で病院は，いのちの負債を返済する場所としては理想的であっても，死を迎えるには不適切な場所となる。かくして第二段階では，積極的に病院に留まろうとしていた第一段階から一転し，なんとかして死を目前に控えた親を自宅に連れ戻り，そこで平和裏に死を迎えさせることが子どもたちの責務となる（Stonington 2020: 65-101）。

(3)　魂の救急車

　人が死にゆく過程は，症状が安定していると思ったら病状が急変したり，今際の際にあると思ったら小康状態を保つようになったりと，予測のつかないものである。それは，医療技術が進展しても基本的には変わらない。こうした人が死にゆく過程の予測不可能性と，上述した第一段階と第二段階で異なる形で要請される子どもの義務が絡まり合うことで，タイ北部の看取りの

過程を実に複雑なものにしている。

　いのちの負債を返済するためには，できるだけ長く病院に留まり，高度な医療を受けさせることが求められる。しかし，退院するタイミングを見誤れば，自宅に戻ることは叶わず，病院で死を迎えるという望まざる事態に陥る。だからといって，早めに退院して自宅に戻った場合，死期を見誤れば，自宅での看取りの期間が長引くこともある。この事態も，いのちの負債の返済の機会を縮減することになるため避けねばならない。したがって理想は，ギリギリまで入院を続けていのちの負債の返済を行い，その後，適切な死を迎える場所である自宅に戻り，できるだけすぐに死を迎えるということになる。しかし，上述のように人が死にゆく過程がどのように進行するかは十分な予測が立たない。そのため，第一段階から第二段階に移行する最適なタイミングを見極める必要があるが，その判断は極めて困難なものとなっているのである。そうしたなかでタイ北部の人たちは理想的な看取りができるように苦心し，ときにそれに成功し，ときに判断がうまくいかず苦悩を抱えることになるのである（Stonington 2020: 90-94）。

　死の医療化に伴う看取りの過程の複雑化は，新しいローカルなサービスを生み出した。それがタイトルにもなっている「魂の救急車」である。これは，チェンマイの県立病院の門番の一人が副業として行っているサービスである。彼が所有するピックアップトラックには，マットレスが敷かれ，2本の背の高い緑色の酸素ボンベが用意されており，それで延命処置をしながら患者を家まで輸送する。そして，家に帰る途中に患者が死亡したときのために，防腐剤を投与するための手作りの装置も積まれている。死後すぐに防腐処理をすることで，肉体から離れた魂が迷わず家までたどり着けるようになるからだという。病院の救急車よりも安価に利用できるこのサービスは，低所得層の人たちを中心に利用されているという（Stonington 2020: 3-4）。

　こうしたローカルなサービスも含めて営まれるタイ北部の看取りは，欧米諸国や日本などを舞台に議論されてきた死の医療化とは異なる様相を示している。死の医療化の議論では，死を迎える場所の変化，つまり死の病院化（施設化）が象徴的な現象として語られてきた。しかし，タイ北部では，終

末期医療の利用自体は積極的に行われているものの，死を迎える場所として
は自宅が理想的とされ，それを実現しようとしている。少なくとも，自宅で
の死を希望しながらも，病院で死を迎えるものが圧倒的に多い日本とは異な
る形で死の医療化が進行しているとはいえるだろう。

4　東南アジアを通じて私たちの「医療」の捉え方を考える

⑴　相対化に潜む隘路

　以上，東南アジアでは，人々の医療実践において近代医療と異なるタイプ
の医療資源が幅広く利用されていること，そして近代医療の利用が一般化
し，医療化が進行するなかで人々の医療実践が複雑化していることをみてき
た。これらを踏まえ，改めて私たちの「医療」の捉え方を見直してみよう。
　東南アジアにおける医療実践の記述を読んだとき，みなさんはきっと「日
本とは違うな」と感じたであろう。大事なことは，そう感じたあとに，どん
なふうに思考を動かしていくかである。なぜなら，そのやり方を誤れば，私
たちの「医療」の捉え方を相対化するどころか，自文化中心主義的に東南ア
ジアの人々の医療実践を切り取ってしまいかねないからである。
　その際，特に注意すべきは，近代医療を基準とし，その浸透の度合いに
よって日本と東南アジアの医療実践の違いを捉えてしまうことである。それ
は，日本は近代医療が隅々まで浸透した「医療化が貫徹した社会」であり，
それゆえ私たちは〈医療＝近代医療〉という「医療」の捉え方をしていると
し，それとの対比で東南アジアは「まだ」近代医療が十分に浸透していない
社会であり，その社会状況の違いが医療実践の違いを生み出しているという
ふうに捉えることである。
　この捉え方の巧妙なところは，近代医療だけだけでなく，それとは異なる
形の医療実践も含めて医療を捉えようとする文化人類学の医療の捉え方を踏
まえ，東南アジアの人たちの多様な医療実践に触れたとしても，自分の「医
療」の捉え方を固定化したまま維持できてしまう点にある。その結果，近代
医療と日本を基準とし，そこから東南アジアの人々の医療実践を理解しよう

とする自文化中心主義的な発想を前提としてしまっているにもかかわらず，そのことを問わずに，日本と東南アジアの医療実践が「違う」といえてしまうのである。自分とは異なる医療実践の事例に触れたからといって，思考の動かし方に注意しなければ，私たちの「医療」の捉え方を相対化することにはつながらないのである。

(2) 「それなりに整った」社会で医療を考える

こうした隘路を避けるには，どのように思考したらよいのだろうか。このとき参考になるのが，猪瀬浩平（2023）の文化人類学における障害研究に関する議論である。

文化人類学における障害研究は，西洋社会発祥の福祉制度が必ずしも整備されていない国や地域を主な対象とし，そこでの障害をめぐる人々の営みの民族誌的研究を通じて，福祉制度が整備された社会の課題や問題点について批判的に考察してきた。その議論の意義を認めつつ猪瀬は，そうした障害の人類学的研究の多くが，福祉制度が整った社会と整っていない社会という二分法を所与としてきたことを問題視する。そのことが西洋諸国や日本などを「福祉制度の整った社会」と固定的に捉えてしまい，結果としてそれらの社会で営まれている障害をめぐる多様な営みを見落とすことにつながるからである（猪瀬 2023：629）。

この隘路を避けるために猪瀬は，まず福祉制度は必ずしも十分に整うことはなく，どの社会でも不足と残余が存在することを確認する。それを踏まえ，福祉制度が整った社会と整っていない社会を切断して捉えるのではなく，両者を連続的に捉える必要があると主張する。そのうえで「それなりに整った」という観点を取り入れ，福祉制度が人々に与える影響だけでなく，福祉制度自体がカバーしきれない領域において，人々の生がいかに営まれているのかにも注目している（猪瀬 2023：629）。

この猪瀬の議論をこの章の文脈を踏まえて敷衍すれば，次のようにいえよう。つまり，近代医療が整っている日本と整っていない東南アジアというふうに両者を二分法的に切り分けて捉えるのではなく，いずれの社会も近代医

療が「それなりに整った」社会として連続的に捉えてみようということである。そうしてみると別の視界がひらけてくる。東南アジアだけでなく日本もまた医療化が貫徹することはなく、近代医療がカバーしきれない領域があり、そこにおいて人々がいかに医療を営んでいるのかに注目してみようということである。

　こうした観点に立つと、日本の医療について大きく２つの気づきが得られる。一つは、日本に暮らす私たち自身もまた多様な医療実践を営んでいる点である。簡単な例を挙げれば、初詣に行った際、健康祈願のお守りを買って、それを身につけることも医療実践の一つといえるということである。「医療」という捉え方では排除されてしまうこうした行為も含めて私たちの医療の営みを見つめ直してみることが、「医療」からカッコを外すための重要な作業の一つとなる。

　もう一つが、仮に私たちが近代医療に強く依存しているとしても、他の日本に暮らす人たちもみなそうだとは限らないという点である。たとえば、宗教的な理由で近代医療を全面的には利用しない人たちもいる（たとえばエホバの証人の輸血拒否（星野 2006））。近代医療よりもいわゆる民間医療を積極的に利用している人たちもいる（佐藤編 2000）。ここまで「私たち」という言葉を当たり前に使ってきたが、この表現によって、多様な条件のもとで暮らしている人たちの医療実践を一枚岩的に捉えてしまうことにもなりかねない。実は「私たち」という言葉こそカッコが必要だということである。

　さて、最後に改めて考えてみよう。医療という言葉を聞いたとき、どんなことをイメージするだろうか。きっと、この章を読み始める前とはずいぶんと異なる医療の風景が、みなさんの頭に浮かんだのではないだろうか。だとすれば、他者の、そして「私たち」の医療をめぐる多様な営みと向き合うための準備ができたといえるだろう。

参考文献

猪瀬浩平　2023「それなりに整った世界で叫ぶ——家と施設でない場所で暮らす、重度の知的障害のある人の意思をめぐって」『文化人類学』87（4）：624-641。

岩佐光広　2007「ラオスの医療資源——ラオス医療システムの適切な理解のために」『千葉大学人文社会科学研究』（14）：44-61。

—— 2015「ラオス低地農村部の看取りの現場におけるケアの連鎖——子どもの現場への関わりに注目して」浮ヶ谷幸代編『苦悩とケアの人類学——サファリングは創造性の源泉になりうるか？』世界思想社，226-252頁。

ウォルター，T　2020『いま死の意味とは』堀江宗正訳，岩波書店。

奥野克巳　2006『帝国医療と人類学』春風社。

小田なら　2022『〈伝統医学〉が創られるとき——ベトナム医療政策史』京都大学学術出版会。

ギアーツ，C　1991「「住民の視点から」——人類学的理解の性質について」『ローカル・ノレッジ——解釈人類学論集』梶原景明他訳，岩波書店，97-124頁。

クラインマン，A　2021『臨床人類学——文化のなかの病者と治療者』大橋英寿他訳，河出書房新社。

クラックホーン，C　1971『人間のための鏡』光延明洋訳，サイマル出版会。

佐藤純一　1995「医学」黒田浩一郎編『現代医療の社会学——日本の現状と課題』世界思想社，2-32頁。

佐藤純一編　2000『文化現象としての癒やし——民間医療の現在』メディカ出版。

波平恵美子　1984『病気と治療の文化人類学』海鳴社。

—— 1994『医療人類学入門』朝日新聞社。

服部洋一　2018『生きられる死——米国ホスピスの実践とそこに埋め込まれた死生観の民族誌』三元社。

ハルドン，A他　2004『保健と医療の人類学——調査研究の手引き』石川信克・尾崎敬子監訳，世界思想社。

フォスター，G・M／B・G・アンダーソン　1987『医療人類学』中川米造監訳，リブロポート。

星野晋　2006「輸血拒否の主体は誰か——文化人類学的視点から見た輸血拒否」『日本臨床麻酔学会誌』26（3）：296-302。

松岡悦子編　2014『アジアの出産と家族計画』勉誠出版。

吉田正紀　2000『民俗医療の人類学——東南アジアの医療システム』古今書院。

Iwasa, M. 2013. Aging and Dying in a Rural Lowland Area of Laos: A Consideration of the Process of Creating a "Good Death" Together. In N. Suzuki (ed.), *The Anthropology of Aging and Well-being: Searching for the Space and Time to Cultivate Life Together* (*Senri Ethnological Studies 80*), pp123-142.

Stonington, S. 2020. *Spirit Ambulance: Choreographing the End of Life in Thailand*. Berkeley: University of California Press.

1　日本における医療人類学の初期の議論では，英語の medicine をどう訳すかが問題になった。なぜだろうか。国語辞典で「医療」を，英和辞典で「medicine」をそれぞれ調べ，それらの意味の違いを比べながら考えてみよう。

2　この章で取り上げていない東南アジアの国や地域，民族を一つ選び，そこでどのような医療が営まれているのかを調べてみよう。そして，この章で紹介した事例との共通性や相違性が何に由来しているのか考えてみよう。

3　日本において，民間セクターや民俗セクターで行われる医療実践にはどのようなものがあるのか調べてみよう。そして，それが近代医療を中心とする専門職セクターとどのような関係にあるのか考えてみよう。

●読書案内●

『医療人類学を学ぶための60冊——医療を通して「当たり前」を問い直そう』
　　　　　澤野美智子編，明石書店，2018年
　　　　　医療人類学の全体像や関連するトピックなどについて学ぶための必読書やおすすめの本を紹介するガイドブック。医療人類学の古典から日本人研究者の手による最近の著作まで幅広く取り上げられており，医療人類学を学び始めるうえでの手引として活用できる。

『東南アジアにおけるケアの潜在力——生のつながりの実践』
　　　　　速水洋子編，京都大学学術出版会，2019年
　　　　　東南アジアにおいて近年大きな問題となっているのが高齢者介護である。本書は，福祉制度と近代医療がそれなりに整った社会としての東南アジア諸国において，人々が高齢者のケアをいかに実践しているのか，その様相が現地調査をもとに活写されている。

『〈伝統医学〉が創られるとき』小田なら，京都大学学術出版会，2022年
　　　　　本章でも取り上げた，伝統医療の公的な位置付けに着目しながらベトナムの医療政策の歴史を描いた一冊。この章では人々の医療実践に焦点を置いて論じたが，本書を通読することで，一見すると体系的にみえる医療制度もまた，それぞれの国に特有の歴史的な過程のうえに成り立っているものであることを深く知ることができる。

第12章

紛争

戦争と平和は明確に分けられるのか

岡野英之

シャン人武装勢力 RCSS はシャン人という「想像の共同体」を作り出しており，
シャンの旗はそれを象徴している（2019年，筆者撮影）

1 No Peace, No War

　東南アジアは平和なイメージがある。ビーチリゾートや世界遺産を売りに
した観光地が各地にあるし，常夏の気候をもとめて日本から移住する人も少
なくない。しかし，東南アジアでも，かつては多くの国が紛争に巻き込まれ
た。その一部は2020年代においても続いている。

　そんな紛争を論じるため本章の起点としたいのが『No Peace, No War』
という書籍である（Richards ed. 2004）。このタイトルを直訳すると「平和が

なければ戦争もない」という意味になる。

　紛争は，しばしばそれだけが切り取って論じられ，「悪」だと論じられがちである。しかし，それはこちらの先入観を一方的に押し付けていることになるし，事象の一部分しかみていないことになる。そうではなく，先入観をもたずに紛争を客観的に捉え，広い社会的文脈に位置付けて理解しなければならないと本書は主張する。そのように捉えると「平和」と「紛争」は必ずしも明確に区分けできるわけではないと本書は主張する。たとえば，「紛争／平和」「兵士／一般人」「戦闘地域／非戦闘地域」といった二分法に対して疑問をもち，それらが実際にはどのような関係にあり，どのように地続きであるのかを理解することで，紛争をさらに深く理解できるという。本章の後半でも，紛争を理解すればするほど平和との境が不明瞭になってくることをミャンマー内戦という実例を通して伝えたい。

　だが，その前に考えておきたいことがある。紛争とはどのような現象なのか，なぜ発生するのか，そして，文化人類学は紛争をどのように研究してきたのか，である。本章の前半ではこれらのことについて説明したい。

2　なぜ紛争が起こるのか

(1)　国家形成──ヨーロッパ発祥の近代国家を作り上げる

　現代世界では，ほとんどの紛争が国内紛争（＝内戦）である。そのこともあって文化人類学が関心を寄せてきたのは内戦が中心である。第二次世界大戦以降，国と国との軍事衝突（＝国際紛争）は大幅に減ったが，その一方で国内紛争が大幅に増加した。東南アジアでも，ベトナム戦争やカンボジアでの大虐殺，ビルマ内戦やインドネシアにおける民族対立など，いくつもの紛争が起きた。おおよそ1990年代までの東南アジアは「武力紛争の多発する地域」だった。

　では，なぜ紛争が起こるのだろうか。端的にいうと武力紛争の勃発は国家形成の失敗に起因する。国家形成とは，近代国家という制度を導入し，その制度を定着させる試みである。近代国家はヨーロッパで生まれた制度であ

り，現在に至るまでに世界のすべての国家が採用するようになった（佐藤2014）。東南アジアでも第二次世界大戦後に新たな国が次々と誕生し，それらの国では国家形成が試みられることになった。

近代国家の特徴といえるのが次の三要素である。第一に，国境線で区切られた領土をもつこと（＝領土），第二に，領土に住む人々つまり国民が，ある程度の共通性をもつこと（＝国民），そして第三に，中央政府を頂点とした一律の制度（＝法や行政体系）で国民や領土を統治すること（＝主権），である。国家形成とはこれら３つの要素を作り上げて，その３要素のもとで国を運営することである。

第５章で取り上げられていたように，もともと東南アジアには近代国家とは異なる統治体系があった。別の章でマンダラ型国家という概念が論じられていたように，同地域に国境線という概念はなく，分権的な統治が敷かれていた（一つの王朝の下にはある程度の独立を保った多数の中・小王国が従属していた）【☞第５章２(1)】。そんな地域がヨーロッパ列強によって植民地化されることで近代国家の概念が入ってきた。ヨーロッパ人は陸地を線で区切ることで植民地の領域を画定し，その内側にヨーロッパ型の行政体系を敷いた。すなわち，上述のうち，「領土」と「主権」が入ってきた。

ただ，この時点ではまだ「国民」はなかった。植民地の領土はヨーロッパの宗主国が自らの都合で作り上げたものである。そのなかに住む人々は多様であり，民族や宗教も異なっていた【☞第３章１(2)】。隣国とまたがって民族が住んでいることも珍しくなかった。さらに「主権」も不十分であった。なぜなら，植民地行政のトップは宗主国から派遣されたヨーロッパ人だからである。その地に住んでいる人が指導者であったわけではない。

第二次世界大戦後，それぞれの国は植民地の領土をほぼ引き継ぐ形で独立した。その結果，「国民」と「主権」は新たな課題に直面することになった。第一に，新生国家の領土に住む人々は，民族も宗教もバラバラであった。ベネディクト・アンダーソンが『想像の共同体』で指摘するように一つの国を政治的に安定させるためには，その国に住む人々に「自分たちはひとつの共同体に属しているのだ」という意識，すなわち，国民意識を植え付け

る必要がある（アンダーソン 2007）。各国は理想の国民像を作り出し，領土内に住む人々にその「想像の共同体」に属しているのだという意識を植え付けた【☞第5章2(4)】。第二に，植民地統治からの独立は，国家運営の指導層がヨーロッパ人から現地の人々に変わることを意味した。独立後，誰がどのような方式で国家を運営するのかが問われた。それを国民に納得させなければ反政府活動につながりかねない。

　こうした状況は，唯一，植民地化を免れたタイも例外ではない【☞第5章3】。ヨーロッパ列強が周辺地域を植民地化していくなかでタイは生き残りをかけて「我々はヨーロッパ諸国と同等たる一つの国なのだ」と示す必要があった。首都バンコクに君臨するチャクリー朝は19世紀末以降，支配下にあった属国の王権を次々と廃止し，その行政を中央から派遣した官吏に担わせた。すなわち，王国間の従属関係を中央政府と地方行政との関係へと転換した。さらには「タイ国民はこうあるべきだ」という理想のタイ国民像を作り上げ，人々をそれに従わせた。

(2) 国家形成の失敗としての紛争

　このように東南アジアの国々はいずれも国家形成という課題を達成しなければならなかった。しかしながら，国家形成の取り組みは必ずしもうまくいくとは限らなかった。そこには反対があり，抵抗があった。その一部がエスカレートし紛争となった。そこには主に2つの要因がある。

　第一に，誰がどのような方式で国を運営するかで国が分裂した。第二次世界大戦が終わると世界は冷戦すなわち東西対立の時代となった。そうした時代のなか，共産主義か民主主義か，どちらの体制を取るのかが争点となった。その対立が東南アジアの各地に戦乱をもたらした。ベトナムは共産主義を掲げる北部と民主主義を掲げる南部とに分断された。北部はソビエト連邦の支援のもと，ベトナムの統一を目指した。それに対して共産主義の拡大を恐れるアメリカは南部に肩入れして軍事介入した。これによって生じたのがベトナム戦争（1955〜75年）である。結果的にこの戦争は，北部の政権が同国を統一することで終わりを迎えた。隣国のカンボジアやラオスでは国内の

政治抗争に東西両陣営が肩入れすることで対立が激化し内戦となった。その内戦は激しいもので中央政府が武力で転覆したこともあった。フィリピン，タイ，マレーシア，インドネシア，ミャンマーでは政府の存続を脅かすほどではなかったものの，共産ゲリラ（＝共産主義の実現を目指す武装勢力）が領土の一部を占拠して武装闘争を続けた。これら東西対立をめぐる紛争は1980年代末頃までには終息した（中野他 2016：88-103, 110-133）。東側陣営の国々で政治運営がうまくいかなくなり，支援が続かなかったからである。

　第二に，「想像の共同体」への反発が紛争を招いた。政府が採用した国民概念に納得できない少数派が反政府勢力を作ることで紛争が発生した。たとえば，インドネシアは無数の島々からなり，宗教的にも民族的にも多様な人々が住んでいる。同国は第二次世界大戦後に独立した後，「多様性の中の統一」をスローガンに掲げ，中央集権的な制度で国をまとめあげようとした【☞第3章2⑴】。とりわけ，長期独裁政権であるスハルト政権（1966〜98年）は強権的な政治を敷き，民族の自治や独立を訴える政治運動を力で押さえ付けた。しかし，パプア州やマルク州では紛争が激化し，アチェ州や東ティモールでは新たな紛争が引き起こされた。いずれの紛争も，民族の独立や自治権の獲得を目指したものである。1998年に同政権が崩壊すると，その一部はエスカレートしたものの，その後，その大半は政府と反政府勢力が交渉を重ね，和平合意を結ぶことで収束に向かった（東ティモールは2002年に独立＝主権回復を達成した）（松野 2010；間瀬他 2013）。

　フィリピンでは少数派のイスラム教徒が，1969年に分離独立を訴え武装蜂起した。ミンダナオ紛争である。同国ではキリスト教徒が多数派を占める一方，南部のミンダナオ島およびその周辺の島々にはイスラームを信仰する複数の民族が住んでいた。フィリピン政府は彼らに対して多数派への同化を強いる一方，移住政策を推進した。その結果，キリスト教徒の人口が増えた。イスラームを信仰する複数の民族はホームランドが脅かされることに危機感を募らせ，「モロ」という一つの民族概念のもとで連帯するようになる。その連帯のもとで自分たちは多数派とは異なる社会集団であり，そのホームランドを守るためには独立しなければならないという思想が生まれた。それが

武装勢力「モロ民族解放戦線（Moro National Liberation Front: MNLF）」の結成および1969年の武装蜂起へとつながった（中野他 2016：142-143；床呂 1999）。

　タイでは1960年代以降，タイ深南部紛争が続いている。深南部とはパタニ県などマレーシアに近い3県の総称である。この地域はかつてパタニ王国が栄えた。同王国はイスラームの王国であり，この地に住むマレー系の人々はイスラームの教義に基づいた生活を送ってきた。言語もマレーシアで話されているマレー語と近い。しかし，この地域はタイの国家形成に巻き込まれた。パタニ王国は廃止され，人々はタイ政府にとっての理想のタイ国民像，すなわち，仏教を信仰し，バンコクに住む国王に忠誠を誓う主要民族タイ人の社会や文化にあわせるよう変容を強いられた。その結果，1960年代から70年代にかけて分離独立運動が活発化し，紛争へとエスカレートした（堀場 2016）。

　フィリピンの事例にせよ，タイの事例にせよ，現在に至るまでに政府と武装勢力側との間で対話がもたれるようになり，かつてほど暴力が頻発する状況ではなくなっている。しかしながら恒久的な解決には至っていない。

(3) 紛争を目撃した人類学者

　では，こうした紛争を文化人類学はどのように研究してきたのだろうか。実のところ東南アジアには紛争についての文化人類学的研究は少ない。なぜなら文化人類学者が武力紛争を研究し始めた1990年代，東南アジアの武力紛争の多くは収束に向かったからである。この頃，世界各地で武力紛争が頻発した。とりわけアフリカでは中央政府の崩壊に至るような武力紛争がみられた。そうした紛争に巻き込まれた文化人類学者たちが武力紛争を研究し始めた。例えば，南スーダンを研究する栗本英世は，調査村において若者たちが主体的に解放戦線に参加するという経験をした。栗本はそれまで彼らを「国家や外部の現代世界とは無縁の，伝統的な暮らしをしていると思い込んで」いたという。そうした考えを改め，彼らを理解するために武力紛争の研究を始めたと栗本は語る（栗本 1996：14-15）。こうした研究者を先駆けに，文化人類学でも武力紛争の研究が増え始めた。しかし，東南アジアに武力紛争に

関する文化人類学の研究がないかというと，そうでもない。たとえば，床呂郁哉の著書『越境』（1999年）はミンダナオ紛争を取り上げている。本書はフィリピン，インドネシア，マレーシアの領海が隣接するスールー海域の島嶼部を舞台としており，その主眼はこの地に住む人々の海を使った生活を描くことにあった。この地域の人々はかつて上述の国々の領海をまたぐ形で漁労や交易を行ってきた。しかし，国家形成が進むと首都を中心とした中央集権的な行政体系に取り込まれ，定住を強いられるようになった。それでもなお，この地域の人々は領海を越えて生活を営んでいる。床呂が取り上げるミンダナオ紛争とは，そうした海域世界における現実の一部である。床呂は武装勢力 MNLF の関係者に聞き取り調査をしているが，その人物の語りから読み取れるのは，彼らもまた，海を移動し国家をまたいで活動していることである。

　また，石川登の著書『境界の社会史』（2008年）では，マレーシアにおける共産ゲリラの活動が登場する。本書が扱うのはマレーシアの国境地帯に位置する一つの村である。この村がいかに国家による統治に取り込まれていったのかを描き出すのが本書の主眼であった。そんな記述の一部に共産ゲリラが登場する。1970年代，村の近くの森に共産ゲリラが潜伏し始めた。彼らは村人に横暴を働くわけでもなく村に降りてきては食糧をよい値段で買ってくれた。やがて，その掃討のためにマレーシア国軍が駐留するようになった。国軍は共産党ゲリラに遭遇した場合は通報するように村人に命じ，村人に銃器を配った。そんな国軍に対して村人は食べ物や飲み物を売って現金を得た。1988年，この共産ゲリラたちは国軍に全面的に投降した。

　この2つの研究は紛争について描いているものの，地域社会を論じるなかで部分的に紛争に触れるにとどまり，紛争を正面から論じてはいるわけではない。そこで，以下では，私の経験を踏まえて，紛争を正面から論じた上で，より広い社会的文脈に位置付けて考えてみたい。

3　ミャンマー内戦を社会的文脈で捉える

(1)　ミャンマー（ビルマ）内戦とシャン人

　私が研究対象にしているのはミャンマー（ビルマ）内戦である（1989年まてミャンマーの国名はビルマであったので以降は時代に基づいて2つの国名を使い分ける）。とりわけ注目しているのは同国の少数民族シャン人の民族解放闘争である。ミャンマーでは主要民族ビルマ人が人口の約7割を占める一方，残りの3割を多数の少数民族が占める。少数民族の数は135にものぼるといわれるくらいだ。内戦が始まったのは，ビルマが1948年に独立した直後である。この内戦も例にもれず国家形成の失敗に起因する。

　独立後ビルマでは，主要民族ビルマ人の社会・言語を中心に国づくりが進められた。そのことは少数民族にとってビルマ人の社会や制度に沿って物事を進めなければならないことを意味する。自分たちの言語が役所や教育などの公の場では使えない。かつ，ビルマ語を自由に扱えないと不利になる。少数民族にとっては政治的な権利をはく奪された状態ともいえる。

　こうした状況に反し，独立後のビルマでは次々と少数民族の名を冠する武装勢力が蜂起した（Lintner 1999）。ミャンマー（ビルマ）内戦では，こうした武装勢力が自分たちの住む地域の分離独立や，同国内での自治権の拡大を訴え活動している。武装勢力の数は多く，2020年頃でも主要な武装勢力だけで50ほどある（中西 2022）。意見の対立や仲間割れで武装勢力が分裂することもあり，一つの民族に複数の武装勢力があることも珍しくない【☞第13章3(1)】。シャン人の民族解放闘争は，こうしたミャンマー（ビルマ）内戦の一部である（ミャンマーでは2021年のクーデター以降，民主主義の復権を求める人々と国軍との間で新たな内戦が発生したが，そのことは本章では論じない）。

　私は調査を通して，武装勢力の関係者も含めて様々なシャン人に会ってきた。さすがに戦場で調査はできないので，主な調査地はミャンマー国内でも政府の支配地域やミャンマーの隣国タイである。シャン人はミャンマーの人口の約9％を占め，その多くはシャン州に住んでいる。シャン州は隣国タイ

国境と接しており，シャン人武装勢力のなかにはタイとの国境に拠点を設ける組織もある。タイにはミャンマーを追われたシャン人政治活動家が住んでおり，シャン人武装勢力の関係者にも国境を越えて住んでいる者がいる。

(2)　ビルマ人のように育てられたシャン人活動家

　私は調査を始めた頃（2017年），ある老齢のシャン人活動家にタイで出会った。名をクンサイという。クンサイ氏はシャン人武装勢力で広報担当官をしていた経歴をもち，そこから離脱後はタイを拠点にシャン語でニュースを報道するシャン・ヘラルド通信社（Shan Herald Agency for News）を立ち上げた。その他にも英語の記事を書いたりするなど国際的な発信活動を続けている。そんな経験をもつクンサイ氏は，子どもの頃について次のように語ってくれた。

　　私は，ビルマ語で教育を受けたんだ。家での生活もビルマ語が中心でビルマ人のように振る舞うように教えられた。シャン語を話したのは，ビルマ語ができない祖父や近所の人と話すときくらいだった。ロンジー［ビルマ人の伝統衣装］だって着心地がよく毎日着ていた。

　ミャンマー（ビルマ）では彼のようにビルマ語を用いビルマ人のように育てられたシャン人は少なくない。実際，都市部では少数民族のビルマ化がかなり進んでいる。そうした地域では，シャン語を家庭でしか使わない，あるいはシャン語を話せないシャン人もいる。彼らは自分の出自がシャン人であることを認識しながらも，ごく一般的なビルマ人のように生活している。しかし，のちにクンサイ氏は民族意識に目覚め，シャン人武装勢力に加入することになった。

　クンサイ氏が民族解放闘争に入ったきっかけは，ビルマで強権政治が始まったことである。ビルマでは1962年にクーデターが発生し，その後，50年近くも軍事政権が続いた。彼は学生のときにそのクーデターを経験し，それまで許されていた少数民族の文化活動や言語教育が抑圧される状況を目にし

た。その経験から「自分はシャン人であり，シャン人はビルマ人と一緒にいるべきではない」という民族意識をもち，民族解放闘争に参加することに決めたという。

　クンサイ氏が入った武装勢力は「シャン統一革命軍（Shan United Revolutionary Army: SURA）」という。SURA は1969年にタイ＝ミャンマー国境沿いにある一つの村に軍事基地を設置し，そこを拠点に活動を続けた。SURA での共通語はシャン語であった。クンサイ氏は SURA に加入してからビルマ語を使う機会はほとんどなく，ほぼ忘れてしまったという。また，彼は，中退ではあるものの大学に通った経験があり，教育水準が高かった。さらにシャン語で文章も書けた。そこで SURA の指導者コンジュン氏は彼に，SURA の広報担当を任せたという。クンサイ氏は知識階層だったので戦場の経験は少なく，SURA では文官業務に当たることになった。

(3)　できるだけ戦わない紛争

　その一方，かつての SURA の本拠地で私が会った古老は長年，SURA の歩兵であった。私がこの人物と会った2020年，すでに SURA は解体され，かつての本拠地は寒村になっていた。しかしながら，この村には SURA の活動時から住んでいるシャン人が残っている。この古老は30年間の兵士生活のなかで「17回ビルマ軍と戦った。そのうち 5 回勝って，12回負けた」と語った。驚くほど戦わないのだ。この古老にとって12回目の敗北とは SURA が敗退し本拠地を放棄したときのことであった。

　一般的にミャンマー（ビルマ）内戦の武装勢力はできるだけ戦わずして領土を維持しようとする。平常時，武装勢力は丘の上などに見張り台を設け，少人数の兵士を駐留させておく。その一方でパトロール隊を組織して各地を巡回する。国軍側も無駄な戦闘を避けるために武装勢力の影響力のある地域に無理に侵入することはしないし，武装勢力側も国軍兵士が侵入してこない限り攻撃を仕掛けることはない。このように武装勢力の支配地域は，武力を保持しながらも，できるだけそれらを使わずに維持される。戦闘が起きたとしても深追いはしない（だから12回も負けられる）。実際，ミャンマー（ビル

216

マ）内戦における武装勢力の指導者の一人は「強い軍隊をもち，その脅威を用いることで戦わずして領土を守ることが最善策である」と私に語った。

　ただ，実際の戦闘は少ないものの，人々は緊張関係のなかで日常生活を送らなければならない。武装勢力の影響下にある村々には武装勢力によって税が課されるし，徴兵がなされる（徴兵された者たちは武装勢力の拠点で軍事訓練を受け，その後，上述のような見張り台などに配属される）。ミャンマー（ビルマ）内戦ではほとんどの地域で，前線，すなわち軍と軍とが対峙するラインがない。支配地域はなんとなくわかれており，ミャンマー（ビルマ）政府の役人や政府の学校を運営する教員がいても武装勢力の影響下にあったり（徴兵や徴税がなされており，武装勢力との連絡体制が作られている），ミャンマー（ビルマ）政府の掌握地域といえる幹線道路から山道を入れば武装勢力の影響下であったりする。このような場所では戦闘はないながらも人々は紛争下に暮らしているといえよう。

　このように戦闘は少ないものの，たまに大規模な戦闘が起こる。政治的に武装勢力を掃討するチャンスとなると国軍が攻勢をかけ，武装勢力も全力で防衛する。上述の古老が12回目に負けたときはSURAがミャンマー国軍に敗退したときであった。このとき，兵士やその家族が大量にタイ側へと逃げ込んだという。この古老も，このときをきっかけにタイ側へと逃げ，以来，タイ側の村に住み続けている。仲間のなかには新たに組織されたシャン人勢力に加わった者もいるが，自分はもう歳なので戦場にはいかないことにしたという。

　その新たな勢力の名は「シャン州復興委員会（Restoration Council for Shan State: RCSS）」という。RCSS は，SURA の残党がミャンマー政府への投降を拒否して1990年代後半に設立し戦闘を継続した。その拠点も，別の場所ではあるが，タイ＝ミャンマー国境沿いにつくられた（峯田 2020）。RCSS は2011年に中央政府と停戦合意を交わし，それをきっかけに政治目標をミャンマー国内での自治権獲得に変えた。

　しかしながら，停戦合意が結ばれたことが，そのまま紛争の終結を意味するわけではない。停戦合意は政治的な解決に向けて中央政府と交渉するため

に結ばれた。とはいえ，RCSS は徴兵を続けており，武装放棄をしていない。なぜなら，停戦合意に油断した結果，国軍に掃討された勢力がかつてあったからである。そもそも合意事項のなかには兵士の削減や武装の解除は含まれていない。ゆえに停戦合意があったとしても RCSS と国軍とのにらみあいは続いている。

(4) 隣国タイから武装勢力を応援する移民たち

　こうした状況がミャンマーで見られる一方，その隣国タイには，RCSS を応援するシャン人たちがいる。彼らは移民として日常生活を送りながら，事あるごとに RCSS と関わりを持っている。1990年代後半以降，RCSS はシャン州各地で戦闘を継続した。その結果，国境沿いに住む多くのシャン人たちが故地を追われることになった。タイ側へと逃げ込んだシャン人たちは生活のためにタイで低賃金労働者となった。2000年代後半までに戦闘は落ち着いたものの，すでにタイにいるシャン人たちが，新たな人々を呼び寄せることでシャン人移民がタイへと流入し続けることになった。今や彼らは移民労働者としてタイにやってきている。こうした状況もあり，タイ北部の都市チェンマイでは2000年代以降，各地でシャン人のお祭りが開かれるようになった。

　お祭りには，たくさんのシャン人たちがやってきては屋台での買い食いをしたり，伝統衣装を着ての街歩きを楽しんだりしている（Ampon 2015）。お祭り会場では特設ステージが設置され，ステージ上ではシャン人歌手を呼び寄せてのコンサートや，シャン人美人コンテストが開かれる。

　注目したいのは，そうしたお祭りに RCSS 関連のものが売っていることだ。たとえばシャン人の伝統衣装を扱う服飾屋台には政治的なメッセージを書き込んだTシャツなどが売られ，シャン人の流行歌を収録した CD やカセットを売る屋台には，RCSS の活動を記録した VCD も並んでいた（VCDとは，ビデオ CD の略称であり，コンパクトディスクに動画を記録し，VCD プレイヤーで再生するものである）。タイに住むシャン人移民のなかには RCSS の徴兵を逃れてタイへと出てきた者も少なからずいるが，彼らにとってもビルマ人による支配に抗する RCSS は，応援の対象と捉えられている（Ampon

2015)。

　2010年代後半以降は大半の人々がスマートフォンをもつようになったため、もはやお祭りの屋台で VCD は売られていない。その代わりに SNS 上には RCSS の応援ページがいくつも作られ、日々、ニュースが更新されている。タイに住むシャン人たちも、私たち日本に住んでいる者と同じようにスマートフォンで SNS を楽しみ、他愛もない動画を見て暇をつぶしている。しかし、彼らがみる投稿の一部は、武装勢力の活動に関するものであり、自らの民族意識を高揚させるものである。私がフィールドで知り合った人にも、こうした投稿に「いいね」を押したり、シェアしたりする人もいる。こうしてみるとシャン人移民たちはタイで労働者としての日常生活を送りながら、SNS 上の静かな戦いに参与しているといってよい。つまりタイで暮らすシャン人たちは、戦闘はないものの、紛争と隣り合わせの生活をしているのである。

4　紛争の現実を理解する

⑴　「想像の共同体」をエンターテインメントで作り出す

　タイ人研究者アンポーンは、上述のようなお祭りは、ミャンマーでは実現できないシャン人の「想像の共同体」を創出する役割があると論じている（Ampon 2015）。こうしたお祭りは「シャン人がシャン人であることを楽しむため」のものであり、こうしたイベントを開催することでシャン人の民族意識が高まっているというのだ。

　武装勢力 RCSS も2011年に停戦合意を締結した後、こうしたエンターテインメントを通じた「想像の共同体」の創出に大きく貢献することになった。停戦合意後、RCSS は年間に数日、シャン人の祭典の時期だけ、その本拠地を一般のシャン人に開放するようになった。RCSS の拠点はタイ＝ミャンマー国境上にある。ミャンマー側からの通行は許されないものの、タイ側からはたくさんのシャン人移民が押し寄せる。その時期には、上述のようなコンサートが開かれ屋台がたくさん出る。軍事パレードも開かれ、民族衣装で

着飾った人々が兵士たちにスマートフォンを向けている。冒頭の写真はそんな一場面を示したものである。

　彼らの姿は，楽しんでいるように見えるし，実際にはしゃいでいる人も多い。しかしながら，そうした人々のなかには難民として暮らした経験をもったり，村を捨てざるをえなかった経験がある者も少なくない。親戚の男の子がRCSSに徴兵されていると語った者もいた。RCSSの本拠地でお祭りに興じる人たちにも，そうした複雑な経験がある。それでもなお彼らはRCSSの基地で開かれる祭典に参加することでシャン人の民族意識を確認しているのだ。

(2)　「紛争＝彼ら／平和＝私たち」ともいえない現実

　本章では，ミャンマー（ビルマ）内戦を広い文脈に位置付けて理解することを試み，戦闘の部分を切り取るだけでは「紛争」を理解できないことを示してきた。上述の描写からは，紛争の前線だけではなく，後背地における人々の日常のなかにも紛争が埋め込まれていることがわかってくる。最後に指摘したいのはそうした状況は，タイ＝ミャンマー国境周辺だけにみられるだけではなく，ゆるやかながら世界的に広がっていることである。先進国にはミャンマーから逃げ，第三国定住をした難民たちがいる。彼らのなかには国境地域に暮らす親族へ送金したり，武装勢力を応援したりする人々もいる【☞第13章3(3)】。さらに先進国には難民支援をするNGOや市民団体が活動をしている。日本も例外ではない。東京には，ミャンマー人が運営するミャンマー料理レストランが多くある。その一軒は私の行きつけだ。そこにはミャンマーの人たちも出入りするし，ミャンマー支援に携わる日本人たちも食事をしに来る。ジャーナリストや研究者といった物書きも立ち寄る。店のオーナーは募金箱を設置して難民支援に携わっている。私がこのレストランを紹介してもらったのはRCSSの関係者からであった。親戚が日本でレストランをしているから行ってみろと言われたのだ。こうした状況からは，紛争から遠く離れた場所でも紛争の影響が読み取れる。紛争が作り上げる関係性は，様々な人々を巻き込みながら，東南アジアの外にも広がっているのだ。そこからみえてくるのは「紛争があるのは〈彼ら〉の世界で，私たちの世界

は〈平和〉である」といった線引きさえも不明瞭であることである。

参考文献

アンダーソン，B　2007『定本　想像の共同体──ナショナリズムの起源と流行』白石隆・白石さや訳，書籍工房早山。

石川登　2008『境界の社会史──国家が所有を宣言するとき』京都大学学術出版会。

栗本英世　1996『民族紛争を生きる人びと──現代アフリカの国家とマイノリティ』世界思想社。

佐藤成基　2014『国家の社会学』青弓社。

床呂郁哉　1999『越境──スールー海域世界から』岩波書店。

中西嘉宏　2022『ミャンマー現代史』岩波書店。

中野亜里・遠藤聡・小高泰・玉置充・増原綾子　2016『入門・東南アジア現代政治史』改訂版，福村出版。

堀場明子　2016「タイ深南部紛争と平和構築イニシアティブ」『ボランティア学研究』16：59-68。

間瀬朋子・佐伯奈津子・村井吉敬　2013『現代インドネシアを知るための60章』明石書店。

峯田史郎　2020「東南アジア境界地域における武力闘争へのマルチスケールと人間の領域性からの接近」『境界研究』10：1-21。

松野明久　2010「パプア──国際関係の中で揺らぐ自決権の行使」『Prime』32：29-43。

Ampon Chirattikon 2015. *Phuen thi satharana kham chat: Kan mueang rueang phuenthi khong raeng ngan opphyapop thaiyai nai chang wat chiang mai.* Sung wichai lae borikan kana sangkhomsat mahawithayalai chiang mai.

Lintner, B. 1999. *Burma in Revolt: Opium and Insurgency since 1948.* Silkworm Books.

Richards, P. ed. 2004. *No Peace, No War: An Anthropology of Contemporary Armed Conflict.* Ohio University Press.

●課題●

1 東南アジアで起きた武力紛争について調べてみよう。現在起きている紛争でも，過去に起こった紛争でも，どちらでも構わない。
2 本章では紛争と平和の境界は曖昧であると主張しているが，あえて両者の境界線を定めようとするなら，それはどこにあるといえるだろうか。
3 ミャンマー政府は少数民族の武装勢力を国内の危険分子とみているが，その一方でシャン人にとってミャンマー政府は民族運動を武力で阻む敵でもある。このように，ある出来事が見方を変えれば善にもなり悪にもなるが，同じような事例を私たちの身近な出来事から考えてみよう。

●読書案内●

『ビルマ・アヘン王国潜入記』高野秀行，草思社，1998年
　　ミャンマー内戦を扱ったノンフィクション。1990年代，ミャンマーには違法薬物の原料であるアヘンを原資に活動する武装勢力がいた。その武装勢力と交渉し，アヘンを栽培する村に住まわせてもらうことで，そこでの暮らしをレポートしている。

『民族紛争を生きる人びと——現代アフリカの国家とマイノリティ』栗本英世，世界思想社，1996年
　　武力紛争を扱った日本ではじめての文化人類学者による著作。フィールドで仲良くしていた若者たちが，武力紛争に巻き込まれ，次々と武装勢力に志願して兵士になる。そんな経験をスーダン南部（現・南スーダン）でした文化人類学者が武力紛争のリアルを描き出す。

『国家の余白——メコンデルタ・生き残りの社会史』下條尚志，京都大学学術出版会，2021年
　　ベトナムでもカンボジアとの国境に近い場所でのフィールドワークに基づく。その記述からはベトナムやカンボジアが辿ってきた戦禍のなかで，人々がどのように生き抜いてきたのかが理解できる。

第13章

難民

難民が創るつながりとは何か

久保忠行

難民キャンプのケトボ柱。毎年1本が立てられ，ケトボ柱には祭事の期間，精霊信仰の神が降臨するとされる（2012年，筆者撮影）

1　人は誰でも難民になる

(1)　難民とは誰か

　世界の難民数は増加傾向にある。難民の動向は，国連難民高等弁務官事務所（以下，UNHCRと表記）が，毎年「数字でみる難民情勢」で傾向と概要を発表している。意外に思われるかもしれないが日本を出身とする難民や庇護申請者もいる。国連の統計によると1994年から2022年までの期間で，日本出身の庇護申請者数は1369人で，国連が難民認定した者（マンデート難民）は

2463人である。この統計では日本国籍はないが日本で生まれ育った者もカウントされている。そのため該当者のすべてが日本国籍をもつ日本人とは限らない。それでも他国に逃れた日本人の難民はいる。個人情報のため詳しい認定理由は明らかではないが，カナダで庇護された人のなかには部落差別を理由として難民認定された人もいる（根本 2013：27）。難民問題は他人ごとではない。しかし私たちは，どこからどこへ何人の難民が押し寄せているといったように，数字の問題として難民問題を認識するにとどまることが多い。この章では，数や人口の問題ではなく文化人類学の視点，つまり難民として暮らす人々が生きる文脈から難民を理解することの重要性を論じる。

　難民とは，政治的な迫害による恐怖から国外へ逃れる人である（国連難民高等弁務官事務所 2001：23）。たとえば，国民を弾圧する軍事政権を批判したため迫害される恐れのある人や，特定の集団に属するため危害を受ける恐れがある者は難民になりうる。特定の集団とは，たとえば民族集団の成員であることや特定の宗教を信仰していることである。LGBTQ など性的少数者も難民になりうる（工藤 2022）。しかし該当者を難民として受け入れるかどうかや，何人程度を受け入れるのかは国によって異なる。また実際の難民数は，統計数よりもさらに多い。というのも国外へ逃げることができず自国内に留まらざるをえない人もいるからである。これらの人々を「国内避難民」という。なお，「経済難民」という言葉は，ときに難民の政治性を無化してしまう。人は必ずしも最初から経済的に困窮しているわけではない。むしろ失政により貧困が生じる点や，難民となった結果，経済的に困窮する側面に着目するほうが実態に即している。

　私たちは，職業や年収を学歴と結び付けて考えることが多い。こうした発想は，よい仕事につけず経済的に困窮するのはその人の努力がたりない，ひいては能力がないからだという「自己責任論」と表裏一体である。学歴をその人の稼ぐ能力の指標とみなすのと同じ発想で，難民であることを無能力と結び付ける見方も根強い。そのため難民支援の現場では，難民が未熟な子どものように扱われるという問題点もある。他方で紛争や迫害を背景とするため，難民は「怖い」という印象をもつ人もいるだろう。難民問題といえば，

人口規模と難民化に伴う貧困，そして難民という言葉から連想される負のイメージが先行しがちである。しかし，難民問題とは，国家が特定の人や集団を政治的理由から排除することで生じる問題で，なおかつ，難民を受け入れる側が排除することで生まれる問題でもある。

⑵　私たちと難民問題

　私たちに身近な難民といえば，「○○難民」だが，この「難民」は学術的な用法に即したものではない。○○には様々な用語が入る。ネットカフェ難民，帰宅難民，原発難民，買い物難民，結婚難民，出産難民，がん難民，介護難民，英語難民といったものから，モテ下手難民（魅力があるのに上手く自分をアピールできない人たち），デジタル難民（最新のデジタル事情についていけない人たち）や，コロナ難民という造語まである。これは当初，日本人なのに感染が疑われるため日本に入国できない状況にある者を指していたが，やがて，感染しても医療逼迫が理由で入院できない者を指すようになり，その後は，感染後の後遺症に苦しむ人を意味するようにもなった。

　「○○難民」という造語は日本特有のものだが，この用法に共通する「難民」像は次のとおりである。まず「難民」とは，困難な状況に直面している人を指す。そして，情報・サービス・人・モノ・場所へのアクセスがないことや，当然あるはずの権利がない，もしくは奪われたことで不遇な生を送る人を指す。端的に，本来はあるはずとされる関係性や資源，環境，居場所や要件などの喪失を「難民」の語で表現している。

　しかし，この「難民」の用法は学術的な議論には適しておらず問題点もある。第一に，学術と実務の観点から厳密性に欠けるからである。この造語は難民が直面する困難の本質を示しているかもしれないが，造語に過ぎない。コロナ難民の用法に一貫性がないように，その時々の状況や使用者によって含意が異なる。対象を曖昧にする用法は実務や学術的な議論に適さない。第二に，この造語には「こうはなりたくない」という蔑みや拒否反応が含まれることもあり，特定の状態にある人々を他者化（自分には関係ないと排除）することもある。難民＝貧困＝無力のイメージと結び付き，難民であることを

自己責任であるかのように誤解する恐れもある。それゆえ支援の網の目からも漏れやすくなる。その一方，日本で「〇〇難民」の造語が次々と生まれるのは，本来の難民を指す外国人に加え，日本人もまた社会的排除の状態にあるからではないだろうか（久保・阿部 2021）。社会的排除とは，たとえば非正規労働者のように企業に都合のよい労働力として搾取され，本来は享受すべき福祉制度から締め出された状況におかれている様子を指す。

　「〇〇難民」の用法は正確ではないものの，日本で，あるいは日本語で難民問題を考えるうえでは避けて通れない。この点でも，難民というテーマは私たちの問題として考えることができる。

　本章では，東南アジアのなかでもミャンマー難民を事例として，難民としての経験をみていく。実際に暮らしの側面からみていくと，人々の経験は喪失ではなく創造的なものでもあることがわかる。ミャンマー難民のことを知る，つまり他者理解を通して，私たちの難民への理解もアップデートすることも本章のねらいである。

2　難民の視点から考えること

(1)　難民のステレオタイプ

　難民は支援対象になるので，哀れみの目でみられることが多い。難民といえば，飢えた子どもの姿をイメージすることも多いだろう。ここで UNHCR の公式ウェブサイトで使われている写真を確認してみよう。日本語で検索すると UNHCR の広報と募金を担う国連 UNHCR 協会が検索のトップに出てくるかもしれないが，UNHCR 日本（https://www.unhcr. org/jp/）や英語サイト（https://www.unhcr.org/）を確認してほしい。時勢によって切迫した写真もあるだろうが，日常の 1 コマや人が移動する姿の写真が掲載されているはずだ。笑顔の写真もあるだろう。

　募金目的のサイトでは，あえてインパクトを与える写真が用いられることもあるが，比較的ニュートラルな写真が用いられるのは，哀れみのまなざしのみで切り取ることがその人の尊厳を傷付けることになるからである。確か

に難民としての暮らしには，喪失感が伴う。故郷から引き離される苦しみ
や，支援に頼らざるをえない負い目，偏見から生じる差別もある。難民は，
自身の社会や文化から引き離された，いわば「根無し草」とされることもか
わいそうな難民像にもつながる。次にみるように人類学的な難民研究では，
こうしたステレオタイプ化された難民像を相対化する点に特徴がある。

(2) 難民研究と文化人類学の視点

　難民研究の歴史は浅い。難民が政治課題としてあらわれてくるのは難民が
急増した第二次世界大戦後である。1948年には世界人権宣言が採択され難民
の庇護を求める権利や基本的人権についての意識が国連加盟国の間で高まっ
た。世界人権宣言を受けて1951年に「難民の地位に関する条約」が，1967年
に「難民の地位に関する議定書」が採択された。これらは難民の法的地位を
包括的に定めたもので，2つをあわせて「難民条約」という。カテゴリーと
しての「難民」の誕生である。

　人文科学分野での難民研究は1980年代以降で，その端緒は，冷戦後に国民
国家論やナショナリズムが隆盛したことにある。世界初の難民研究機関であ
るオックスフォード大学難民研究センターが設立されたのは，1982年であ
る。難民研究は複数分野にまたがる学際的な研究領域である。法学，政治
学，経済学，国際関係論，国際協力，教育学，社会福祉学，衛生学，思想，
ジェンダー，地域研究，社会学や文学にいたるまで，幅広い分野で研究がさ
れている。これほど広い領域をカバーしていることは意外だろうか。もしそ
うなら，あなたのなかにもステレオタイプがあるからかもしれない。難民と
聞くと，悲惨，困難，支援と結び付く特定の属性をイメージしがちだが，難
民とは人である。それゆえ人間が関わる領域のすべてが研究対象になる。

　ただしこれらの研究は，必ずしも難民を主語に論じているわけではない。
たとえば，難民が抱える「困難」，必要な「支援」，保護するための「法律」，
難民をとりまく「国際関係」，難民を受け入れる「国家」や「社会」などが
事実上の主語として論じられ，そこで難民は客体として扱われる。その一方
で，難民を主語とするのが文化人類学である。オックスフォード大学の難民

研究センターの初代所長のバーバラ・ハレルボンドは人類学者である。彼女の主著で難民研究の古典でもある『押しつけられた援助』（1986年）で，ハレルボンドは援助する側の都合が優先される構造を批判し，それがかえって難民を受動的な存在にさせると指摘した（Harrell-Bond 1986）。

　こうした批判的な論考は，難民研究にかぎらず1980年代以降の人類学（ポストコロニアル人類学）で活発にみられた。ジェイムズ・クリフォードらは『文化を書く』（クリフォード／マーカス編 1996, 原典は1986年）で，調査者である人類学者と調査対象者（インフォーマント）には不平等な力関係があるにもかかわらず，対象を超越的な視点から一方的に記述する「書く側」の権威を批判した。つまり神の視点に立ったかのごとく特権的な立場から対象を記述する人類学者の姿勢が問題視された。

　このような自己批判は，その後の人類学のあり方に大きな影響を及ぼした。難民研究に引き付けるとハレルボンドが提起した批判の核心部，つまり支援を「する側」の見方を押し付けているのではないかという点は，今なお有効である。現在では，開発と同じく対象者を受け身の存在ではなく主体とする参加型の支援アプローチがとられるようになっている【☞第16章 2(3)】。

　人類学的な難民研究では，犠牲者としての難民像（難民というラベル）をいったん留保する視点をとる。つまり困難な状況にあるなかでの生存戦略やレジリエンス（困難から立ちなおる力），難民として暮らす人々の我々意識やアイデンティティの再形成などに着目してきた（久保 2014；片 2020；村橋 2021）。「難民と文化」も切り口の一つである。みなさんには，難民と文化の組み合わせにも違和感があるかもしれない。この違和感の背景には，自国を追われた「根無し草」の難民には，文化はないというイメージがあるからだろう。また難民＝貧困のイメージから，文明的という響きをもつ文化という言葉がマッチしないという直感が働くからかもしれない。このような「ある文化は，ある土地にのみ根付いている」という視点は，せまい文化観である。多くの移民研究が明らかにしてきたのは，移民は，移住先に完全に同化してしまうのではなく自国や自民族の文化を維持あるいは変化させながら，新しい環境に馴染んでいった点である【☞第14章 2(1)】。私たちの食生活に多

くのバリエーションがあるのも，移民，すなわち国境を越えて移動し，移動先で定着する人々がもたらした文化の多様性の恩恵を私たちが受けているからである。

　移動民である難民もまた，移住先で自文化を再創造してきた。その一つが，人々が故郷で行ってきた伝統文化の復興である。故郷を追われた人にとって，祭礼や民俗芸能の復興は再生への大きな力になる。日本では東日本大震災後，伝統芸能や地域の祭事の再興が復興の一つの象徴とされた。このように伝統文化は，難民や被災者など故郷を失った人々が生活を立てなおしたり，人と人のつながりを再創造したりする契機になる。

　以下では，ミャンマー難民のなかでもカレンニー難民の伝統文化の復興を事例として，難民＝「根無し草」という見方を再考し，むしろ複数の場所と関係をもちながら展開する難民の生をみてみたい。

3　複数の場所とつながる難民

⑴　東南アジアの難民の移動

　東南アジアでは，1970年代以降にベトナム，ラオス，カンボジアを出身とするインドシナ難民が発生した。インドシナ難民は日本でも暮らしている。またインドネシアの支配下にあった東ティモール（2002年に独立）難民のほか，現在では主にフィリピン南部の難民やロヒンギャ難民を含むミャンマー難民を域内にかかえている。東南アジア大陸部の国家は陸続きなので，国境線をはさんで親族や同じ民族が居住していたりすることは珍しくない。私たちは，人間が国境を越えるという表現をする。しかし東南アジア諸国の国家形成の歴史を踏まえると，人が国境を越える（cross）のではなく，恣意的にひかれた国境線が人を区切って（cross）いることがよくわかる【☞第5章2⑷】。

　ミャンマー現代史は，軍事政権と内戦の歴史といっても過言ではない。ビルマ民族中心の国家建設と暴力に訴える軍政に対して，諸民族は抵抗運動を展開してきた。一般的に「ミャンマーの民族紛争」と呼ばれたり報道されたりするが，注意すべきは「民族」の違いが紛争を引き起こしたという説明の

仕方である。民族とは本質主義的にあるものではない。むしろ紛争や対立の
プロセスで自他の差異が強調され，それが「民族」の違いとして強調される
ようになる【☞第3章3(2)】。

　ミャンマー難民は，同国が国境を接する国のなかでも中国，インド，バン
グラデシュ，タイへ避難している。タイ側への避難は1980年代から始まり，
難民キャンプが設置されたのは1989年で現在に至る。難民数が最多の2000年
前後には，国境全体で15万人以上の難民がおり，いまも新たな難民が流入し
9万人以上が保護対象になっている。難民生活は長期化し解決の見通しをた
てるのは困難である。人々が暮らしていた村は強制移住や焼き討ちにあい，
もはや帰るべき場所がないというケースもある。2011年から2021年までの10
年間，ミャンマーは民政期を迎えたが，この間も難民の公式の帰還は進まな
かった。民政であっても軍の権力を維持する仕組みになっていたことや，何
より中央政府への不信があったからだ。実際に2021年2月，ミャンマーでは
再び軍事クーデターが起き軍政に逆戻りした。

　多くの難民の避難先であるタイ政府は，難民条約を批准していない。それ
でも帰還できない難民に対応するため2005年から第三国定住制度を導入し
た。これは国連機関が仲介する難民の再定住支援制度で，出身地のミャン
マーでも避難先のタイでもない第三の国へ難民を再定住させる支援制度であ
る。難民キャンプからは12万人以上が出国し，おもな難民の受入国は，アメ
リカ，カナダ，オーストラリア，ニュージーランド，フィンランドなどであ
る。日本も一時的にタイのミャンマー難民を受け入れた。1970～80年代のイ
ンドシナ難民もまた，タイのほか，マレーシアやインドネシア，香港などへ
ボートピープルとして避難した。当時も各地に難民キャンプが設置され，そ
こから第三国定住としてアメリカやオーストラリア，フランスなどへ難民は
移住していった。

　こうした歴史的経緯をみてみると，東南アジアの難民は，故郷・難民キャ
ンプ・第三国の3地点を移動していることがわかる。本章では，この3地点
の関連を伝統文化に着目して明らかにし，複数の場所とつながりを維持して
生きる難民の姿を提示する。

⑵　暮らしの連続性と伝統の復興──難民キャンプの場合

　難民キャンプとは，難民という外国人を管理し，かつ支援を効率的に提供するための収容施設である。難民の保護と人道支援を提供する場という意味では，対象者を「人間」として扱うための場である。その一方で，難民キャンプとは収容者をモノ化する仕組みでもある。キャンプで人は難民という支援のカテゴリーとして扱われるからである。個別に振られた番号や「標準」「脆弱」といった支援の都合による分類は，個々人を埋没させ対象を顔のみえない存在にさせる。

　私たちが募金などで難民支援に関わろうとするさいに，どこの誰を支援しているのかを知ることは難しく，そのような発想に至らないかもしれない。「難民である前に，一人ひとりに名前があり生い立ちがある」ことは，指摘されれば当たり前のことだが，そこまで思い至らない点に難民というラベルの強さがある（このため，私は単に難民ではなくできるだけ「難民として暮らす人々」と表記するようにしている）。

　難民としての生活には，アウェイであることの感覚が伴う。そうだからこそ人はその場所で生活空間を再構築しようとする。なかでも人々を活気づかせるのが，伝統文化である。人々は故郷で行ってきた伝統行事を，難民キャンプで復興させてきた。タイのカレンニー難民キャンプでは，ケトボ祭とディクー祭という祭事が，それぞれ4月と9月に行われている。ケトボ祭とは，御柱を立て世界を創った神を慰撫し安寧を願う祭事である。ケトボ柱は毎年1本ずつ立てられ，その後は数年間かけて自然に朽ちるままにされる。祭事は数日間で終わるが，ケトボ柱のある風景は故郷の村落の再現である。またディクー祭とは，収穫祈願の祭事で，家族の良好な関係や連帯を確認する祭事である。ディクーの葉に餅米を入れて蒸したちまきに似た料理を作って食べる。これらは，もともと精霊信仰に基づく祭事だが，キリスト教徒も仏教徒も参加する。こうした伝統行事を行うことは，一時的にでも難民キャンプを「故郷のような場所」にする意味をもつ（本章冒頭，扉の写真を参照）。

　これらの祭事は復興する過程で，新しい意味や解釈が付け加えられてい

る。難民キャンプで復興した伝統行事は，ミャンマー軍政に政治的，軍事的に対抗する「カレンニー」という民族の我々意識（エスノ・ナショナリズム）を強化するものとして意味付けられる。家族の連帯や祭事にかかる神話は，「カレンニー」を構成する諸民族の連帯として再解釈され，神話は敵対する民族を倒す物語となった。第4章で紹介されている『創られた伝統』で論じられるように，伝統とは，創造されるものである（ボブズボウム／レンジャー編1992）。また「民族」の起源や歴史が刻印された伝統は，故郷の喪失という現在と接点をもつことで意味をもつ。伝統とは単なる過去の遺物ではなく，現在化された過去である。伝統文化を行うことは，故郷や祖国と呼べる場所を失った難民にとって，故郷との象徴的なつながりと，難民同士のつながりを創造する機会になる。

(3) 暮らしの連続性と伝統の復興——第三国定住後の場合

　では欧米の先進諸国へ第三国定住した難民のその後はどうなるのだろうか。第三国定住難民として受け入れられたからといって，その国の国籍をすぐに取得できるわけではない。支援体制や難民の法的地位は各国によって異なる。またアメリカのように入国後，4〜6か月程度で低賃金労働につき，公的援助を受けながら暮らしを始める国もあれば，フィンランドのように移住後，数年間にわたり語学と職業訓練の機会を提供している国もある（久保2019）。移住した第一世代は，生活環境の相違や移住先の言葉が話せないことから苦労がたえない。またミャンマーでもタイでもない第三国へ来ることで，改めて「私は誰か」と自問することもある。タイに避難したミャンマー難民として扱われるが，彼ら自身にタイ人やミャンマー人という認識はない。彼らはミャンマー人（ビルマ人）を中心とする軍政から避難してきたからである。そこで強調されるのがカレンニーというエスニック・アイデンティティである【☞第12章3(1)】。

　アメリカでは，アジア系の移民・難民は差別されることがある。たとえば魚醤を使う料理に特有の匂いのため，いわゆる白人と難民でマンションの棟が隔離されることもあった。他方でフィンランドのような福祉国家でも，料

理の匂いが原因のトラブルはあるが結末は真逆である。近隣住民が警察に通報した理由は「死臭がする」というものであった。しかし魚醤の匂いだとわかると，その後はこれまでどおりの日常が続いた。

　こうした難民への手厚い保護と理解があっても「幸せ」かどうかは相対的なものである。フィンランドで高齢者は就労することなく暮らしていけるが，ある老夫婦は，その暮らしを次のように表現する。「キャンプでは金はないがすることはたくさんあった。ここでは金はあるがすることがない」。この夫婦の楽しみは，一年のうちでも限られた時期だけ楽しむことができるベリー摘みである。

　移住先では，これまでの高床式の竹と葉で作った住居ではなく，マンション暮らしが始まる。生活は劇的に変化するが生活スタイルと食生活は変わらない。難民の集住地では，かつてのように人々は互いの家を往来する。料理を再現するには食材が必要になる。アメリカでアジア野菜を栽培し供給しているのは，ラオスの内戦に巻き込まれ1980年代に難民として渡米したモン難民である。モン難民が時間をかけて整えた生活環境が，2000年代以降に渡米したカレン難民，カレンニー難民などミャンマーを出身とする難民の定住をスムーズにさせている。定住先での暮らしが落ち着き始めると，お金やパソコン，スマホなどを難民キャンプの親族や友人に送るようになる。しかしやりとりは双方向的である。難民キャンプからは，調味料や食材，お菓子，伝統衣装などが郵送される。伝統衣装の織り手はキャンプにいるからだ。このようなモノの流れに目を向けると，他国へ移住してからも難民キャンプとのつながりのなかで新しい生活が展開されていることがわかる。

　異国へ移住し不便や不安をかかえるなかで，よりどころの一つになるのが衣食住など自身のアイデンティティを示すものである。そして「私はどこから来た誰か」という自問にこたえてくれるのが，伝統文化である。ケトボ祭とディクー祭は，第三国でも再復興している。私は，キャンプから他国へ再定住した難民を追いかけてアメリカ，フィンランド，オーストラリアで調査を実施したが，それらすべての場所でこれらの祭事が行われている。アメリカのミネソタ州では，これらが精霊信仰の祭事であるにもかかわらず難民に

写真13-1　オーストラリアで立てられているケトボ柱（2017年，筆者撮影）

理解のある神父の協力をえて，カトリック教会の敷地内で行われている。ただし柱を立てることはできないので，主催者の一人が所有する自宅の敷地内にキャンプよりも小規模の柱を立てている。

　オーストラリア南東部のメルボルンでは，多文化主義の理念にならい自治体がケトボ柱を立てる土地を提供している。柱のもとになる木を伐採できないためケトボ柱はコンクリート製である（写真13-1）。復興を担う中心人物が自宅前で小さなケトボ柱を立てていたところ，それが自治体の関係者の目にとまり2011年に土地の供与を受けた。伝統的な方法として柱を立てるのは，その場所に来てから2年目以降なので，2012年に柱を立てた際には「その土地に根付いた感じがした」と振り返っている。フィンランド南部にあるミッケリでは2019年からケトボ祭が行われるようになった。ここでは木を切り倒し精霊を慰撫し装飾品を飾るところまで忠実に再現している。最初のカレンニー難民がフィンランドに到着したのは2006年なので，約13年間の時を経て復興したことになる。本来のやり方でケトボ柱を作れなかったり，ディクーの葉は他国では入手できなかったりと，細部でオリジナルのやり方とは相違がある。しかし復興した伝統行事は，「私たちはどこから来た誰なのか」を確認し維持するための儀礼として重要な役割を果たしている。移住先では伝統衣装を織ることができないので，難民キャンプが供給元としての役割を果たしている。

(4)　つながりのなかの難民

　このような点に着目すると，つながりのなかで難民を捉える重要性を指摘できる。難民は「根無し草」ではない。むしろ移動先に足場を置きながら，故郷や難民キャンプなど複数の場所との関係性のなかを生きている。故郷・

難民キャンプ・第三国といっ国境を越えたトランスナショナルな横軸のつながりがある。ここに時間という縦軸を加えることもできる。若い世代にとって，伝統行事の発祥地ミャンマーは生まれた場所という意味での故郷ではない。それでもこのつながりが維持されるのは，移動先でマイノリティとして自身のアイデンティティを顧みるからである。

　ただ，一つだけ留意してほしい点がある。伝統の復興という側面からは，「〇〇民族は〇〇という民族意識や伝統文化をずっと変わらず維持している」という本質主義的な理解を導くかもしれない。しかしこれまで論じてきたとおり，伝統文化とは今の暮らしを媒介し新しい解釈を付与され，意味あるものとして復興するものである。この点で，過去から連綿と続く不変の何かとして伝統文化や民族意識を捉えることはできない。2005年に第三国定住制度が開始され，第二世代，第三世代が誕生している。アメリカ，フィンランド，オーストラリアなど移動先の国籍を取得した者もいるが，それでもこうした伝統文化が希求されている。この点は，特定の国の国籍があることと自身のアイデンティティは，必ずしも一つのイコールのみで結び付くわけではないことを示している。むしろ難民とは，複数の場所のつながりとアイデンティティを生きるコスモポリタンな存在である。

4　人はいつ難民ではなくなるのか

(1)　難民というラベリングを再考する

　難民の受け入れは，多文化共生を試す試金石とされることがある。これがチャレンジングな課題になるのは，難民問題は治安の問題と結び付けられやすいからである。たとえば墓田は『難民問題』（墓田 2016）で，難民受け入れに慎重な姿勢を示し，同著は冷静で現実的な議論とメディアなどで好意的に受け取られている。しかし記述内容は，人類学者にとっては過激なものである。ここで同書を批判的に検討して，本章のまとめとしたい。

　『難民問題』をつらぬくコンセプトは，「善意の上限」である。「社会の安寧や限られた財源」を考えると人道主義には限界があり，そこから議論を出

発すべきだというものである（墓田 2016：223, 234）。墓田はヨーロッパのシリア難民危機を念頭に，安易な理想主義は社会を危機に陥れるとし，次の懸念を挙げる。それらは治安の悪化，テロの危険の増大，政治の不安定化，経済・社会的コストの増大，社会の喧騒化・荒廃化，居住環境の悪化，人口・民族・文化構造の変容である（墓田 2016：132）。難民や移民の受け入れで，これまでの社会の景色が変わり，地域住民が「途上国的な世界との接触を強いられる」とし，国益を優先しない安易な受け入れは社会の安寧をそこない「国家が難民化する」とまで述べている（墓田 2016：193, 204）。この難民の使い方は，学術的な用法ではない日本特有の「○○難民」と同様だ。つまりその主体（この場合は国家）に本来あるべき権利や資源が失われるという意味で，墓田は「国家が難民化する」と述べている。

　このような自国第一主義を肯定する指摘が，本章冒頭で述べたように社会的排除を生きる私たちの不安を代弁するものである。だからこそ「冷静」で「現実的な批判」として好意的に受け取られたのであろう。排除を正当化するために，同書でたびたび取り上げられるのがヨーロッパでのテロである。しかし，こうした立論にこそテロを助長する罠がある。というのも，エマニュエル・トッドが指摘するとおり，フランスでのテロはホーム・グロウン型（自国内で生まれ育った者が自国内で起こすテロ）である。若者をテロリズムに導くのは，直近に流入した移民や難民ではなく，経済的な不平等とマイノリティに不寛容な社会である（トッド 2016：169）。自国第一主義を掲げ，移民や難民の危険性を煽る政治や言論で分断された社会こそ，テロを生み出す温床になる。移民や難民が社会に溶け込めなかったのではなく，彼らを危険なカテゴリーに押し込める言説がテロリストを育てるのである。『難民問題』に対するその他の論点は，小池（2020）に詳しいが，東南アジアに目を向けると，ヨーロッパのように移民や難民の流入自体をテロと直結するような論調はない。越境は日常であり，そうした人の移動をとめることはできない。本章で扱ってきたミャンマーでは，軍事政府が軍政に反対する人々を「テロリスト」と名付け政権を正当化している。

　墓田の議論は，「犯罪を犯したのは難民だった。だから難民は犯罪者だ」

のロジックで書かれている。では次の文章はどうだろうか。「犯罪を犯したのは日本人だった。だから日本人は犯罪者だ」。2つの文章は，同じ論理構成で書かれている。後文から，この文章は論理に飛躍があることがわかるが，前文が説得力をもってしまうのはなぜか。やはり問われているのは，難民というラベルがもつイメージやステレオタイプを問いなおすことである。つまり，本質主義的な他者理解の仕方を再考することである。

　第三国に再定住した難民は，他の外国人と同様，ビザ（在留資格）があるのでステイタス上は難民ではなくなる。しかし実際には，疎外感をもたらすマイノリティとして苦難があり，その点で難民としての経験は継続する。これを助長するのが，ステレオタイプ化した受け入れ側の偏見である。これを解きほぐすために次のようなアプローチをとってみよう。

(2)　人類学的視点の重要性

　まず問題の主語を反転させることである。世の中には，様々な「〇〇問題」があるが，そこでは，〇〇が直面する困難に目が向けられがちである。しかし，これらの問題の核心は「〇〇ではない者」の問題である。たとえば障害者の問題は，健常者中心の社会の問題で，女性差別は男性中心社会の問題である。黒人差別は白人社会の問題で，貧困とは富をもつ者の問題である。同様に難民問題とは，難民ではない者，私たち国民の問題である。国家中心的なものの見方が難民を二重，三重に周縁化させる。難民を問うことは，私たちが暮らす社会のあり方を考えることである。こうした発想は，「〇〇の困難」のみに焦点を当てた見方からは出てこない。

　そして，本章で紹介してきたような文化人類学的なアプローチをもとに，「犠牲者」としての難民ラベルをいったん留保し，当事者の視点から「難民として」生きるとはどのような経験なのか，難民からみた受け入れ社会はどう映っているのかをまずは想像してみよう。さらに本章の伝統文化の復興として例示したように，困難を乗り越えるための文化的な実践には，どのようなものがあるかを調べることも，文化人類学的な難民研究の切り口になる。またスマートフォンとSNSの普及で，国境を越えたつながりを維持し，自

文化を動画で記録し表現，継承することも容易になってきている。SNS を
用いた情報発信やつながり方をみていくことで，あなたとの共通点や接点も
みつかるかもしれない。個々人には名前があり日常生活がある。暮らしは順
調ではないかもしれないが毎日泣いているわけでもない。難民というラベル
を外してその人を見てみることは，難民として生きる人を他者化しないこと
にもなる。私たちの日常には多くの「〇〇難民」がいる。あなたも事故や病
気をきっかけにそうなるかもしれない。自国を離れてやってくる難民が抱え
る困難と，「〇〇難民」の困難に，共通点はあるだろうか。他国からきた難
民にとって過ごしやすい国は，「〇〇難民」にとっても過ごしやすい国では
ないだろうか。異文化といえば差異に目がいきがちだが，このように共通点
を見つけることも文化人類学的なアプローチである。学術的な手続きをとれ
ば，「〇〇難民」も研究テーマになるだろう。

参考文献

工藤晴子　2022『難民とセクシュアリティ——アメリカにおける性的少数者の包摂と
　　排除』明石書店。

久保忠行　2014『難民の人類学——タイ・ビルマ国境のカレンニー難民の移動と定
　　住』清水弘文堂書房。

——　2019「福祉国家における難民の再統合——ビルマ（ミャンマー）難民のフィ
　　ンランドへの第三国定住」細谷広美・佐藤義明編『グローバル化する〈正義〉の
　　人類学——国際社会における法形成とローカリティ』昭和堂，281-308頁。

久保忠行・阿部浩己　2021「序論——難民研究の意義と展望」『難民研究ジャーナ
　　ル』10：2-16。

クリフォード，Ｊ／Ｊ・マーカス編　1996『文化を書く』春日直樹他訳，紀伊國屋書店。

小池克憲　2020「「難民問題」をめぐる偏狭な現実主義——墓田桂『難民問題——
　　イスラム圏の動揺，EU の苦悩，日本の課題』（2016 中央公論新社）を読む」
　　『PRIME』43：99-108。

国連難民高等弁務官事務所　2001『世界難民白書　2000』時事通信社。

トッド，Ｅ　2016『問題は英国ではない，EU なのだ——21世紀の新・国家論』堀茂
　　樹訳，文藝春秋社（Kindle 版）。

根本かおる　2013『日本と出会った難民たち——生き抜くチカラ，支えるチカラ』英
　　治出版。

墓田桂　2016『難民問題――イスラム圏の動揺，EU の苦悩，日本の課題』中央公論
　　新社。

片雪蘭　2020『不確実な世界に生きる難民――北インド・ダラムサラにおけるチベッ
　　ト難民の仲間関係と生計戦略の民族誌』大阪大学出版会。

ボブズボウム，E／T・レンジャー編　1992『創られた伝統』前川啓治他訳，紀伊國
　　屋書店。

村橋勲　2021『南スーダンの独立・内戦・難民――希望と絶望のあいだ』昭和堂。

Harrell-Bond, B. E. 1996. *Imposing Aid: Emergency Assistance to Refugees*. Oxford:
　　Oxford University Press.

....

1 難民のイメージは，本文を読んだ前後でどのように変化しましたか。

2 「○○難民」を一つ選んで，どのような社会構造（○○ではない側の問題や要因）が人を「難民」にするのかを考えてみよう。

3 本文のとおり，外国にルーツをもつ人のなかには法的に国の一員であっても，よそ者としての疎外感を持ち続けることがある。自国第一主義に陥らず，疎外感を抱えた難民をいかに包摂することができるかを考えてみよう。

....

●読書案内●

....

『難民の人類学——タイ・ビルマ国境のカレンニー難民の移動と定住』
　　　久保忠行，清水弘文堂書房，2014年
　　　本章で扱ったカレンニー難民を対象に，故郷・難民キャンプ・第三国の連続性から分析している。本章では扱えなかった難民の避難先（タイ）での定住，そして難民の故郷への帰還のあり方についても論じている。

『社会的包摂／排除の人類学——開発・難民・福祉』内藤直樹・山北輝裕編，昭和堂，2014年
　　　日本が受け入れたインドシナ難民と第三国定住難民についての論考がある。また経済的に困窮することは「自己責任」なのだろうか。ホームレスと難民の論点は，重なる部分が多い。第三部「福祉」を参照し，考えてみてほしい。

『ロヒンギャ危機——「民族浄化」の真相』中西嘉宏，中央公論新社，2021年
　　　東南アジアでもっとも深刻なミャンマーのロヒンギャ難民が生じる構造について政治学者が論じたもの。国家，紛争，民主化，国際社会など複合的な視点から問題を分析し，日本の役割についても論じている。こうした構造のなかに人々の視点，つまり人類学的な知見を加えることが重要である。

....

第14章

移民

移民は特別な人たちか

細田尚美

日本で働く娘と毎週ビデオ通話で話すフィリピン在住の母親。日本で暮らす東南アジア出身者は90万人超。どんな生活をし、どんな思いを抱えているのだろうか（2023年、筆者撮影）

1　移民とは誰か

(1)　日本の「移民」

　みなさんは「移民」という言葉から、何を連想するだろうか。別の国から移り住んできた人というイメージをもとに「言葉や文化が通じない」「苦労している」「貧しい」といった自分たちとの違いや境遇の悪さを思い浮かべるかもしれない。あるいは、アメリカやヨーロッパで、移民の増加が国を二分する大きな問題となっているというニュースを思い出す人もいるだろう。

さらに，そのような移民問題は欧米諸国の問題であり，日本で暮らす自分にとって身近なことではない，と感じている人も少なくないと思う。

　では，「移民」ではなく，「日本で暮らす外国人」としたらどうか。かつて，日本にいる外国人といえば，観光客，外国語の先生，テレビタレント，スポーツ選手など一部の分野に限られているイメージが強かった。だが，今ではもっと身近な存在になっている。コンビニや居酒屋で働く外国人の姿をみるのは現在の日常の一部だ。なかには，そのコンビニに置かれている弁当を作っているのも外国人，居酒屋で出されるサラダの野菜を出荷している農家で働くのも外国人と知って驚いたという人もいるだろう。

　実際，統計データをみても，中長期に日本で暮らす外国人の数は増加している。2020年からのコロナ禍のとき一時的に減少したものの，感染拡大防止の水際対策の緩和が進んだ2022年12月時点で，日本の在留外国人数は史上初の300万人を超えた（出入国在留管理庁 2023）。これは日本の総人口の2.5％に当たる。つまり，日本の住民100人のうち2〜3人は外国人である。2.5％という数値は，国連が出している世界の移民の割合の3.6％（2020年現在）よりは低い（McAuliffe and Triandafyllidou eds. 2021：2）。しかし，20年前の2000年の値，1.23％と比べると倍になっている（出入国在留管理庁 2023）。中長期在留外国人が増えるにつれ，自治体や学校でも「多文化共生」という言葉を取り入れるようになった。

(2)　私は「移民」か

　このように「移民」は近年，存在感を増しているが，みなさんのなかで自分自身が移民かどうかについて考えた人はいるだろうか。まずは「移民」とはどのような人を指すのかという点から考えてみよう。

　日本語で「移民」といった場合，日系移民の印象が強いからか，別の土地への永住というニュアンスで理解されることが多い。だが，国際機関では通常，移民に当たる英語 migrant を「様々な理由でこれまで住んでいた場所から国内外に一時的あるいは永久に移動した人」と広く捉えている（Sironi and Emmanuel eds. 2019: 132–133，傍点は筆者）。現在の人の移動現象をみるか

ぎり，短期や長期といった移動の期間や，移動の理由を区別することが難しいからである。

　一般に，国境を越えると国際移民，越えない場合は国内移民というが，この区別に従って私自身を振り返ってみると，私は「移民」だ。埼玉県で生まれ育ったが，留学や仕事の都合により，外国で通算8年半暮らし，国内でも埼玉県以外での生活のほうが長く，今は長崎県で仕事をしている。つまり，私はかつて国際移民だった時期があり，現在は国内移民ということになる。だが，「あなたは移民（あるいは元移民）ですか」と問われたら，私はすぐには「はい」と答えないかもしれない。勉学や仕事のために居住地を変更したに過ぎないと思っているからだ。

　みなさんも，自分自身を振り返ってみて，自分は移民かどうか考えてみてほしい。もし大学生なら，大学への入学時に地元を離れたという人は多いだろう。実家から通学できる大学に進学したので一度も移動していないという人もかなりいるに違いない。なかには，親の転勤に伴い国内各地，あるいは国外で暮らした経験がある人もいるかもしれない。また，周囲の友人・知人の日常の行動をみていて，この移動経験の有無が性格や物事の見方に影響しているな，と思う場面を経験した人もいると思う。しかし，ためらわずに「私は移民です」と答える人は少ないのではないか。もしそうなら，報道や統計で「移民」と大くくりに呼ばれている人たちも，同じように感じているのかもしれない。

⑶　なぜ「移民」を特別視するのか

　ここで改めて「移民」という言葉の使い方を振り返ってみよう。先ほどの国際機関の定義のように，居住地を移した人が移民ならば，その反対は何だろうか。一つの定まった場所で暮らす「定住者」あるいは「定住民」と呼ばれることがある。特定の移民が来る前から住んでいた人を指す「先住者」や「先住民」という言葉もある。これらの言葉は，定住民や先住民が少数派で社会的な弱者でない限り，移民という言葉に比べると，あまり耳にしない。

　この現象が示すのは，現代の社会において定住が当たり前で，移動は特

殊，という暗黙の前提があることだ。このような前提が生まれた背景を知る
ために，人類の移動と定住の歴史を振り返ってみよう。

　人類史の研究では，人類の特徴の一つとして移動の力が強調されている。
地球上で，人類ほど広く地球上に拡散した動物はいないからだ。その点を強
調し，人類を「ホモ・モビリタス」（移動するヒト）と呼ぶこともある。現在
の遺伝子学分野の学説によると，現生人類は20万年以上前にアフリカ大陸で
誕生し，5万年前頃本格的にアフリカ大陸から外へと移動していった。ユー
ラシア大陸の各地へと拡散した後，南北アメリカ，最後はオセアニアの島々
でも暮らすようになった（篠田 2022）。つまり，私たちのルーツは一つであ
り，文化・技術的な適応とともに世界各地へと移動し続けたのである（印東
編 2013）。

　もちろん，人類は常に移動し続けただけではなく，一つの土地に定住する
こともあった。特に農耕や牧畜が中心の生活が主流になってからは，1か所
に留まる傾向が強まったとされる。しかしそれでも，気候の変化，人口圧，
周囲の集団とのいさかいなどによって，別の土地を探す必要性が出てくるこ
とはある。ほかにも，未知の場所へ行ってみたいという冒険心によって遠く
へ行く人たちも常にいただろう。複数地点の間で物などを売り買いする行商
人のような集団も出現した。

　以上のように人類には移動する力があり，移住と定住の両面を組み合わせ
て生きてきた。では，なぜ定住が当たり前という考え方が世界的に広がった
のか。その背景として，人は一つの国家に属するという国民国家の制度が地
球規模で広がったことが関係している【☞第5章2(4)】。地球は約200の国に
分割され，国と国の間は国境という線で区切られ，国境のなかにいる人たち
はその国の国民であるという制度である。私の場合ならば，日本で日本人の
親から生まれたので，日本に属している。さらに私には「現住所」や「本
籍」というものが付され，それらが出生時から役所に登録されている。

　国によって細かい差異はあるものの，現在を生きる私たちは，個人個人が
一つの場所，一つの国家に紐付けされている。当然，国境をまたいで別の国
に行くときにはその所属国のパスポートを所持しなくてはならない。移動し

た先の国では「外国人」あるいは「移民」となるため，私たちの行動は，査証（ビザ）に定められた滞在期間かつ活動内容に限定される。

⑷ 定住史観を離れて世界をみる

　他方，冒頭で述べたように，現実として人の移動は近年増加し，移民は身近な存在になってきている。このような時代的な影響もあり，文化人類学を含む人文社会科学の分野において，定住史観と呼ばれる定住を当たり前とする見方から脱し，移動性のほうに着目する見方が出現している。この現象は，人や事物は移動して当たり前であることを前提とする見方なので「移動論的転回（mobility turn）」と呼ばれる（アーリ 2015）。

　このような前提で世界をみてみると，国境を越えての移動に限定してみても，実にいろいろな人が移動している。たとえば，優れた経営者・研究者・高度技術者などは，多くの国がさらなる発展のために必要としているので，自分の国以外でも職が得やすく，暮らしやすい。その結果，恒常的な生活拠点を2か所ないしは3か所以上にもつ人や家族もいる。また，生まれ育った自分の国で窮乏生活を強いられていたため，国の外に活路を見出さざるをえなくなったという状況の人もいる。ほかにも，別の文化やライフスタイルに憧れ，外国で暮らしている人もいる。これらの人たちについて，できるだけ「移民」というレッテルを外して人となりを知ることはできないだろうか。

　世界には，日本以上に人の移動が活発な地域がある。東南アジアはそのような地域の一つだ。そのような地域では人の移動はどのように人生のなかに，あるいは国の枠組みのなかに取り込まれているのだろうか。これらの問いに答えるため，次節では東南アジアを中心とした人の移動の様子を概観する。続いて，個々人の生活や思いのレベルから移民について知るために，東南アジアから日本へ来た人の例を紹介する。最後に，日本から東南アジアへ行く人にも注目し，人の移動の普遍性を改めて確認する。

2　東南アジアにおける国際移民

(1)　東南アジアの多文化な街並み

　日本に比較的近い東南アジアは，海外旅行や修学旅行などの行き先として
人気だ。東南アジアの街で楽しめる多様で豊かな民族文化は地域の魅力の一
つとなっている。たとえばシンガポールやクアラルンプール（マレーシア）
では，ヒンドゥー寺院，イスラーム寺院（モスク），キリスト教の教会，中
国系寺院が立ち並び，それぞれで地元の人たちが祈る姿を垣間見られる。東
南アジアが「世界宗教のショーケース」といわれる所以でもある。

　このような街並みが味わえるのは，東南アジアが古くから東西交流の要衝
として，地球規模で往来する人の移動ネットワークの一部をなしてきたため
だ。東南アジアは，西欧列強の進出以前，中国を中心とした交易・外交体制
のもと，東西交易の中継地として栄えた。交易ルートには中国系のみなら
ず，ヨーロッパ系，アラブ系，インド系などの商人が参入し，東南アジア社
会への定着と融合が進んだ。19世紀に入ると西欧諸国は東南アジア各地で植
民地建設を進め，その過程で中国やインドから大量の労働者が東南アジアに
送り込まれた時代もあった。東南アジア域外で始まった宗教の祈りの場が，
現在，東南アジアの街角で見られるのは，何世紀にもわたる移民たちの到来
の足跡なのである。

　こうした世界各地からの人が東南アジアに到来した時代があっただけでは
ない。域内の人たちの間の移動性も従来から高かったことが指摘されてい
る。たとえば，ボルネオ島をホームランドとするイバンの人々の間には，
「男は旅に出て一人前」とみなされるブジャライという慣習がかつてから
あった。彼らは旅に出て，結婚相手を探したり，焼畑に適した土地を見つけ
たり，貴重な物を得て村に戻った。イバンの男性は，20世紀後半に増えた建
設現場や木材伐採現場での臨時の仕事も，都市で多様な仕事に就くことも，
ブジャライと呼ぶという。このように，高い移動性がその時々の時代の趨勢
に合わせてイバンの人たちの生活圏を広げたとされる（内堀 1996）。

欧米列強による植民地化の時代を経たのち，東南アジアに近代国家が形成され，国境線や国民という概念がもたらされた。住民は国家の管理下に置かれ，政府によって定められた手続きを踏まない限り国境を通過できなくなった。つまり，近代国家の制度に従った形での定住化が進められたのである。

⑵　グローバル化時代の人の移動

　ところが東南アジアでは1990年代前後から国境を越える人の流れが再び活発化した。植民地期以前と大きく違うのは，数年の労働契約期間が終われば即座に帰国させられる一時的な出稼ぎが中心である点と，出稼ぎ者の移動に人材あっせん業者や各国政府が大きく関与している点だ。つまり，何かしらの機会を求めて人が動くという意味では数世紀前とあまり変わらないが，現代ではその出入りを国家や企業が制度的に管理するようになったという違いがみられる。さらに付け加えるならば，人の移動の方向が多様化し，一人の人間が数年ごとに居住国を変えることは珍しくない。

　背景を探ると，まず，「グローバル化時代」の到来がある。1990年代までにインターネットの普及や格安航空会社の登場により通信・移動コストが低下し，国境を越えた移動が容易になった。また，東南アジアの地域的事情をみてみると，各国ともに経済開放路線を採用し始めた時期に当たる。

　さらに，より直接的なきっかけとして，1970年代半ばのオイル・ショック後に起きた中東産油国での建設ラッシュとその後の社会インフラ整備や富裕層や中間層を支えるサービス需要の高まりがあった。1990年代頃には年間数百万人単位での外国人労働者の需要がこれらの国で発生し，南アジアに次いで，東南アジアからも多くの男女が出稼ぎに行った。国外で働くことは，国内で失業中の人や低賃金で働いていた人にとって，手っ取り早く稼げるため魅力的だ。そのような出稼ぎに行きたい人と中東の雇用者とを結んだのが，求人広告から雇用契約書の締結，出国手続きまでの複雑なプロセスを専門的に扱う人材あっせん業者である。さらに，フィリピンなど一部の国は，国内の失業者対策として，国外への出稼ぎを支援するための政府機関も設置した。

　1980年代からは行き先も中東の産油国だけでなく，急速な経済成長を遂げ

ていたアジアの香港，台湾，シンガポールなどへと広がった。これらのアジアの国や都市へ向かった大多数は住み込みの家事労働者として働く女性たちだった。地元の女性の社会進出が進み，家庭内で家事や育児，介護を担う人がいなくなったことが背景にある。その後，高齢化が進む欧米諸国，韓国，日本などで看護師や介護労働者などとして働く東南アジアの人も目立って増えている。

(3) 受け入れ国と送り出し国

　東南アジアには経済成長の著しい国とそうでない国がある。そのため，国外出稼ぎ者を受け入れる傾向が強い国と送り出す傾向が強い国の両方が存在する。前者としては先に述べたシンガポールのほか，所得の高いブルネイ，マレーシア，タイがある。マレーシアやタイはかつて送り出し国だったが，経済成長を経て最近，受け入れ国に転じた。これらの国々は，近隣諸国から働き口を求める人たちの受け皿になっている（United Nations 2020）。

　後者としてはフィリピン，インドネシア，ベトナム，カンボジア，ミャンマー，ラオスがある。なかでもフィリピンは，国外からの個人送金額が，中国，インドに次いで世界第3位の移民の送り出し大国として知られる。国外在住のフィリピン人が2015年に祖国へ送った金額，約3兆円は同年の国家予算の4割に匹敵した（細田 2016）。

(4) 移民研究と文化人類学

　ここまで読んできて，みなさんは「移民」が賃金格差や政策といった周囲の諸条件のなかで，個々人の人格とは関係なく起きる現象のように感じるかもしれない。事実，そのように考え，どのような経済的・社会的条件がそろえば人間は動くかについての法則性を見つける研究者もいる。

　ただ，現実に即してみると，経済的な合理性だけで人間は必ずしも動かない。親や親類にどこかに働きに行けといわれただけという人，地元のジェンダー役割が嫌で別の土地に逃げ出したという人，人生に行き詰っていたときにたまたま出会った人の誘いに乗ったという人など，移動の理由は様々だ。

さらに，移動後に家族や地元の仲間と考え方が食い違い始めて関係がギク
シャクしたり，人生の先行きがみえなくなって帰国するかどうか思い悩んだ
りすることもありうる。文化人類学は，そうした個人や集団の状況に寄り添
い，周囲を取り巻く大きな経済，政治，社会などの諸条件にも十分注意を払
いながら，個人や集団の日常生活を描く。経済的な合理性に沿った行動をと
る人もいれば，そうではない行動をとる人もいる。そのような複雑さもひっ
くるめた理解を試みる。

　そこで次節では，文化人類学の視点から，日本で暮らすフィリピン人とそ
の故郷の様子について考えてみたい。東南アジアからの移民の主な流れは，
域内の近隣諸国のほか，中東，東アジアに向かっていると述べた。日本は，
香港，台湾，韓国と並んで東南アジアの人たちを受け入れる東アジアの主要
国・地域である。フィリピンから日本へ来る人にとって，日本はどのような
場所と思われているのだろうか。日本へ来るきっかけはどのようなものだっ
たのか。

3　フィリピンから日本へ，そして将来

(1)　東南アジアと日本の間の人の往来

　本章の冒頭で日本の在留外国人が増えていると書いたが，なかでも東南ア
ジア出身者の人数は急増している。東南アジア出身者の総数は1992年には10
万人弱だったが，2022年には90万人を超えた（出入国在留管理庁 2023）。外国
人全体のなかでの割合でみても，1992年には7％だったものが，2022年には
30％を占めるに至っている。2022年の国籍別では，ベトナム（49万人）は中
国に次ぐ2位，続いてフィリピン（30万人）4位，インドネシア（10万人）
7位，タイ（6万人）10位となっている。東南アジア出身者の多くは技能実
習生など就労を目的として滞在している。後述するように，フィリピンに
限っては，国際結婚を通じて長期に滞在している結婚移民が最も多い。

　外国人技能実習制度は，そもそも1980年代に発展途上国の人に日本の技術
を学んでもらうためにその前身がスタートした。だが，1990年代になると人

手不足にあえぐ地方の中小企業がこの制度を利用して実習生を労働力として雇うことが広まった。2010年代になると，一部の企業で実習生たちに対する低賃金や賃金未払い，劣悪な労働環境といった問題が発生しているとして批判の声が強くなった（澤田 2020）。そこで2023年4月現在，この技能実習制度に代わり，人材不足が深刻な産業分野で外国人雇用が可能となる新制度の設立が検討されている。

　上記の問題は，国際社会からも移民労働者に対する人権侵害といわれ，彼らの受け入れの制度の問題点やトラブルに遭った実習生の救援は急務であることは間違いない。ただ，そうした被害に遭ったケース以外の，外国人技能実習生の声はほとんど聞くことがない。日本の東南アジア出身者は，中華街やコリアタウンのような目立つ集住地を形成していないため，彼らの背景や日常生活については一般にあまり知られていないのではないだろうか。そこで，直接彼らに話を聞いてみることから始めよう。

(2)　日本で働くフィリピン出身の若者

　岐阜県A市の陶器工場で技能実習生として働いている20代女性のウェンディさん（仮名）のケースを紹介する。ウェンディさんは7人キョウダイの第一子で，2017年にマニラ首都圏にある私立大学の経営学部を卒業した。趣味は旅行と写真撮影で，小さい頃からアニメが大好きなこともあり，日本に憧れ，いつか日本へ行くことを夢見ていた。「ツアー旅行だと数日しか滞在できないから，働きながら日本で暮らす方法がいい」と思い，日本の技能実習生の制度が自分に適していると考えた。実家のあるマニラ首都圏近郊の新興住宅地は，ほとんどの家に海外就労者がいるか，海外就労経験者がいる。ウェンディさんの大学の友人にも海外就労を計画している人が多く，彼女自身，海外で就職することに違和感はなかった。

　大学卒業後，日本での働き口を探したが自身にとって適当なものは見つからなかった。そのため，すぐに働けると知った台湾の日系家電企業で3年間，工員として働いた。両親は「離れるのは寂しいが，ウェンディが行きたいのなら」と渡航に反対しなかった。2020年，コロナ禍のなか帰国し，台湾

就労中に貯めたお金で実家の2階を修繕した。

　防疫のための移動制限中は自宅で親の仕事を手伝っていたが，2022年5月，技能実習生として来日した。陶器工場はそれまでベトナム人を雇っていたが，同年からはウェンディさんを含めフィリピン人女性6人を採用した。給与は手取り月約10万円（税金や寮費を除く）で，うち4万円を親に仕送りをしている。ウェンディさんの両親はプロパンガスの代理店を経営している。商売は順調で，ウェンディさんからの仕送りが実家の家計に必要なわけではない。だが，ウェンディさんは外国に行っている間，心情的に仕送りしないわけにいかないのだという。両親は，彼女からの仕送りをすべて貯金し，彼女が帰国したときに，さらなる家の改築，あるいは教会への寄進など，彼女が使いたいように使わせるつもりだ。

　雇用者や日本人同僚は親切に接してくれ，片言の日本語と片言の英語でだいたいのコミュニケーションは取れていると感じている。半年すると仕事にも工場の雰囲気にも慣れたが，宿舎のある場所は交通の便が悪く，必要なものはオンラインで買うしかないなど楽しみが少ないことが難点と話す。2か月に一度程度，名古屋など近隣の都市へ行く。日本人の友人はおらず同僚のフィリピン人と出かけている。ゴールデンウィークにはじめて憧れの東京に遊びに行き，東京で撮った写真や動画は毎晩SNSに載せた。週に2回ほどフィリピンの家族とインターネットのビデオ通話で話す。

　服や家具が好きなので，将来それらのデザインに関わる仕事に就けたらよいと考えている。日本に住み続けたいが，別の場所で別の仕事も試したいともいう。地元の近所の人が働いていたというアラブ首長国連邦のドバイは「きれいな都市だし，仕事がたくさんあるようなので簡単に行けそう」と考え，将来住んでみる場所の候補としている。彼女のフィリピン人の同僚5人はいずれも独身の20代後半の女性だ。彼女たちもA市での生活や職場に大きな不満はない。

　将来の展望についてウェンディさんと5人の同僚に聞くと，技能実習生としての最大の滞在期間である5年間の終了後に日本に残りたいと答えたのは3人で，以前から日本文化や日本での暮らしに憧れていた人たちだった。残

り3人は，日本に対するこだわりがそれほど強かったわけではなく，将来自分で商売を始めたり家を建てたりするためのまとまった資金がほしいと思い，フィリピンでの工場労働よりも給与が高い日本の技能実習制度に応募した。

(3)　出稼ぎ目的だけではない実習生

　2022年現在，日本には約3万人の技能実習生として働くフィリピン出身者がいるが，それぞれ多様な動機で日本に来て，多様な日常を過ごしていると思われる。ウェンディさんや彼女のフィリピン人の同僚はそのなかのほんの一部だが，上の内容を読んで，「あれ？」と思った事柄はないだろうか。たとえば，日本で一般的に考えられている技能実習生のイメージは，自国の賃金よりも高い賃金がもらえる日本に稼ぎにきた，というものである。もちろん，ウェンディさんの同僚のなかにはそのような人もいる。だが，ウェンディさんは稼ぎに行くという意識よりも，日本に行くことを長年夢見ており，それもある一定の期間暮らしてみたかったことを来日の第一の理由に挙げていた。また，海外に行くことをそれほど特別視しておらず，見聞を広げ経験を積むプロセスのように捉えていた。

　ウェンディさんのような意識で来日している人の背景を学ぶには，フィリピンに実際に行き，フィリピンの人たちの日常や考え方を知ることが大事だろう。実際にそのようにしてみると，以下のようなことがわかってくる。

　第一に，フィリピンや他の東南アジアの国々の街角には日本食や漫画やアニメ，コスプレなどの日本のサブカルチャーがあふれていることである。つまり彼らはすでにいろいろな形で日本を身近に感じている。そのこともあって2010年代以降，中間層が増加する東南アジアの観光客誘致を狙った日本政府の入国条件緩和策の影響もあり，日本へ観光で訪れるフィリピン人が目立つようになった。

　第二に，フィリピンでは国外に働きに出ることが日常生活の一部となっていることである。フィリピンでは現在，人口の1割に当たる1000万人が国外に在住していると見積もられている。およそその約半分は米国などの移民国に永住者として暮らし，残りは中東やアジアなどで家事・介護労働者，販売

員，ホテルやレストランの従業員，工場労働者，事務員，看護師，技師，調理師，溶接工などとして働いている。大学や専門学校では国外で需要が高いこれらの職種のコースが人気だ。海外での就職先をあっせんする会社の看板もあちこちで見かける。日本では大学卒業後すぐに国外での就職を考えることはまれだが，フィリピンではよくあることで，複数の国を渡り歩くことも珍しくない。

　第三に，日本などとは違い，フィリピンでは，国外にいる子から親への仕送りは，本人たち曰く「義務のようなもの」だという。ウェンディさんの例にあるように，フィリピンより豊かな国へ行った子から親への仕送りは，経済的な理由だけで行われるのではなく，親や家族（特に年上の家族）への恩や，信仰の対象である神のご加護を忘れていないことを示す行いとして捉えられている。渡航後，故郷にいる人たちに対して何も貢献しないと，外国で味わっている（と想定される）豊かさを独り占めしているとして，故郷での評判が落ちる可能性が高い。また，そのようなネガティブな状況を避けるためというよりも，外国での豊かさを故郷の人たちと分かち合って一緒に喜びたいという気持ちもある。よって，自らの外国での収入に見合う程度か，それ以上の貢献を故郷に対してする人が多い。

(4)　教会コミュニティという居場所

　他方，フィリピン出身者が日本に定住することになった場合の暮らしぶりはどのようなものだろうか。日本人と結婚して長期滞在しているフィリピン人女性の例をみてみよう。先に述べたように，日本で暮らす約30万人のフィリピン人のうち最も多いのは結婚移民であり，そのほとんどは女性である。彼女たちは，1980年代以降に「エンターテイナー」としてフィリピンから来日し，その後，日本人男性と結婚して定住した人たちや，その人たちをつたって来日したフィリピンの家族であることが多い。

　長崎県のB市で日本人の夫と子どもと暮らしている40代のマリベルさんは，B市のフィリピン人コミュニティのリーダーだ。日本人と結婚した姉の出産の手伝いで2006年に初来日し，その後，留学生として滞在している間に

現在の夫と出会い，結婚した。結婚後は夫の出身地のB市に引っ越し，義理の両親と同居している。カトリック教徒のマリベルさんは，英語のミサが行われている長崎市の教会に通い始め，そこのフィリピン人コミュニティのリーダーから，B市でも英語ミサを始めないかと打診された。「当時の私には何かが欠けている，という思いが強かった。教会に来て，奉仕をしていると感じると，心が満たされた」と，当時を振り返る。マリベルさんは，B市のカトリック教会の日本人関係者からも協力を得て，2013年から同教会での英語ミサの運営を担当している。

　B市の英語ミサには通常10〜20人が参加するが，その9割はフィリピン人だ。マリベルさんのような結婚移民のほか，B市在住の大学の留学生や技能実習生もいる。英語ミサの後，教会の信徒会館でフィリピン人同士の賑やかな会食の時間がある。手作りのフィリピン料理を持ち寄り，フィリピンの言葉で談笑し，日頃のストレスを解消するほか，情報交換や必要に応じた助け合いを行う。そのため，このグループを「自分の家族のようなもの」と表現する人が多い。会食の参加者を通じて，困窮したB市の技能実習生への食料や衣類の寄付や，フィリピンで起きた台風災害の被災地への緊急援助も実施された。

　英語ミサやその後の会食には，フィリピン・ルーツの子どもたちも参加している。日本の幼稚園や学校に通う2世たちがカトリックの伝統のほか，フィリピンの言語，食事，人と人との付き合い方などのフィリピン文化に馴染む場になっている。教会の日本人関係者の間では，日本人の信徒たちの急速な高齢化が進むなかで，こうしたフィリピン人の親子が教会活動に加わることは教会の存続につながるとしておおむね好意的に受け取られている。

　以上，日本在住のフィリピン人の声や生活の様子，故郷フィリピンの現状や考え方を紹介した。そこから伝わるのは，「移民」という言葉からだけではわからない，グローバル化する社会を生きる若者としての姿，離れた親子（あるいは家族）のつながり，新天地での居場所づくりといった多様な人生の側面である。彼らと直接会い話を聞くことで，人生の出来事や社会の変化に伴い試行錯誤しながら生きていく様子は，「移民」の人たちと自分たちとの

間じあまり違わないと思うようになるかもしれない。

4 人の移動と国家の関係を問う

⑴ 東南アジアへ向かう日本人の若者

　国際移民というと日本へ来る人のほうを思い浮かべやすいが，逆に海外へ向かう日本人もいる。みなさんのなかにも，将来海外でチャレンジしてみたいと考えている人や，そのような将来像を語る友人・知人がいるという人がいるかもしれない。

　実際，海外へ出ていく日本人も確実に増えている。2022年の時点で海外に3か月以上在留していると届け出た日本人（海外在留邦人）は131万人だった（外務省 2022）。1992年の同人数が68万人だったことからすると，30年間でおよそ倍になっている。コロナ禍前のピーク時に当たる2019年の同人数は141万人だった。海外在留邦人は，感染症拡大時期に一時減ったものの，感染の収まりに伴って回復しつつあり，再び増え続ける見込みだ。

　地域別にみると，北米49万人（38%），アジア37万人（28%），西欧21万人（16%）に集中している。アジアでは，東南アジアが20万人を占め，地理的に日本に最も近い東アジアを抜いている。東南アジア在住日本人の特徴は，北米や西欧と異なり，永住者が少なく一時滞在者が圧倒的に多いことだ。一時滞在者に含まれるのは，日本からの進出企業の駐在員とその家族や，それらの企業に現地で採用される日本人だ。以前は中国だけに進出していた日本企業が近年は東南アジアにも拠点を構えることが多くなり，東南アジア在住の一時滞在日本人の増加の一因となっている。

　加えて，東南アジアで起業する日本の若者の様子も注目されている。6億超の人口を抱える東南アジアは経済成長も著しく，生産拠点としての機能だけでなく新しいビジネスが次々と生まれる新興市場として注目を浴びている。特にインターネットやスマートフォンの使用が急拡大し，東南アジアはデジタル技術の進展による新たなビジネス機会に開放的といわれている。日本への観光や日本のサブカルチャーの浸透で日本に親しみをもつ世代の幅も

広がっている。こうした条件が相まって，東南アジアをベースにITビジネスで自分を試そうとする日本人が（少しずつだが）増えているという（油井2019）。

(2) 移動性の高い社会を通して学べること

一方，国外へ流出する若者が増えたら，日本の将来はないのではないかと危惧する人もいるだろう。フィリピンでも，国民の移動性の高まりを自国のよりよい生活や幸せにいかに結び付けるかが課題になっている。たとえば，優秀な人材が流出する「頭脳流出」の問題は長年，指摘されている。ほかに，長期にわたる親の不在が子どもの養育に与える影響や，世界各地で頻発する災害や紛争に巻き込まれたり，コロナ禍のような感染症の世界的な大流行で帰国困難者が発生したりするなどのリスクもある。

このような批判の声はたびたび聞かれるが，現在のような不確実性が高い時代，フィリピンにおいて人々が手にした高い移動性，すなわち国境を越えての活動の場や家計収入を獲得する重要な手段を奪い去ろうとする動きはない。反対に，フィリピン政府は世界各地で多様な職種について働く国民を保護したり，彼らに稼いだお金を元にしたフィリピンでの起業や不動産投資を推奨し海外就労を自国の発展へと結び付ける道を模索したりしている。

本章の冒頭で，人類と移動／定住について問い直す必要性を挙げた。東南アジアという，人の移動が活発な地域で起きている人の移動現象からこのテーマを考えてみると，移民する人は特殊という見方から離れ，人類がそもそももつ移動の力を見直すよい機会になる。それは，将来の国家像や自分の人生設計の立て方にも影響を及ぼす可能性があるだろう。

参考文献

アーリ，J　2015『モビリティーズ——移動の社会学』吉原直樹・伊藤嘉高訳，作品社。
印東道子編　2013『人類の移動誌』臨川書店。
内堀基光　1996『森の食べ方』東京大学出版会。
外務省　2022「海外在留邦人数調査統計（令和4年10月1日現在）」https://www.mofa.go.jp/mofaj/files/100436737.pdf（2023年4月15日閲覧）

澤田晃宏　2020『ルポ 技能実習生』筑摩書房。

篠田謙一　2022『人類の起源——古代 DNA が語るホモ・サピエンスの「大いなる旅」』中央公論新社。

出入国在留管理庁　2023「令和 4 年末現在における在留外国人数について」https://www.moj.go.jp/isa/publications/press/13_00033.html（2023年 3 月31日閲覧）。

細田尚美　2016「海外就労」大野拓司・鈴木伸隆・日下渉編『フィリピンを知るための64章』明石書店，40–45頁。

油井理恵子　2019「東南アジアで働くこと」信田敏宏他編『東南アジア文化事典』丸善出版，698–699頁。

McAuliffe, M. and A. Triandafyllidou (eds.) 2021. *World Migration Report 2022*. Geneva: International Organization for Migration.

Sironi, A. C. Bauloz and M. Emmanuel (eds.) 2019. *Glossary on Migration*. Geneva: International Organization for Migration.

United Nations 2020. *International Migrant Stock 2020*. https://www.un.org/development/desa/pd/content/international-migrant-stock（2023年 5 月 6 日閲覧）。

●課題●

1 本章で紹介した国際機関の「移民」の定義に沿って自分や自分の家族の移動の経験を書き出してみよう。「移民」になった経験のある人は，それぞれの場所からどんな影響を受けただろうか。

2 身近にいる東南アジア出身者を挙げてみよう。その人はなぜ日本に来たのか調べてみよう。本人に直接聞けない場合は，本文や読書案内で紹介の本を参考にして「たぶん，こういう理由だと思います」という想像でもよい。

3 あなたは将来海外で働いてみたいだろうか。また，本章で紹介したフィリピン人やフィリピン政府の例を参考に，海外で働くことのメリットとデメリットを個人のレベルと国家のレベルの両方の観点から議論してみよう。

●読書案内●

『国境を越えるフィリピン村人の民族誌——トランスナショナリズムの人類学』
　　　長坂格，明石書店，2010年
　　　フィリピンの地方の村と，その村の人が多数住むイタリアのローマの一角の間では，村人たちが頻繁に行き来し，送金，電話，ビデオ，贈物の交換によって，まるで一つの村のようになっている様子を描く民族誌。海外へ渡った移民たちが故郷の村の生活を変えていく様子も学べる。

『人類の移動誌』印東道子編，臨川書店，2013年
　　　考古学，自然人類学，文化人類学，遺伝学，言語学など多分野の研究者たちが協力し，「人類はなぜ移動するのか」という大きな問いに迫った成果。「移民＝特殊な人」というステレオタイプを崩すのに役立つだろう。

『変容する移民コミュニティ——時間・空間・階層』小林真生編，明石書店，2020年
　　　日本には多様な移民が暮らしていることを実感できる一冊。それぞれの移民コミュニティについての専門家が集まり執筆したこの本を読むことで，現時点における日本の移民コミュニティの全体像と各コミュニティの移り変わりをつかめる。

第15章

観光

文化が観光によって創られる?

岩原紘伊

世界遺産として登録されたジャティルウィの棚田。田んぼが広がるだけ
のこの場所がなぜ文化遺産なのだろうか（2016年，筆者撮影）

1 現代社会の鏡としての観光

⑴ どこにでもある観光地，どこにでもいる観光客

　自分の生活圏で，大きなスーツケースを持ち歩き，外国語を話しながら移
動している人々の姿を見かけたことがある人は多いだろう。そして，このよ
うな（自分にとっては何の変哲もない）場所になぜ観光客がいるのかと不思議
に思ったこともあったかもしれない。

　私はインドネシアのバリ島を調査地としている。バリ島といえば，インド

ネシアで最も有名な観光地といっても過言ではない。しかし，私の調査地である山間部の村の日常生活は，一見すると観光とは無関係だ。その村は，バリ観光の定番となっている地区のように，バリ島を訪れる誰もが知っていて，観光客向けのホテルやレストランが立ち並び，ガイドブックに紹介されるような場所ではない。だが，このような村であっても観光客はやってくる。

　2000年代はじめに地元住民主体のエコツーリズム（自然にやさしい観光）開発が行われたこの村には，2011年の調査当時，ピークシーズンである乾季になると，2，3日おきにガイドに案内されて観光客が訪れていた。ある日，ツアー参加者の韓国人女性に尋ねたところ，彼女は以前ツアーに参加した人が書いたブログを偶然読んでバリ島の村落生活に興味をもち，ツアーに申し込んだと答えた。

　自分たちの日常にはない文化，すなわち異文化を見たい，触れたいという感情は私たちを観光へと誘う。文化は観光の最も重要なアトラクションなのだ。このような観光と文化の関係を考えていくうえで，注意してもらいたいのは「文化」とは何かということである。本章で考えたいのは，なぜ文化が観光アトラクションとなるかではなく，観光のコンテクストにおいて「文化」がどのように扱われたり，語られたりするのかということである。誰もが観光客になり，どんな場所も観光地となる可能性がある。このような時代に生きる私たちは，観光と文化の関係についてどのような理解をもつべきなのか。

(2)　観光の発展と私たち

　そもそも観光とは何だろうか。辞書を引くと，「日常生活から離れて，ふだん接する機会のない土地の風景や名所などを見物すること」と出てくる（山田他 2023：323）。しかし，その語源に照らし合わせると，この理解の仕方は少し物足りない。観光という言葉が日本語のなかで用いられるようになったのは，大正時代に入ってからであり，ツーリズム（tourism）の訳語として導入された（岡本 2001：5）。もともとは古代中国の書『易経』の句「国の光を観る。用て王に賓たるに利し」に由来する。「国の光を観る」と

は，訪問先の国が光り輝いている姿をみることである。観光と同じような言葉に旅行がある。旅行は人が空間的に移動することを意味する。これに対し，観光はそれに楽しみや余暇という目的が加わり「楽しみのための旅行」（岡本 2001：2）として捉えられる。

　第二次世界大戦以前の観光は，限られた人々の行動であった。18世紀からイギリスでは貴族の子弟がフランスやイタリアの名所を訪れるグランドツアーが行われていたし，19世紀に蒸気船が就航するとヨーロッパからの植民地への旅（植民地観光）も富裕層の間で人気を博した。だが，観光という現象が一般市民の間にも普及し，マスツーリズム（大衆観光）として急速に世界に広がっていくのは，第二次世界大戦後のことである。1969年にジャンボジェット機が就航し，大量輸送と航空運賃の価格低下が起きた。また，国連教育科学文化機関（ユネスコ）が，1972年に『観光──発展のためのパスポート』というレポートを発表して以降，国際援助や国際協力の一環として観光開発が盛んに行われるようになり，発展途上国では大量の観光客を受け入れる設備や環境が国を挙げて整えられていった。一方，先進国側では戦後の経済復興および成長のなかで余暇の過ごし方に意識が向けられるようになり，発展途上国を訪れる観光客が大量に生み出された。

　日本で海外渡航が自由化されたのは，1964年のことである。それから50年以上たち，たとえば日本国によって発行されたパスポートを保持していれば，観光目的であっても事前にビザの取得が必要なミャンマーとカンボジアを除き（2023年時点），好きなときに東南アジアに観光に出かけることができるようになっている。では，ここで本書の舞台である東南アジアの観光の成り立ちについて概観しておくことにしよう。

(3)　国家が創った観光

　国連世界観光機関の報告によれば，2018年に国境を越えて移動した人の数はのべ14億人を記録した。1950年の国際観光客数が60万人程度だったことを考慮すると，その数は2300倍になる。このうち，東南アジアへの旅行者は1億2800万人であり，国際観光客の受け入れ上位5か国を挙げると，1位タイ

（3800万人），2位マレーシア（2500万人），3位シンガポール（1400万人），4位インドネシア（1300万人），5位ベトナム（1300万人）となっている（UNWTO 2020）。

　東南アジア各国における観光という現象の展開は様々だ。私の調査地であるバリ島は1920年代から観光開発が行われ，観光地としては長い歴史をもつ。しかし，バリ島があるインドネシアを含め，東南アジアにおいて多数の国際観光客の受け入れを目指す観光開発が本格化するのは，先に触れたユネスコによる『観光——発展へのパスポート』が発表された後のことである。

　東南アジアで最も多く国際観光客を受け入れてきたタイの状況を確認しておこう。タイの事例からは，第二次大戦後，観光地がいかに政府主導で形成されてきたのかを読み取ることができる。タイで観光開発が本格化するのは，1979年にタイ国政府観光庁（Tourism Authority of Thailand: TAT）が設立された後のことである。タイ政府は，観光に関する投資から開発対象地域の選定に至るまで絶対的権限をTATに付与し，インバウンド観光客の誘致を見据えた観光開発を実施してきた（市野澤 2023：1）。

　タイの観光地は北部と南部では異なる顔をもつ。チェンマイを中心とする北部エリアは，バンコクとは異なる歴史や山地に暮らす少数民族の文化が観光アトラクションとして促進されている。一方，南部海岸エリアには，現在ではタイを代表するビーチリゾートとして世界的に知られるプーケット，そしてベトナム戦争時にアメリカ軍の保養地として開発が進んだパタヤがある。こうした形でタイの観光地が発展したのは，多くの国際観光客が魅了され，そこに利益を求める産業が集中したからと考えるかもしれない。しかし実のところ，TATを通してタイ政府が慎重に地理的条件を踏まえ候補地を選定したうえで，国内外の民間資本を呼び込み観光地としての整備を進めていったことのほうがその理由として大きい（市野澤 2023：2-3）。

　重要なのは，このような政府主導によって強力に進められた観光開発は，タイに特化したものではなく，東南アジアにおける観光振興に共通してみられる点だ。国際観光客の受け入れが盛んに行われているマレーシアやインドネシアでも，1960年代後半から80年代にかけて，観光を所管する省庁が設置

されたり，国家の中期開発計画に組み込まれたりするなど，観光は経済発展のための重点課題として取り組まれていった。共通するのは，いずれの国も経済発展のために強力に開発を推し進める政治体制を取っていたことである【☞第16章1(2)】。これにより，農業や漁業のほかに特筆すべき産業がなかった地域が突如観光開発事業の対象となり，プーケット（タイ），ヌサ・ドゥア（インドネシア）といった東南アジア有数のリゾートが誕生している。このように，観光という現象を理解するためには，国家の役割は無視できないのである。

2　観光人類学の展開

(1)　人類学と観光

　では，観光という現象の拡大に文化人類学はどのように向き合ってきたのか。

　観光という現象が人類学の研究テーマとして真剣に扱われ始めたのは，1974年にメキシコシティで開催されたアメリカ人類学会のシンポジウム以降である。その成果は，1977年に論集『ホストとゲスト』（cf. スミス編 2018）としてまとめられ，同書は人類学による観光研究の古典となっている。この出版をきっかけに，観光は文化人類学の研究対象として一般化していき，文化人類学の下位の研究領域として観光人類学が確立された。

　国際観光が発展し始めると，人類学者の調査地でも観光客の姿が見かけられるようになった。しかし，人類学者たちは調査地に観光客が訪れているという現実を真正面から受け止めることを避けていた。というのも，当時，人類学者たちの関心は調査地固有の文化の解明に向けられ，近代化の産物である観光は無用の存在であったからである。とはいえ，次第に調査地の社会変容における観光の影響は無視できないほど明らかになっていく。日本における観光人類学のパイオニアである山下晋司は，1970年代後半にインドネシア・トラジャでフィールドワークを行った際に観光客は目障りであったが，やがて観光客に目を閉ざしてトラジャの伝統文化を捉えるのは誤りであると気づいたと述べている（山下 1996：7）。

『ホストとゲスト』が重要なのは，人類学による観光という現象に対する分析枠組みを提示した点である。同書のタイトルである「ホスト」は観光を受け入れる社会を，「ゲスト」は観光客を指す。そして「観」という文字が表すように，観光には，「見るもの＝ゲスト」と「見られるもの＝ホスト」という不均衡な力関係があることも注意する必要がある。同書のなかでは，ホストとゲストの力関係のあり方や観光に文化が利用されるあり様などが検討され，文化の商品化といったその後の人類学による観光研究において鍵となった概念が議論されている。ここから，観光人類学の出発点が，ホストとゲストの相互作用を軸とした観光と文化の関係であることがわかる。ただここで注意すべきは，国際観光では，先進国から途上国への人の動きが主流である点だ。ホストとゲストの力関係のなかには，先進国からやってくるゲストと発展途上国のホストの経済的格差，そして旧宗主国と旧植民地という政治的・歴史的関係をも含み，多くの場合非対称的である。観光客にとって観光は娯楽の一つではあるが，観光は，政治や経済，そして文化との関係で理解する必要があるだろう。

　観光と文化の関係に焦点を置く，観光人類学の研究の成果は，人類学による文化理解の深化に大きく貢献した。以下では観光と文化の関係を理解するうえで，特に重要である「観光のまなざし」と「文化の客体化」という2つの概念を取りあげる。

(2)　観光のまなざし

　「観光のまなざし」は，イギリスの観光社会学者ジョン・アーリが，フランスの哲学者ミシェル・フーコーの「まなざし（gaze）」論を観光研究に応用させた概念である。観光は観光客にとっては非日常での経験である。そして，観光のまなざしとは「日常からかけ離れた景観や街並みの特徴に視線を投げかけること」（Urry and Larsen 2011：4）と理解できる。しかし，アーリによれば，まなざしとは単に何かに対して視線を投げかけることに留まらない。

　人間は，目に入るある景観を，ありのままに受け止めるのではなく，その人の社会・文化的背景に基づく知覚の仕方をする。たとえば，「里山」を考

264

えてみよう。バリ島には里山という概念はないが，本章冒頭の写真の棚田を
みて日本ではそれを里山と理解する人も多い。里山は簡単にいえば，集落や
農地が存在する人の手が入った空間であり，日本では自然的な風景としてエ
コツーリズムの対象にもなっている。一方，英語の自然と訳される「nature」
は人為を加えていないという意味が含まれる。すなわち，英語を母語とする
人々にとっては人の手が加わった里山は，自然という枠組みから外れるので
ある。

　そして，その特定の景観へのまなざしは，個人の経験や思い出，流布して
いるそのイメージやテキストによって定まる（Urry and Larsen 2011）。つま
り，観光客が観光地に投げかけるまなざしには，個々人のものであれ，集合
的なものであれ何らの意識が働いているのである。一般的に，私たちはあら
かじめ観光地についての知識を，ガイドブックなどの書籍や今ではインター
ネットなどのソーシャル・メディアから得たうえで，観光に出掛ける。その
なかには，観光地のイメージを発信したり再強化したりする媒体もあるだろ
う。こうした観光の性質が，観光のまなざしを方向付けていくのである。

　観光のまなざしが重要であるのは，それが観光地の文化表象の問題と関
わってくる点にある。前述のように，観光地に何らかのイメージを持ち合わ
せ，観光客はそれを求めに観光に出掛けていく。観光経験は，そのイメージ
の確認でもあるのだ。そして，観光地の人々が文化を変化させたり新しく
作ったりする場合，観光客はイメージにそぐわないとしてネガティブな評価
を与えることもある。それは本章第3節でみていくように，下手をすれば観
光地としての名声の失墜につながっていく。それを回避するためにホスト社
会は，観光のまなざしを意識し，それに即して自己の文化を提示していかな
ければならなくなる。観光のまなざしには，外部からホスト社会の文化とは
何かを規定し，その枠組みのなかにそれを固定化してしまう抑圧的な構造が
内包されていることも忘れてはならない。とはいえ，ホスト社会の人々は観
光のまなざしに対して，何ら抵抗せず受動的な対応をするだけの存在なのか
といえばそうではない。

⑶ 文化の客体化

　1990年代以降，観光人類学はホスト社会の文化表象に対する主体的かつ複雑な反応を論じてきた。ここで紹介したいのは，「文化の客体化」という概念である。ひと昔前までの人類学は，文化を集団の内部で機能するもの，当事者にとっては（慣れ親しんでいるがゆえに）取り立てて意識されないものと理解してきた【☞序章2⑴】。しかし，観光という現象を切り口に文化について考えると，文化は集団のみならず国境をも越え，当事者に意識され，さらに演出されもするというダイナミックな側面をもつことがみえてくる。

　1990年代に入り，グローバリゼーションのような国境を越えた現象が注目されるようになった。人やモノの国境を越える移動が活発に展開される国際観光は，新しい時代の象徴ともいえる。こうした時代のただ中で，ホスト社会の人々を観光のまなざしを受け入れざるをえない犠牲者として単純に捉えるのは誤りであり，ホスト社会で展開される外部の文化（観光）と在地の文化との異種混交的な相互作用，言い換えれば，文化の担い手による新たな文化の創造に目を向けようという動きが出てきた。

　冒頭で述べたように，観光という現象を成立させているのは，異文化への関心である。そして，その土台となるのはホストとゲストの間の文化的差異である。ただし，私たちのなかで自分たちの文化とは何かと聞かれても，すぐに答えられる人は少ないだろう。それが観光アトラクションになるか否かとの判断を問われればなおさらである。では，ホスト社会の人々はどうだろうか。自己の文化の意識化に欠かせないのが，実は観光のまなざしである。外部から自分たちの文化を規定しようとする観光のまなざしが存在することで，ホスト社会の人々は自文化を客観的にみるようになる。それは，自分たちの文化について問い直したり，再評価したりする機会でもある。すなわち，観光は文化の意識化を促すメカニズムをもつのだ。

　まなざしを通して自分たちの文化を意識し，それに応答した結果生じるのが文化の客体化である。人類学者の太田好信は，文化の客体化を「文化を操作できる対象として新たにつくりあげること」（太田 1998：72）と説明する。

太田によれば，ある文化を自己の文化として他者に提示するためにはその要素を選び取らなければならず，その選択されたという事実からすると，もとのコンテクストと同じ意味をもたなくなる。選択という操作がそこに介在することによって，たとえ伝統とみなされてきた文化であっても，新しく解釈され直したうえで提示されることになるからだ（太田 1998：72）。たとえば，バリ観光の定番であるケチャの原型は厄災を追い払うための儀礼で少女たちに踊られる伝統舞踊サンヒャンであるが，1930年代にドイツ人画家とバリ人芸術家たちによって男性合唱による観賞用の舞踊劇として新しく生み出された【☞第10章 2 (4)】。儀礼用の伝統舞踊は，今やバリ島の芸能として観光客に定着している。

　文化の客体化という概念が明らかにするのは，歴史的に構築されてきた不均衡な力関係に基づく文化的差異を前に，現代を生きるホスト社会の人々が織りなす「文化をめぐる政治」である。ホスト社会の人々は，どのように自らの文化を語り，主体的に自らの文化に関わっていこうとするのか。ホスト側は観光のまなざしを通じて形成されるステレオタイプ化された自己のイメージに全面的に賛成することは少ない。とはいえ，自分の生活が観光にある程度依存していれば，それに抗い，すべて否定することもまた難しい。そうした状況下で，文化の客体化という試みは，ホスト社会という文化の担い手による「新たなる抵抗や創造の可能性」（太田 1998：74）を開くのである。

　次節では，以上の議論を踏まえて，文化の客体化のあり方を私の調査地であるインドネシア・バリ島を事例に考えてみよう。

3　観光に取り込まれるバリ文化

(1)　バリ島と観光

　インドネシア・バリ島は，インドネシア随一の観光地として知られる。2019年には，東京23区の人口の約半数に相当する約500万人の国際観光客を迎え入れた。バリ島を中心とするバリ州の人口は約400万人であり，その80%がヒンドゥー教を信仰している。バリ観光の歴史は，オランダ植民地統

治時代の1920年代まで遡ることができ，1930年代終わりには数千人の観光客が訪れていたとされる。この時期にヒックマン・ポーウェルの旅行記『最後の楽園——あるアメリカ人の1920年代バリの発見』が出版されるなど，現在まで続くバリ島のイメージ「最後の楽園」が欧米に流通していった（山下 1999：39）。

　第一次世界大戦によって荒廃した西欧社会では，ヨーロッパ至上主義への自信喪失と反省から非西欧文化に高い価値を見出そうという動きがあった。派遣された植民地行政官や東洋学者（オリエンタリスト）らによってバリのヒンドゥー文化が研究された結果，西欧社会ではバリのヒンドゥー文化は高く賞賛された一方，バリの人々が望む社会の近代化はそれを消滅させると考えられた。このため，オランダ植民地政府はバリ文化を「保護」すべく，バリ文字や伝統芸能を中心に現地文化教育に注力したのであった（永渕 1998：34-52）。これは，他者の手によってバリ文化が定められ，バリの人々に向けて奨励されたことを示している（永渕 1996：38）。

　植民地時代のバリ観光は，西欧によるヒンドゥー文化への憧れを体現したものであった。観光用のルートが整備され，観光客はバリ島の人々の生活を見学したり，ヒンドゥー寺院の見学や踊りの鑑賞，工芸品の購入などの文化を楽しんだりした（永渕 1998：76）。観光客は，観光のために用意され，パッケージ化された文化を「バリ文化」として説明され，見学した。そして，その経験が旅行記や写真などを通して発信されるたびに，バリ文化なるものは西欧社会において固定化されていった。なお，観光と文化の関係を考えるうえで興味深いのは，このような植民地時代に観光のために選択され，形成されたバリ文化やそのイメージが，現在も維持されているという事実ではない。むしろ，それがインドネシア政府による観光開発の過程で，バリ島の人々が自らの文化の独自性を主張するために利用していったことである。

(2)　バリ文化と観光

　1966年に事実上発足したスハルト政権は，1968年の第一次五か年計画において，観光開発を国家の経済政策における重点課題として位置付けた。それ

以降，富裕層を観光客とする植民地観光とは異なり，バリ島では一般大衆を観光客とするマスツーリズム型観光開発が展開していくことになる。

　ここで注目したいのは，スハルト政権が，オランダ植民地政府のバリ文化観を受け継ぎ，文化を観光に利用した点である。スハルト政権は，バリ舞踊やガムラン音楽といった芸能や儀礼を代表的なバリ文化として選定し，観光アトラクションとして位置付けた。政府の文化への関与はまた慣習行事で身に着ける衣装や公共の建物などのバリ式化も促進した。これを「伝統文化の符号化」と呼ぶ人類学者もいる（鏡味 2000：10-15）。イスラム教徒が人口の多数派を占めるインドネシアにおいてヒンドゥー教を信仰するバリ人は少数派である。バリ島の人々にとって，政府機能をジャワ島のジャカルタに置くインドネシア中央政府もまたオランダ植民地政府と同様に他者であった。ただ，インドネシア中央政府は，オランダ植民地政府とは異なり，西欧社会から高く評価を受けてきた文化の保護ではなく，商業利用により関心を寄せていた。

　スハルト政権下のインドネシアは中央集権体制が敷かれ，開発政策はトップダウンで行われていた。つまり，地方政府であるバリ州政府は中央政府主導の政策に異議申し立てできる立場にはなかった。とはいえ，バリ島の人々は国家によって強力に進められる観光開発を傍観していたわけではない。こうした他者主導の観光開発に直面し，人々は観光を自分たちの文化を「汚染する悪」と捉え，慣習や文化を守るための策を凝らした。それが結実したのが，1974年にバリ州政府によって公布された「文化観光に関する州知事令」である。これにより，バリ文化とは何かが公式に規定されることとなった。このバリ州政府による文化観光の採用は，インドネシア中央政府という他者への抵抗でもあった。

　自分たちの文化には観光客がわざわざやってくるほどの価値があるというバリ島の人々の自覚は，観光に対する意識をも変容させることとなった。文化を汚染する悪として観光を捉える意識はやがて薄まっていき，バリ人側も観光アトラクションとなっているものも含め舞踊や音楽といった芸能を活性化させる振興策に取り組むようになる。その代表例が1979年に開始され毎年

行われているバリ芸術祭（*Pesta Kesinian Bali*）である。芸術祭の期間中，バリ島中から舞踊家，ガムラン奏者，そして村や学校のグループが集まり，バリ舞踊やガムラン音楽などの伝統芸能から大衆劇まで，日頃の練習成果が披露される。

　こうした事実は，他者による自分たちの文化への介入のなかで，今度は観光を自分たちの文化振興のために利用することにバリ島の人々の意識が向き始めたことを示している。他者による文化の利用を経験し，バリ島の人々はいっそう自分たちが観光アトラクションの対象となった文化の所有者であるという意識を強めた。そして，文化観光という砦を築き上げることで，観光を逆に利用し，文化の活性化を試みたのである。

(3) 環境問題と失われる「楽園バリ」のイメージ

　バリ島は文化観光の振興を通じてインドネシアにおける随一の国際観光地という名声を手にしてきた。一方，持続可能な開発を観光分野に応用させた「持続可能な観光」が1990年代から国際観光開発ではキーワードとなり，観光において環境への配慮はいっそう重視されるようになっている。こうした適切な観光のあり方をめぐる議論の変化のなかで，近年「最後の楽園」バリ島のイメージは揺らぎ始めている。その主な原因となっているのが，プラスチック・ゴミ問題を中心とする環境問題である。

　世界の多くの国が経験したようにバリ島でも生活の近代化に伴ってプラスティック製品が多用されるようになった。地元住民の排出するゴミに加え，バリ島は国内外合わせて1200万人の観光客が排出するゴミも処理しなければならない状況に置かれている。しかし，バリ島では日本のようにゴミの管理システムが十分に確立されておらず，バリ島にある一時投棄場や最終処分場のゴミのうち適切に処理されているのは総排出量の25％程度と指摘されている（井澤 2017：114）。残りはどうかというと，ホテルやレストランから排出されるゴミを含めそのほとんどが空き地や河川に不法投棄されているといわれる。

　バリ島にとっての問題は，あちらこちらに捨てられているゴミを観光客が

みて,「楽園」のイメージと程遠いとがっかりするだけではない。アメリカの『タイム』誌やインターネットメディアのハフポストといった海外メディアもこのバリ島が直面するゴミ問題を「地獄における休暇」や「楽園の喪失」などといったフレーズでこぞって報じるようになり,「バリ島＝汚い」というイメージがグローバルに広がり始めているのだ。

　本章第1節で観光の基本的な構図は,「見るもの」と「見られるもの」の不均衡な力関係から成立していることに言及した。「見られるもの」は,「見るもの」の見方に常に意識を払う。バリ島のゴミ問題が海外で報道されるようになっていることは,バリ島の新聞やテレビでも報じられ,観光地に暮らす人々を中心にゴミ問題は放置できない問題と認識されるようになっている。棚田景観が2012年に世界遺産のなかの文化遺産として登録され,観光客数が急増したバリ島西部タバナン県のジャティルウィ村では,ゴミは景観の価値を損なう存在として啓発され,行政と地域住民による廃棄物管理が進んだといわれる。観光地のゴミ問題は,観光客の目にさらされる。管轄する観光地の評判が下がり,集客低下を懸念する行政は特に躍起になる。持続可能な観光が声高に叫ばれる時代にあって,環境問題による「負の観光のまなざし」は観光地にとって死活問題である。以下では,こうした時代の変化への応答ともいえる新たなバリ文化観が形作られるプロセスをみていく。

⑷ 「バリ文化」に取り込まれる環境意識

　観光地バリ島が直面する環境問題やグローバルに展開される持続可能な観光という新たな潮流は,新たなバリ文化観を生み出している。近年,バリ観光のコンテクストでは,上述の芸能だけではなく,自然環境との関わり方も文化の重要な構成要素として発信されるようになっている。それを象徴するのが,「トリ・ヒタ・カラナ」の強調である。トリ・ヒタ・カラナは,サンスクリット語で「3つ（*tri*）の幸せ（*hita*）の理由（*karana*）」を意味する言葉であり,「神と環境」「環境と人間」「人間と神」という3つの領域の調和のとれた関係性をその基盤とする考え方である。

　トリ・ヒタ・カラナは,今日,自然環境との調和を重視しながら生活を営

んできたバリ島のヒンドゥー教徒独特の哲学として国内外に主張されるようになっている。それを顕著に示しているのが，2012年にバリ島ではじめて登録された世界遺産「バリ州の文化的景観——トリ・ヒタ・カラナの哲学を表現したスバック・システム」である。ここでいう文化的景観とは，人間の営みと環境との相互作用から形成された景観を指す。バリ島の文化的景観の代表例は先述の棚田であり，棚田景観の維持が人間と環境の相互作用を体現しているというわけだ。そして，バリ島以外でも棚田景観が世界遺産登録されているなかでバリ島の棚田景観に特異性を与え，文化遺産として価値付けているのがスバック（*subak*）の実践である。

　スバックとは，各水田への給水や排水をイネの生育状況をみながら，調整・管理している組合組織である。その歴史は古く，はじめて言及されたのは11世紀の碑文だといわれる。現在，バリ島全体で1200から1800ほどのスバックが存在しているとされている（Jha and Schoenfelder 2011：3）。特徴的なのは，スバックによる水田の管理が，害虫被害を防ぎ，収穫量を上げるための重要な方法となっていること，そしてそれがスバックのメンバーによるバリの暦に基づく共同祭祀を通して実践されてきたことである。このスバックの実践があるからこそ，棚田景観が維持され，それが文化的景観として評価されたのだ。

　1980年代に観光開発が本格化するまでバリ島の基幹産業は農業であり，バリ島の人々はスバックに参加し水稲耕作に従事してきた。観光開発によって水田は観光施設に変わり，社会の近代化のなかで農業実践や農業文化が軽視されるという現実がバリ島にはある。その一方で，水田の管理から共同祭祀までスバックの実践が織りなす景観の世界遺産登録によって，トリ・ヒタ・カラナは連綿と継承されてきた自然環境に調和したバリ文化であるという国際的なお墨付きを付与されたのである。

　このようにトリ・ヒタ・カラナが強調されるようになっているなかで，興味深いのは，トリ・ヒタ・カラナという用語がヒンドゥー教の古典に実は存在していないことだ。トリ・ヒタ・カラナは，1966年にバリ島のディジェンドラ大学で開催されたヒンドゥー教に関する地元の会議において言及された

のが最初といわれる。そして，トリ・ヒタ・カラナは，1980年代頃から宗教や慣習をめぐる議論のなかで，バリ島の人々の間に浸透し（鏡味 2000），2000年代に入り持続可能な観光が意識されるなかでバリ観光のコンテクストでもいっそう強調されるようになった。つまり，歴史的にみればスバックの実践は，トリ・ヒタ・カラナそのものとは何ら関係ない。スバックの実践がトリ・ヒタ・カラナの哲学を表現しているというのは，現代を生きる人間による後付け的な理解なのである。

　哲学であったトリ・ヒタ・カラナは，スバックの実践と結び付けられることで，一つの具体的な文化実践として形を成した。トリ・ヒタ・カラナの展開に注目することでみえてくるのは，昔からある文化のようにみえても，実はホストによって作り替えられたり，別の文化と結び付けられたりしているというメカニズムである。こうしたメカニズムを考えるうえで重要なのは，環境問題を通してみたように，観光のまなざしも一定ではないこと，そして持続可能な観光のように，観光のあり方自体も変化することである。こうした変容を機敏に読み取り，ホスト社会は自文化を形作る必要に迫られる。そうしたなかで，バリ島では新たな文化観が生み出されているのだ。

4　観光のまなざしを超えて

⑴　観光が生み出す文化

　観光を題材としつつ，本章で一貫して述べてきたのは，文化とは当事者にはっきりと意識され，変化したり生み出されたりするという視点である。観光は，文化を創り出す。したがって，文化を無意識の行動パターンや意味付けであるとする従来の文化人類学の理解では不十分なのだ。「観光のまなざし」や「文化の客体化」という議論は，文化を「本物／偽物」として捉える視点は誤りであることを教えてくれる。観光のコンテクストにおける文化は，ゲストの視点とホストの視点の相互作用のなかで，手を加えられたり，新たに作られたりする。バリ島の事例が示すのは，昔からある文化のようにみえても，そうみえるように演出されていたり，観光のまなざしによって作

り替えられたり，別の文化と結び付けられたりすることであった。こうした営みのなかで，私たちは観光の現場で文化をみたり経験したりしている。

　このような観光の理解の仕方は何も東南アジアだけに当てはまるものではない。日本のなかでも国内外に有名な観光地やアトラクションはある。ニンジャやサムライ，着物，禅といった現在を生きる私たちとは少し距離がある伝統文化も国際観光客には人気だ。観光のまなざしや文化の客体化という概念を通して，日本における観光を分析すると何がいえるだろうか。

(2) 変化する観光

　ホスト社会における文化の形成を考えるうえで重要なのは，観光のあり方の変化に目を向けることである。文化の客体化論では，これまで観光のあり方の変化がどのように文化観の変化に影響するのか議論してこなかった。第二次世界大戦後，観光はマスツーリズムという形態で発展していった。しかし，観光開発の負の影響が指摘されるなかで，持続可能な観光が中心的な理念として唱えられるようになっている。こうした観光開発の潮流に合わせた形で，エコツーリズムやコミュニティベースト・ツーリズム（住民主体の観光）がオルタナティブな観光形態として登場し，先進国からの観光客に求められるようになっている。

　エコツーリズムは自然環境を観光資源とし，コミュニティベースト・ツーリズムは村落生活を観光資源とする。どちらも「マスツーリズムでは経験できないありのままの自然環境や村落生活」というオルタナティブな「観光のまなざし」がホストには投げかけられる。興味深いのは，エコツーリズムやコミュニティベースト・ツーリズムは小規模で行われる場合，ホストとゲストの密なインタラクションを成立させる点である（cf. 岩原 2020）。こうした社会交流を通して，ホストは自文化を再評価したり，新たな見方を得たりする可能性がある。この点でオルタナティブな観光は，文化についての別の語り方や見方を教えてくれるかもしれない。時代の変化に即して観光と文化の関わりを観光の現場（フィールド）で捉えていくと，観光という現象の複雑さが理解できる。

参考文献

井澤友美　2017『バリと観光開発——民主化・地方分権化のインパクト』ナカニシヤ
　　出版。

市野澤潤平　2023『被災した楽園——2004年インド洋津波とプーケットの観光人類
　　学』ナカニシヤ出版。

岩原紘伊　2020『村落エコツーリズムをつくる人びと』風響社。

太田好信　1998『トランスポジションの思想——文化人類学の再想像』世界思想社。

岡本伸之　2001「観光と観光学」岡本伸之編『観光学入門——ポスト・マス・ツーリ
　　ズムの観光学』有斐閣，1-29頁。

鏡味治也　2000『政策文化の人類学——せめぎあうインドネシア国家とバリ地域住
　　民』世界思想社。

スミス，ヴァレン・L編　2018『ホスト・アンド・ゲスト——観光人類学とはなに
　　か』市野澤潤平・東賢太朗・橋本和也監訳，ミネルヴァ書房。

永渕康之　1996「観光＝植民地主義のたくらみ——1920年代のバリから」山下晋司編
　　『観光人類学』新曜社，35-44頁。

　　――　1998『バリ島』講談社。

山下晋司　1996「観光人類学案内——《文化》への新しいアプローチ」山下晋司編
　　『観光人類学』新曜社，4-13頁。

　――　1999『バリ観光人類学のレッスン』東京大学出版会。

山田忠雄他　2023『新明解　国語辞典　第8版』三省堂。

Jha, N. and J. Schoenfelder 2011. Studies of the Subak: New Directions, New
　　Challenges. *Human Ecology* 39(1): 3-10.

UNWTO 2020. *Tourism Highlights*.

Urry, J. and J. Larsen 2011. *The Tourist Gaze 3.0*. London: Sage Publication.

●課題●

1 日本に対する「観光のまなざし」にはどのようなものがあるか考えてみよう。
2 日本政府は2003年以降外国人観光客誘致のためにビジット・ジャパン・キャンペーンを展開してきた。このキャンペーンを事例に日本における「文化の客体化」を考えてみよう。
3 1と2で考えた「観光のまなざし」「文化の客体化」と，本章で取り上げたバリの事例を比較し，文化の語られ方について考えてみよう。

●読書案内●

『基本概念から考える観光人類学』市野澤潤平編，ナカニシヤ出版，2023年
　　　　古典から最新のものまで観光人類学による議論のあり方やそのキーワードを網羅的に学ぶことができるテキスト。これを一冊読むことで，観光と文化人類学の接点を深く理解することができる観光人類学の新しい必読書。

『村落エコツーリズムをつくる人びと——バリの観光開発と生活をめぐる民族誌』
　　　　岩原紘伊，風響社，2020年
　　　　観光開発の負の影響が大きいインドネシア・バリの人々は，どのように観光を作り直そうとしているのか。環境 NGO によるエコツーリズム・プロジェクトに注目し，観光の現場に生きる人々が求めるオルタナティブな観光のあり方を描いた民族誌。

『被災した楽園——2004年インド洋津波とプーケットの観光人類学』
　　　　市野澤潤平，ナカニシヤ出版，2023年
　　　　テロ，自然災害，感染症。観光は災害に対して脆弱な産業であり，観光地も時として被災地となる。観光地が被災するときそこに生きる人々はどのように行動し，災害からの回復を目指すのか，タイ・プーケットを事例に描き出した民族誌。

第16章

開発と貧困

人類学は貧困削減に貢献できるのか

箕曲在弘

コーヒーの果実の収穫。コーヒーなど商品作物を栽培する農家は貧困だといわれ
ている。だが本当にそういえるのか（2013年，筆者撮影）

1 「外からの介入」としての開発協力

(1) 「貧しい人々」を助けたい？

　発展途上国の貧しい人々のために貢献したい——こう思う若者は少なくな
い。スラムでゴミ拾いをする子どもたちや医療設備が整わないなかでリスク
の高い出産を強いられる女性たち，農作物を安い価格で買いたたかれる農家
など，私たちからすると信じられないような環境に住む人々の話を聞くこと
で，自分にも何かできることはないかと考えるのは自然なことのように思える。

このような厳しい環境で生活する人々のことを少しでも知るために，文化人類学を学びたいという人もいる。かくいう私も文化人類学の講義をいくつかの大学で担当するようになり，こうした想いをもつ者たちと出会ってきた。私も，このような若者たちに何か役立つ知識を与えられないかと思うのだが，文化人類学を学べば学ぶほど，彼らの純粋な想いを裏切る話ばかりが出てきてしまい，時々申し訳ない気持ちになる。

　序章で解説した通り，文化人類学では文化相対主義という方法論的な立場を大切にしてきたため，他者には他者なりの考えがあり，私たちの考え方を押し付けてはならないとされる【☞序章2(5)】。このような人類学が培ってきた態度を踏まえれば，「発展途上国の人々を助けたい」という支援者の目指すものは，現地の人の生活を外から変える「介入」となってしまうため，支援者の目指すものと人類学の立場との折り合いはよくない。

　だが，人類学がフィールドとする地域の多くは「発展途上国」や「僻地」と呼ばれる場所であるため，児童労働や女性差別などの人権問題，経済的な搾取や環境破壊といったグローバルに展開する問題，そしてそれらに密接に関係する貧困問題など，様々な問題に人類学者は否応なく直面する。この状況に対し，文化相対主義を無批判にかかげて，他者の生きる世界を尊重するというだけでは，これらの問題を放置しかねない。では，どうすればよいのか。貧困削減という問題は人類学のなかでは開発援助や国際協力（以下，開発協力）と結び付けて議論されてきた。本章ではこの動向を踏まえて，人類学は貧困削減に役立つのかという問いについて検討していく。

(2)　中央集権的な国家統治のための経済開発

　東南アジアの多くの国々は冷戦下において権威主義体制を敷き，共産主義化への抵抗および国家の統一を目指し，強権的に経済成長を目指す政策をとった。これを「開発主義」と呼ぶ。具体的には，1958年から始まるタイのサリットおよびタノム＝プラパート体制，1965年から始まるインドネシアのスハルトによる新秩序体制やフィリピンのマルコス体制，シンガポールの人民行動党の政治体制，そして1981年から始まるマレーシアのマハティール体

制がこれに当たる。

　ここでいわれる開発主義は，国によっては単に経済成長や工業化だけを意味するものではなかった。たとえば，タイ語で「パッタナー（*patthana*）」と呼ばれる開発とは「国の掃除」であり，「清潔さを心がける精神」の涵養ともつながるものであった。実際，サリット政権下のバンコクでは，麻薬密売や売春，サムロー（三輪タクシー）は国の清潔を損なうものだとされ追放された（末廣 1993：37）。また，インドネシア語で「プンバングナン（*pembangunan*）」と呼ばれる開発とは，中央政府から村落まで一貫した行政組織を作り上げ，末端では相互扶助の精神（ゴトン・ロヨン）の復活を通して住民の自発的な勤労奉仕を刺激することまで含まれていた（加藤 2003：439）。このように国ごとに独自のニュアンスをもって使われたり，政策のなかに取り込まれたりしていった「開発」は，強力な中央集権的な国家統治を実現する手段でもあったのだ。

　こうした開発主義を維持したのが外国からの援助資金と直接投資である（佐藤 2021：130）。とりわけ援助資金によって各国政府は舗装された道路を作り，頑丈な橋を作り，送電線を張り巡らせて安定的に電気を全国各地に送り，大型のコンテナ船への荷積みができる港湾を作るといったインフラを整備し，工業化を促進することによって経済成長を目指した。インフラがなければ付加価値のついた産業（たとえば第二次産業）は育たず，雇用も生まれない。第二次産業（農産物加工品や衣料品，自動車，精密機器の製造など）の発展は，多くの農村人口を惹き付け，人々に安定した賃金の支払いを可能にする。このようなインフラ整備による工業化を促進する開発のあり方を，「経済開発」と呼ぶ。

　こうした経済開発は，公共事業の実施や大規模産業の誘致により大量の雇用が生まれることで，結果的に住民の所得が向上すると考えるトリクルダウン効果を狙っている。トリクルダウンとは日本語で「滴り落ち」を意味するのだが，これは水が上方から下方に滴り落ちるように，富も富裕層から貧困層に滴り落ちるという理論である。経済開発とは農山漁村の人々を第二次産業の労働者に移行させることであり，これこそが「発展＝開発（development）」

であると考えられてきた。

　もちろん，経済開発は完全に否定されるべきものではないし，現に今も多くの人がこの発展のあり方を正しいものだとして疑わない。だが，そこには限界もある。第一に，現実的には地理的条件などから第二次産業がどこでも根付くわけではない。たとえば，東南アジアで唯一の内陸国であるラオスでは近隣の海に面している国々に比べて輸出コストが高くなりがちであることから，第二次産業化の程度が近隣諸国よりも低い。第二に，トリクルダウン効果にも限界がある。たとえば，プロジェクト実施国のエリート層の汚職により，末端の労働者にまで公正に資金が滴り落ちず，両者の間に所得格差が拡大するといった事態がよく起こる。

(3)　貧困削減や格差・不平等の解消を目指す社会開発

　このように経済開発の限界が明るみになる一方，1970年代より，清潔な水の供給や医療・教育環境の整備といった人間の基本的なニーズを満たすことで貧困を削減していくアプローチが生まれた。またジェンダー格差の解消や農業技術の発展など人々の生活に根ざして課題を解決し，不平等を解消していくことも期待されるようになった。こうした考え方は，「社会開発」と呼ばれる。たとえば，日本の国際協力機構（JICA）は，日本では当たり前になっている母子手帳を導入・展開するための支援を，インドネシアなど東南アジア8か国を含め世界各地で実施してきた。母子の健康管理は乳児死亡率を低下させたり，感染症予防につながったりするため，間接的に貧困削減につながる。これは典型的な社会開発の事例である。

　経済開発が現地政府主導による大規模プロジェクトになるのに対し，社会開発は住民の側からボトムアップで課題を解決するという特徴をもつ。この点で興味深いのは，東南アジアにおける社会開発の試みとして知られる開発僧の活躍である。経済成長を促す開発政策を実施するタイにおいて，上座部仏教の教えに基づく生活改善活動を行ってきたのが開発僧である。たとえば，ある仏教僧は，住む場所のない人々に寺院の所有地への移住の許可，高齢者クラブの設立を通した高齢者の生活向上支援，およびエイズ感染者への

宗教上のケアといった活動を行っている（岡部 2014：238-239）。仏教僧のなかには，仏法（タンマ）に基づいた貧困解消を理念として，このような社会開発に取り組んでいる者もいる。タンマは極めて多義的で容易には理解できないタイの上座部仏教の重要な概念なのだが【☞第 8 章 2(3)，3(1)】，社会的公正・公平という意味で使われることがある。これは社会開発の理念と通じる。社会開発というタイにとっては外来の概念ではなく，現地の概念を通した貧困削減への取り組みの可能性や限界に目を向けることは，文化相対主義を掲げる人類学にとって重要となる。これらのボトムアップの考え方は，住民の生活のなかに入り込んでフィールドワークをしてきた人類学と相性がよい。開発協力と人類学の関係が近づいたのは，社会開発という概念の普及がきっかけだったのである。

　なお，ここでグローバル・ノースとグローバル・サウスという言葉について説明を加えておく。おそらく皆さんは先進国・発展途上国という区別は知っているだろう。この用語の背景にあるのは「経済発展」の程度によって世界の国々を二分する考え方である。だが，気候変動への注目から経済的な発展を無前提によいことだとする考え方に疑問が投げかけられるようになり，先進／発展途上という区分は今やあまり現実的ではなくなった。そこで今日ではグローバル・ノース／グローバル・サウスといった区別が広まりつつある。この用語は経済成長を前提とせず，地球の北半球を中心とする国々と南半球を中心とする国々に分ける考え方に基づいている。ただし，これは単なる地理的な南半球ではなく，アジアや中東，アフリカ，中南米など政治的な不平等や経済的格差といった視点から「世界を比喩的に南北に二分した際の『南』」を指す（児玉谷他編 2022：3）。本章では先進国・発展途上国に代えて，この表現を用いることにする。

2　開発協力と人類学のもどかしい関係

(1)　人類学と開発協力の関係の端緒

　人類学と開発協力の関係を理解するには，まず人類学の知見が政治に利用

されてきた過去について触れなくてはならない。戦前のイギリスの人類学者たちは政府から資金を得て当時の植民地であったアフリカや南アジア諸国でフィールドワークを行った。そこで得られた知見は結果的に政府の植民地統治に寄与することにつながった。これは現地の社会への政治介入を促す結果となり，文化相対主義を標榜する人類学にとって汚点の一つとなった。そのため人類学は過去の植民地主義への加担を反省するべく，戦後，長い間，学術的知見の現実の政治への応用から距離を置いてきたのである。

　しかし，1960年代以降，開発協力は人類学者にとって無視できない存在になった。このなかで一部の人類学者は，先述のトリクルダウン効果の限界や，開発援助の効果におけるジェンダー間の不平等を指摘するなどして，社会開発の重要性を明らかにした。

　この流れのなかから，アメリカでは1980年代より世界銀行やアメリカ開発庁（USAID）に雇用され，プロジェクトの立案から実施までを担う人類学者も生まれた。こうした開発業界の内部で開発援助を促進する人類学は「開発人類学（Development Anthropology）」と呼ばれるようになった（ノラン2007）。もっとも，このような人類学的な知見の実社会への応用という試みは，植民地支配の過去を想起させることから，忌避感を示す人類学者も多かった。

(2)　開発批判としての人類学

　人類学者のなかには開発協力という現象を無批判に支持するのではなく，それが実施される政治的背景を分析する者もいる。これは現場の視点よりもむしろ，開発の現場が作られる過程に焦点を当てるものである。1990年代前半に生まれたこのような立場は，なぜ貧困がなくならないのかという問題に対する一定の解答を与えるものであった。

　第5章で説明されていたように，タイの山岳地帯の開発は表向きには山地民の生活向上を目指すものであったが，その背景にあるのはこの地域の共産主義化の抑止という政治的事情であった【☞第5章3(2)】。タイ政府が介入の口実として作り出した「山地民問題」は平地タイ人も無関係ではなかったものの，根本的な原因は山地民が教育を十分に受けていないことにあるとされ

た。この結果，学校を建設しタイ語を学ばせたり，仏教への帰依を求めたりしたが，思うような成果を上げられないことも多かった。

　この事例の興味深い点は，開発プロジェクトを実施するための理屈付けである。開発プロジェクトでは援助機関や政府が介入を必要とする人々を同定し，その人々が「問題を抱えている」という理屈を作り出すとともに，そこに何らかの技術的な解決策（学校建設を通した教育支援など）を提示する。

　ここには当の「山地民」の声は反映されていない。問題を把握するのはあくまで専門家であり，専門家がその専門性に従って技術的解決策を提示する。このような技術的解決策は，現地の人々の暮らしの姿を捉えたものであるとは限らず，彼らが必要としていることに対応していない場合がある。

　開発協力がこのようなトップダウンの意思決定になってしまうのは，プロジェクトの受け皿が，援助受入国の政府だからである。タイの事例では反共産主義政策が前提となっていたように，受入国政府の政治的動向にプロジェクトの方向性が左右されてしまう。

　人類学者のジェームズ・ファーガソン（2020）やアルトゥーロ・エスコバル（2022）は，このように開発協力という現象を国家や国家間の政治経済的文脈のなかに置き，特定の人間の集団や国家を「低開発」や「貧困」といったカテゴリーに押し込め，救済すべき対象とみなしていった政治的背景を明らかにした。いかなる開発協力の実践も，こうした政治的事情を抜きにして考えることはできず，この帰結として問題は完全に解決されることなく，常に新たな「貧困」が生み出されるのだと主張した【☞第5章3(3)】。このように開発という現象の自明性を問い直す開発批判の人類学は，開発人類学と区別するために，「開発の人類学（Anthropology of Development）」と呼ばれる。

(3)　開発のなかの人類学

　「開発の人類学」は，「開発とはそもそも何か」という大きな問いに批判的に答えようとする傾向がある。だが，このアプローチでは開発協力の現場で起きている事態が何かを知ることができない。開発協力をテーマにする人類学者のなかには，開発プロジェクトの企画立案に取り組む実務家のような立

ち位置（初期の開発人類学）とは異なるものの，開発業界の内部でより現場
に密着した形で，支援者と被支援者の相互行為に焦点を当てた研究をする者
もいる。このアプローチをガードナーとルイスに倣い「開発のなかの人類学
（Anthropology in Development）」と呼ぶ（Gardner and Lewis 2015）。ここでは
インドネシアのスラウェシ島で長年，農村支援プロジェクトに関わってきた
小國和子の研究を紹介する。

　小國は青年海外協力隊による農村の生計向上プロジェクトの一つとして落
花生の優良品種の普及過程について詳細に記述している。「落花生の収穫量
を増やしたい」という農民の声を受け，協力隊の隊員が東ジャワから優良品
種を導入したのだが，結果的には現地の農耕スケジュールや土地利用のあり
方などから受け入れられなかった。だが，その後，隊員はこの失敗から学
び，プロジェクトの軌道修正を図るなど，現場でできることを積み重ねて
いった結果，現地の農民たちもプロジェクトを通して失敗から学び，野菜の
複合栽培を始めるなど自主的な取り組みに発展していった。ここから小國は
このような開発協力の現場において重要なのは，相互の学び合いであると結
論付ける（小國 2003：155-170）。

　日本では小國のように青年海外協力隊などを通して開発協力の現場に長期
的に携わったことのある研究者たちが，自分の経験を振り返り，プロジェク
トの障壁となった要因や成功のノウハウを共有する研究を盛んに行ってきた
（藤掛・佐藤編 2011）。このような現場レベルの開発協力の過程を長年追いか
けていく研究もまた，丹念なフィールドワークを重視する人類学らしいアプ
ローチである。これまでの「開発の人類学」では，開発という現象の政治的
背景に着目するあまり，現地の住民を開発プロジェクトに巻き込まれるだけ
の受動的な存在だとみなしてきた。だが，「開発のなかの人類学」は，開発
の対象者である住民を自分たちの生活をよりよくしたいという希望をもつ主
体として位置付ける。

　支援者と被支援者の相互行為に着目するアプローチは，開発協力のあり方
をよりよいものに変えていくことを可能にする。開発という現象そのものの
批判ではなく，より穏健な形で開発の内側から，よりよい開発への変革を目

指す小國の研究もまた，貧困削減に寄与しているといえるだろう。

　しかし，このアプローチでは被支援者がどのように土地や労働力などの生産手段を活用して暮らしを成り立たせているのかといった問いは，支援と被支援の関係を考察するうえでの背景に位置付けられてしまう。だが，開発の対象となる人々の生計の動態やそこから生まれる生活上の困難の発生メカニズムといった暮らしの成り立ちを知ることは，より直接的に貧困削減に寄与する人類学になりうる。以下では支援者と被支援者の関係から離れて，より現地社会の動態に迫る研究を紹介する。

3　「貧困」が生まれるプロセス

⑴　「貧困」を捉えなおす

　開発協力が貧困削減を目指しているのであれば，まずは対象地域の貧困がどのようなプロセスによってもたらされているのかを理解しなくてはならない。だが，貧困とは何かを特定すること自体，大きな困難が伴う。貧困とは収入がほとんどない，あるいはまったくない状態のことを指すのだろうか。また，住む家がなく，食料がほとんど手に入らない状態のことを指すのだろうか。今日，日本でも貧困問題が取りざたされているが，日本で対象となる貧困と，東南アジアの農村における貧困は同じだろうか。ここをはっきりさせなければ，課題解決の方向性そのものがずれてしまうだろう。

　まず一番わかりやすい貧困の定義は，所得の多寡を基準とするものである。たとえば世界銀行は「所得が1日1.9ドル未満の人」を貧困状態と定義している。この定義は絶対的貧困と呼ばれる。要は安定して一定の収入がない人のことを指す。だが，1日1.9ドル未満の収入といっても，日本とインドネシアでは，その意味が大きく異なる。インドネシアの農村ではそれでもかろうじて生きていける場合もあるが，日本の都市では食べていくこともできない。

　そこで，国によって生活水準が異なることを考慮に入れ，「その国の等価可処分所得の中央値の半分未満の人」を貧困状態とする相対的貧困という考

え方が出てきた。たとえば，日本では可処分所得の中央値がだいたい250万円くらいになるのだが，その場合，半分の125万円未満の人々を貧困層と呼ぼう，ということだ（等価可処分所得は経済学の範囲なので，ここでは詳述しない。詳しく知りたい人はウェブサイトなどを使って各自調べてみよう）。国によって等価可処分所得の中央値は大きく異なることから，この考え方に基づけばその国の実情にあった貧困層の特定が可能になる。

　だが，これらの所得を基準にした貧困の定義は，東南アジアの農村地域の実態をみると不十分である。なぜなら，土地や家畜といった，所得に還元できない資産があるからだ。たとえば，農地をもっていれば，そこで収穫した農産物を食べたり売ったりして生活できる。牛などの家畜を所有していれば，いざというときに現金化できる。所得の多寡だけで貧困かどうかを決めることはできないのだ。

　また，所得と資産があっても貧困に陥る場合がある。たとえば，所得があっても，地下水をろ過する技術が浸透しておらず清潔な水が手に入らなかったり，家庭では少数民族の言語を話すため公用語が話せず学校での成績が振るわなかったりする人々がいる。問題は所得ではなく，清潔な水や公用語といった資源へのアクセスを妨げている，様々な社会・文化的要因にあるというわけだ。そこで，近年では，所得や資産を基準とした貧困の定義から，人間の基本的なニーズへのアクセスの制限という観点から貧困を捉えるようになってきた。たとえば，国連開発計画（UNDP）は「教育，仕事，食料，保健医療，飲料水，住居，エネルギーなど最も基本的な物・サービスを手に入れられない状態」を貧困と定義する。

　ところで，この定義を採用するにしても，これらの物やサービスが手に入らなくなる過程には，どのような構造的な要因があるのか。また，貧しいとされる人々は，こうした資源へのアクセスがどのような過程を経て制限されていくのだろうか。以下ではラオスのコーヒー農家を対象に，貧困が生まれるプロセスを明らかにする。

⑵　ラオスのコーヒー農家は貧しい？

　ラオス政府が基本的ニーズをもとに独自に作成した貧困指標によれば，2013年から2019年の間にラオスの貧困率は24.6％から18.3％に低下した。その他の妊産婦死亡率や公教育へのアクセスも指標のうえでは順調に改善している。全国レベルでは貧困削減が順調に進んでいるラオスではあるが，地域間や地域内の経済格差は大きく，困難な生活に陥る世帯は多い（World Bank 2020）。ここには統計データからはみえてこない，貧困をめぐる動態がある。

　私が調査してきたラオス南部のボーラヴェン高原は，コメ作りが盛んなラオスのなかでは珍しくコーヒー栽培を生業とする人々が多い。私たちにとって身近な製品であるコーヒーは，グローバル・サウスの国々で栽培される商品作物であり，貧困のイメージをもたれやすい。農家は大企業や仲買人にコーヒーを安く買い叩かれ，満足がいく食事すらできていないと思われるかもしれない。コーヒーの市場価格が暴落した2001～2003年頃，このイメージが流布した。このイメージは大きく間違っているわけではないが，農家の生活を詳細にみると少しずれている。

　以下では，この「ずれ」を説明するために，ある農家のストーリーを紹介したい。このストーリーは，商品作物に依存する農家の生活を不安定にさせる要因と，それを回避することにつながる農家が培ってきた自前の能力，そしてこうした能力があったとしても回避できないレベルの困難のあり様を描写している。

　説明の都合上，込み入った話にならないよう，実在する複数の家族から聞き取った話の断片をつなぎ合わせて以下に提示する。ここで示されるのは，ひと家族のストーリーのみだが，これに類似する家族は複数ある。詳細は箕曲（2014）を参照してほしい。

⑶　ラオスのコーヒー農家の不確実性とレジリエンス

　ボーラヴェン高原のプーノイ村に住むチャンパさん夫妻は，小学校に通う2人の子どもとともに，2 ha（200m×100m）の土地でコーヒーを栽培して

いる。この地域では２haあれば一家全員を養っていける。ただし，それでも子どもの大学の学費までは賄えない。村内には10ha以上の土地をもつ家庭もあれば，１haほどしかない家庭もある。彼はできればもっと広い農園がほしいと思っているが，土地を購入するほどの資金はない。

　かつて焼畑移動耕作を生業としていたこの地域の農家は，2000年頃から同じ場所で毎年収穫が可能になるコーヒーを育てるようになり，それを売って，主食のコメを購入する生活に変わった。コーヒーは年１回10〜12月に一斉に果実がつくため，この時期は一年で一番忙しくなる。採り残しのないよう，どの家庭も一家総出で収穫を行う。

　このようなコーヒー栽培が主な生業となった農家の生活を不安定にさせる要因（＝不確実性）は，大きく２つある。第一に価格の変動である。収穫したコーヒーは毎日，家の軒先にやってくる仲買人に売却する。チャンパさんは，仲買人の提示する価格でその日に収穫したコーヒーの果実をすべて売却する。仲買人の買取価格は収穫開始期の10月頃が一番低く，徐々に上昇し11月頃に最高値を記録し，再び下がっていく。だが，年ごとに最高値は大きく異なる。この年は１kgあたり4000キープ（約50円）だったが，前年は3000キープ（約38円）だった。これは国際市場価格の変動に対応している。

　コーヒーの国際市場価格はニューヨークとロンドンの先物取引市場の売買によって決まる。ここで決まる価格は，常に価格が変動している円ドル相場のイメージで捉えるとわかりやすい。１ドルが110円のときもあれば，145円になったりするときもあるように，コーヒーの国際市場価格も農家の努力とは関係のないところで変わり続ける。農家にとっては理不尽な状況だといえる。

　第二の不確実性は，収穫量の変動である。コーヒーの収穫量は，病虫害や天候不順といった要因により，毎年変動する。たとえば，時々発生するコーヒーベリーボアラー（CBB）という全長２mmほどの甲虫はどこからともなく大量発生し，コーヒーの種（コーヒー豆になる部分）に入り込む。こういった不確実性は，殺虫剤や化学肥料によってある程度対処可能であるものの，これらを購入する余裕のある農家は少ない。なにより無農薬や有機栽培が推奨されている今日，政府はこれらの化学物質の使用を推奨していない。

このような予測不可能な事態により収入が安定しない農家は，自分たちでそれを回避する方法を編み出している。チャンパさんの生活実態のなかから，2つの対処法をみていこう。1つ目が家庭菜園の利用拡大である。チャンパさんは，比較的収入が少なかった年には，市場で食料を購入する頻度が減り，家庭菜園で取れた野菜を食べることが多かった。家の敷地には約20種類ほどの野菜や果実が植えられている。何気なく植えられているようにみえる家庭菜園であるが，これは収入低下という不確実性を回避するのに役立つ。

　2つ目の対処法として親類のもつ資源の融通がある。チャンパさんは，ある年，雨季の終わり頃になると蓄えていたコメが尽きてしまった。この場合，多くの家庭は近隣の企業プランテーションに行き日銭を稼いで糊口をしのぐのだが，チャンパさんの実家はコメ農家であるため，両親からコメを送ってもらった。コメを自給していないコーヒー農家にとって，このような人間関係を活用することが日々生じる不確実性を回避する手段になる。

　コーヒー農家は自分たちの生活が作物の収穫量や販売価格の変動という不確実性にさらされていることをよく知っている。さらに，その不確実性を回避する方法も熟知している。これらの不確実性の回避が可能であるということは，生活を不安定にする不確実性を軽減するレジリエンスが彼らの生活のなかに備わっていることを示す。レジリエンスとはもともと，「回復力」や「復元力」といった日本語に訳されてきた言葉で，困難に直面した際の精神的な回復力という意味で心理学の分野において，また生態系の攪乱による損傷からの復元力という意味で生態学の分野において使われてきた概念である。東日本大震災以降，災害からのレジリエンスという使い方で災害復興の研究においても使われるようになった。

　人類学では，こうしたレジリエンスは個人の内面の問題（たとえば負けん気の強さなど）ではなく，人間集団を取り巻く環境との相互作用のなかで把握されるべきものであると論じてきた（Eitel 2023）。必ずしも貧困削減の議論のなかだけでこの概念が使われてきたわけではないが，気候変動や政治経済的な変動といった逆境に対し，人々が生きる場において即興的に創出し，維持してきた自前の能力をレジリエンスとして評価する議論が生まれている。

このレジリエンスという概念は，貧困問題を考えるうえで重要な示唆を与える。人々は不確実性を前にして常に脆弱なのではなく，個々の主体が置かれた環境のなかで，多様な方法を駆使して不確実性を緩和させる能力（たとえばコミュニケーション能力や交渉術）を持ち合わせている。この事例においても，コーヒー農家は土地や販売先，人間関係など，各自が利用可能な資源を駆使して，自分たちの生活を維持している。そうであるならば，貧困問題を考えるうえで，こうしたレジリエンスがいかに成り立っているのかを把握し，このレジリエンスの程度が弱まる状況にこそ着目すべきであろう。

(4)　レジリエンスが弱まる状況としての貧困

　では，再びチャンパさんに登場してもらい，レジリエンスが弱まる状況について具体的にみていこう。チャンパさんの義理の父が雨季の終わりの9月，原因不明の頭痛に襲われ，その後，1か月の間ずっと治らないため，近隣の町の病院に行った。しかし，そこでも原因はわからず，しばらく経っても治らないどころか，頭痛は悪化し，外出もできないほどになったため，首都ヴィエンチャンの複数の病院で診察してもらった。その間，入院もした。このときの医療費は総額4000万キープ（約50万円）にもなった。

　この金額はチャンパさんの年収を超えている。自分では支払えない金額なので，親戚から寄付を募ったのだが大した金額にはならなかった。そこで懇意にしているコーヒーの仲買人からお金を借りることにした。この地域で健康保険は一般的ではなく，ほとんどの人が加入していない。金を借りる場合，親戚が無理であれば，近所に住む商人（主に仲買人）に頼るしかない。彼らは常に大量の現金をもっているからだ。

　仲買人は収穫期の報酬の前払いとして，農民の申し出に応じてくれることがある。ただし，仲買人は収穫期の相場の半分程度の額を提示するため，農家にとっては不利な条件で合意せざるをえない。だが，仲買人は最後の頼みの綱であるため，受け入れるしかない。

　チャンパさんは，前払いに応じてくれた仲買人に，その年の収穫期に約束した分のコーヒーを渡した。残りの分は通常の相場で仲買人が買い取ってく

れた。この年の買取相場は昨年よりも高かったものの，収穫量は昨年より少なかった。結局，彼の収入は，昨年の半分程度になった。

　チャンパさんは，この1年をどう乗り切るか悩んでいた。家庭菜園の拡大や実家からのコメの援助を得ても，まだ一家を養うことはできない。雨季の間に隣国のタイに出稼ぎにいくことを検討したが，出稼ぎ経験者に聞くと，仕送りできるほどの蓄えにはならないという。最悪の場合，また仲買人からお金を借りなくてはならない。こうなると借金のループから抜け出せなくなる。こうして村内の経済格差は拡大する。

　このストーリーからチャンパさん一家は，食料や医療へのアクセスが他の標準的な世帯よりも困難な状況に陥っていることがわかる。先に挙げたUNDPの定義に従うなら，この一家は他の標準的な世帯に比べれば貧困な状態にあるといえる。ただ，重要なのはどういう過程を経て，この状態になるのかということだ。人々には一定のレジリエンスが備わっているものの，時にこれが低減する状況が生まれる。仮に信頼性の高い健康保険制度が整備されていれば，それが医療費の高額支出という不確実性を回避する手段として機能することになり，一家が貧困状態に陥ることはなかったかもしれない。しかし，彼の一家が住む地域では，このような制度は整っていなかった。そして，それに代わる在来の相互扶助も十分に機能しなかった。こういった場合に，人は貧困状態に陥るのである。

4　貧困削減に貢献する人類学的思考法

⑴　開発協力に欠かせない貧困の動態の探究

　UNDPの定義にあったように，貧困とは生きるのに十分な食料が手に入らないとか，家がないというだけではなく，生活に必要なものやサービスが何らかの政治的・経済的・文化的な要因によって手に入らない（＝アクセスできない）ということを意味する。したがって，雇用の創出，農作物の高額な買取といった単純な方法だけで貧困は解決しない。問題解決に必要なのは，人々が直面する不確実性やそれを回避する自前の能力（レジリエンス），

そしてその能力の限界といった視点である。さらに，この視点にしたがい，時間的変化のなかでいかに人々のレジリエンスが高まったり，弱まったりするのかという動態的な側面の解明が必要となる。この結果，どこに問題の核心があるのかを見極められるようになり，解決への一歩が踏み出せる。この動態的アプローチは，特定の人々に「貧困者」というレッテルを貼る静態的アプローチとは対照的である。

　グローバル・サウスの国々に行ったことのない人々は，その国の人々は全員貧しいというイメージを抱いてしまうかもしれない。しかし，事態はずっと複雑である。こういった複雑な事態をより精緻に理解していくには，貧困や不確実性，レジリエンスといった概念を駆使して，現地の人々の置かれた状態を把握していくことが求められる。

　開発協力とは本来，こうした精緻な現場理解のうえに成り立たなければならない。トップダウン型の経済開発がやってきたことは，患者の病気の原因を診断せずに，誰彼構わずにある程度役立つと見込まれる薬をばらまくようなものである。それで病気が治る人もいるかもしれないが，副作用に苦しむ人がいても何も手を差し伸べないことにつながる。そうではなく，まずは専門的な概念をつかって対象とする人々の生活のあり方を理解し，問題が生じる背景に見合った開発プロジェクトを立てていくことが望ましい。

(2) 貧困への動態的アプローチ

　以上のような貧困を動態的に理解するアプローチは，必ずしもグローバル・サウスの人々にのみ向けられるわけではない。私たちの住む社会のなかでも政治的不均衡や経済格差がある。こうした不均衡や格差のなかで脆弱な生活を送る人々に目を向けてみよう。彼らに「貧困」というレッテルを貼って彼らを理解したつもりになるのではなく，彼らの生活のなかに見出される不確実性やレジリエンスの強弱に注目してみると何がわかるだろうか。

　日本国内にも，外国人労働者やホームレスなど就労状況が不安定な人々がいる。こうした人々の生活を想像することによって，遠い世界の人々の生き方についての学びを，より身近な問題に活かすことができるだろう。

また，フィールドワークを重視してきた人類学は，開発経済学や開発政治学のような他の分野ではできない，住民との密接な関わりを得意としてきた。その視点を用いなければ解決しない課題は山積している。開発協力のなかでも医療看護，保健衛生，教育，マイクロファイナンス，フェアトレード，森林保全，法整備など，人類学者が関われる領域は数多くある。社会課題の現場に関与したい人々は，ぜひさらに深く人類学を学んでほしい。

参考文献

エスコバル，A　2022『開発との遭遇——第三世界の発明と解体』北野収訳，新評論。

岡部真由美　2014『「開発」を生きる仏教僧——タイにおける開発言説と宗教実践の民族誌的研究』風響社。

小國和子　2003『村落開発支援は誰のためか——インドネシアの参加型開発協力に見る理論と実践』明石書店。

加藤剛　2003「開発と革命の語られ方——インドネシアの事例から」『民族学研究』67（4）：424-449。

児玉谷史郎・佐藤章・嶋田晴行編　2022『地域研究へのアプローチ——グローバル・サウスから読み富む世界情勢』ミネルヴァ書房。

佐藤仁　2021『開発協力のつくられ方』東京大学出版会。

末廣昭　1993『タイ——開発と民主主義』岩波書店。

ノラン，R　2007『開発人類学——基本と実践』鈴木紀・関根久雄・玉置泰明・角田宇子訳，古今書院。

ファーガソン，J　2020『反政治機械——レソトにおける「開発」・脱政治化・官僚支配』石原美奈子・松浦由美子・吉田早悠里訳，水声社。

藤掛洋子・佐藤寛編　2011『開発援助と人類学——冷戦・蜜月・パートナーシップ』明石書店。

箕曲在弘　2014『フェアトレードの人類学——ラオス南部ボーラヴェーン高原におけるコーヒー栽培農村の生活と協同組合』めこん。

Eitel, K. 2023. Resilience. In F. Stein, (ed.) *The Open Encyclopedia of Anthropology*. www.anthroencyclopedia.com/entry/resilience（2023年11月6日閲覧）

Gardner, K, and D. Lewis 2015. *Anthropology and Development: Challenges for the Twenty-First Century*. London: Pluto Press.

World Bank 2020. *Lao People's Democratic Republic Poverty Assessment 2020: Catching up and Falling Behind*. Washington, DC.: World Bank.

●課題●

●読書案内●

『開発援助と人類学——冷戦・蜜月・パートナーシップ』藤掛洋子・佐藤寛編，明石書店，2011年
　　青年海外協力隊など開発の実務に関わってきた研究者を中心に、豊富な事例を通して開発と人類学の関係を多角的に論じた論文集。日本における開発と人類学の関係を正面から取り上げた重要な一冊。開発と人類学の関係に関心をもった人は、まずこれを読んでほしい。

『村落開発支援は誰のためか——インドネシアの参加型開発協力に見る理論と実践』
　　小國和子，明石書店，2005年
　　インドネシアのスラウェシ島における村落開発プロジェクトを対象に、支援者と地域住民の双方のやり取りを数年にわたって追跡したエスノグラフィ。支援者と地域住民がともに変化していく様子が詳細に描かれている。グローバル・サウスへの支援とはどうあるべきかを考えるには、欠かせない一冊である。

『フェアトレードの人類学——ラオス南部ボーラヴェーン高原におけるコーヒー栽培農村の生活と協同組合』箕曲在弘，めこん，2014年
　　ラオスのコーヒー栽培地域おいて実施されているフェアトレードのプロジェクトを対象に、住民たちへのフェアトレードの社会的・経済的影響を分析している。フェアトレードは本当に住民のためになっているのか。この問題に関心にある人に読んでもらいたい。

おわりに

　東南アジアという地域は，知れば知るほど面白い。地理的には大陸部と島嶼部に大別されるが，一部の地域をつぶさに見回してみても，あるいは全体を見渡してみても，その内実はとても多様で，複雑だ。だからこそ広く，深い。学べば学ぶほど，この地域がもつ歴史の深さや文化の広がりに感動すら覚える。そしてそこに文化人類学というレンズを当ててみると，この地域がさらに奥深く，さらに幅広いことがわかってくる。

　序章でも書かれていたように，人類学とは「人間とは何か」を核心的な問いとする学問だ。だから各章が扱うテーマや内容に偏りを感じたり，同じ概念や同じような考え方が出てきたことに違和感を覚えたりした読者もいるだろう。東南アジアについて網羅的に知りたいと本書を手に取った人には少しばかり物足りなかったかもしれない。しかし既視感があるということは，それだけ文化人類学という学問にとって重要なテーマであったり，一つの到達点であったり，強調してもしすぎることがないほどに重要な考え方であったりするからなのだと理解してほしい。

　確かに私たち人間は，いろいろな地域や時代に生まれ育つなかで，いろいろな文化を身につけていく。衣食住はもちろんのこと，ちょっとした身体の使い方や風習，そしてそこに垣間見える価値観や考え方など，違いはたくさんある。人間社会はとても多様だ。しかしそれでも同じ人間であることには変わらない。つまり多様な文化の根底には，実に多くの共通性がある。多様性という広がりと，共通性という深み。その両方を，フィールドワークという調査方法を通して考えていくのが，文化人類学という学問の醍醐味だ（最近ではこの考え方にも議論があるが，それはまだ先にとっておこう）。

　さて，本書を通して東南アジアという地域に，そして文化人類学という学問に興味をもつことができただろうか。もちろん編者としては「イェス」と

いう答えを期待しているのだが，そのような人はすでに数多く出版されている東南アジア地域研究や文化人類学の書籍を手に取って，さらに興味の幅を広げていってもらいたい。そして東南アジアに足を運んでもらいたい。

　また，本書を通読して「東南アジアって面白い！」「文化人類学って面白い！」と思った人は，ぜひ他の地域にも目を移してみてほしい。幸運なことに，本書は昭和堂から出版されている「○○で学ぶ文化人類学」シリーズの一つだ。本書に先立って，東アジア，アフリカ，オセアニア，日本を対象とした書籍がすでに刊行されている。対象とする地域は違えど，どれも文化人類学を学ぶために編まれたものなので，同じテーマで異なる地域を比較するにはうってつけだ。いろいろな地域の本を読み比べて，地域ごとの相違性と人間の相似性について理解を深めてもらえたらと思う。

　次はそうして得た理解を手がかりに，自分と，自分の身の回りのことについて考えながら，文化や社会，そして人間について考えることの楽しみを味わってもらいたい。疑問に思うことはいつでも，大学の図書館に足を運んでみたり，教員に直接聞いてみたりするとよいだろう。本書の執筆者たちに直接連絡をとって聞いてみるのもよいかもしれない。他大学の教員であろうと物怖じすることはない。「知りたい！」と強く思う人を誰もが快く迎え入れてくれるはずだ。そうやって自分の世界を広げ，人間についての理解を深め，多角的な視点で物事の本質を捉える耳と目を養うキッカケに本書がなれば，編者として嬉しいことこの上ない。

　最後に，本書の出版にあたっては，昭和堂の土橋英美氏と松井久見子氏から多大なご助力を賜った。編者及び執筆者一同に代わって，ここに謹んで感謝の意を表します。

　　　2024年2月

　　　　　　　　　　　　　　　　　　　　　　　二文字屋脩

索　引

あ行

アーリ，ジョン　245, 264
アイデンティティ　42, 66, 72, 89, 168-169,
　　180-181, 228, 232-233, 235
アンダーソン，ベネディクト　91, 209-210

イスラーム　13-15, 30, 60-62, 68-69, 88,
　　141-142, 184, 211-212, 246
　　——法　124, 128, 133, 135
逸脱　39, 177, 184-185
移動性　245-246, 256
移動論的転回　245
イバン　75, 246
インドネシア　13, 15, 17, 19, 25, 31, 38, 40,
　　53-59, 62-63, 66-68, 75-78, 82, 87-88,
　　106, 119, 121-122, 127-133, 135, 155,
　　168, 173, 175, 182, 193, 208, 211, 213,
　　229-230, 248-249, 259, 262-263, 267-
　　270, 276, 278, 280, 284-285, 294
　　——語　29, 54, 56, 73-74, 128, 182, 185,
　　279
インドネシア民族（bangsa Indonesia）
　　55, 62
インフラポリティクス→底流政治
インボリューション　119

永住者　252, 255
エコツーリズム　260, 265, 274, 276

エスコバル，アルトゥーロ　283
エスニシティ　51-52, 66, 181
エスニック　13, 51-52, 54, 66, 232
エスノグラフィ→民族誌
NGO →非政府組織
演劇（劇，芝居）　51, 57-58, 61, 63, 173-
　　174, 176-179, 181-186, 188, 267, 270
エンブリー，ジョン　22, 23

負い目　105-106, 114-115, 227
王国　14, 67-69, 75-78, 87, 145, 147, 175,
　　182-183, 185-186, 209-210, 212, 222
踊り→舞踊
オランダ　54-57, 61, 69, 78, 127-129, 267-
　　269
　　——東インド会社　69
音楽　4, 56-57, 63, 165, 174-177, 179-180,
　　188, 269-270

か行

海外在留邦人　255
開発　58, 77, 94-95, 111, 131, 168, 195, 228,
　　240, 260-263, 268-270, 272, 274, 276-
　　280, 282-286, 292-294
　　——協力　277-278, 281-285, 291-294
　　——主義　278-279
　　——人類学　282-284
　　——僧　280
　　——の人類学　283-284

——のなかの人類学　283-284

経済——　278-280, 292

社会——　280-282

影絵　175-176, 183

家事　29, 40-41, 44, 248, 252

華人　13, 56-57, 62-63, 66, 110, 151

家族　2, 4, 16-21, 24-26, 30-32, 34, 36, 44-
45, 59, 106-107, 112-113, 134, 161, 165,
167, 170, 183, 192-193, 195, 197, 199,
217, 231-232, 245, 249, 251, 253-255,
258, 287

——圏　23

カテゴリー　10, 36-37, 42-43, 45-48, 50, 53,
59, 62-63, 124, 227, 231, 236, 283

過渡　157-160, 162-166, 170, 172, 176

ガムラン　56, 183, 185, 269-270

仮面　72, 150, 152, 173, 182-184, 186, 188

カルステン，ジャネット　25-26, 29

環境問題　270-271, 273

観光　15, 34, 41, 51, 130, 169, 175, 182, 207,
242, 252, 255, 259-274, 276

——開発　168, 261-263, 268-270, 272,
274, 276

——人類学　263-264, 266, 276

——のまなざし　264-266, 271, 273-274,
276

持続可能な——　270-271, 273-274

文化——　269-270

慣習　i, 7-8, 11-13, 38, 102, 119, 121, 123-
125, 127-129, 131-135, 146-147, 165,
167-169, 177, 246, 269, 273

カンボジア　13, 87, 91, 111, 113, 117, 143,
175, 208, 210, 222, 229, 248, 261

ギアツ，クリフォード　34, 88, 179-180

記憶　67, 71-73, 75, 77-78, 80, 82

技能実習生　249-252, 254

規範　37-38, 44-45, 48-49, 102, 123, 126-
127, 130-132, 184-186, 198

教会　137, 234, 246, 251, 253-254

キョウダイ　25, 30-31, 250

キリスト教　13-15, 54, 62, 74, 141-142,
168-169, 211, 231, 246

儀礼　4, 8, 11, 22, 31, 41, 55, 66, 77, 88, 115,
129-130, 141, 143, 145-148, 150, 155-
157, 159, 161, 164-169, 172, 175-180,
182-186, 188, 193, 199, 234, 267, 269

人生——　17, 156-157, 175

葬送——　157-158, 163-164

農事暦——　67, 77, 79

近代化　4, 70, 92, 142, 148-149, 177, 263,
268, 270, 272

近代国家　84-86, 90-92, 97, 100, 208-209,
247

キンドレッド　22-23

首狩り　12, 75

クラ　8

クラン　22, 27

グレーバー，デヴィッド　102, 115

クローバー，アルフレッド　12

グローバル・サウス　281, 287, 292, 294

グローバル・ノース　281

経済合理性　103

芸能　15-16, 55-58, 63, 128, 150, 169, 173-
176, 178-182, 184, 186, 188, 229, 267-

271

系譜　21-22, 27, 30, 34, 75, 176-177

　　――化　74-75

劇→演劇

劇場国家　88, 180

ゲスト　263-264, 266, 273-274

結婚　19, 27-29, 41, 44, 63, 128, 134, 159, 225, 246, 249, 253-254

　　――移民　249, 253-254

　　――式　57, 104, 138, 149, 156, 175, 183

言語　1, 13-14, 16, 34, 42, 54, 56, 58, 88, 91, 147, 185-186, 212, 214, 216, 254, 258, 286

言説　70-72, 78, 80, 236

憲法　84, 129, 135, 142

港市国家　69, 87, 89-90

構造機能主義　21, 143

コーヒー農家　286-287, 289-290

故郷　31, 113, 182, 227, 229-232, 234-235, 240, 249, 253-254, 258

国籍　64, 94-95, 97, 224, 232, 235

国内紛争　208

国民　52, 57, 76, 84-85, 91-94, 97-98, 100, 128, 168, 181, 209-212, 224, 237, 244, 247, 256

国民国家　54-55, 70, 72, 90-92, 100, 168, 227, 244

国民文化　168, 181

国連　95-96, 223-224, 226-227, 230, 242, 261, 286

国連教育科学文化機関（ユネスコ）　182, 261-262

互酬　105-107, 111

国家　2, 9-10, 16, 20-22, 37, 41, 50, 53-55, 57-60, 62-64, 66, 68, 71-72, 83-98, 100, 102, 105, 107-108, 111, 114, 116-117, 119, 124-126, 129-130, 132-133, 148-149, 156, 168, 175, 181, 190, 194, 209-210, 212, 214, 222, 225, 227, 229, 232, 236-237, 240, 244, 247-248, 255-256, 258, 261, 263, 268-269, 278-279, 283

　　――形成　208-210, 212-214, 229

　　――法　124, 127-128, 132-133

国境　58, 86-87, 89-90, 92-93, 113, 117, 132, 182, 209, 213-220, 222, 229-230, 235, 237, 240, 243-245, 247, 256, 258, 261, 266

ゴトン・ロヨン　129, 279

コミュニケーション　3, 177-179, 184, 188, 251, 290

コミュニタス　159-161, 165-166, 170, 172, 177, 180, 188

コロナ禍　139, 242, 250, 255-256

さ行

再分配　106-107, 111, 115

在留外国人　242, 249

サブスタンス　26, 29

参与観察　6, 154

ジェンダー　15, 35, 37-38, 40-45, 47-50, 66, 71, 227, 248, 280, 282

　　――・アイデンティティ　37, 42

　　トランス――　36, 42, 46

時間　9, 73-76, 104-105, 111, 131, 155,

176-178, 180, 185, 196, 233, 235, 254,
258, 292

――感覚　70, 73, 76, 82

自己責任　224, 226, 240

仕事　40-41, 44-46, 107, 111, 119, 133, 178,
224, 243, 246, 251, 286

自己利益極大化　108

史実　71, 74, 78-79

死者祭宴　162-163, 166-168

市場経済　41, 104-105, 107, 111, 171

市場交換　170

死生観　156, 161, 169, 172

実証　80-81, 143

――主義　71, 82

実践　15, 53, 58, 61-64, 72, 80-82, 126-127,
134, 139, 141, 146-152, 154, 192-193,
195-197, 201-203, 205, 237, 272-273,
283, 294

――論　146-148

医療――　192, 195-196, 201-203, 205

文化――　53, 61-64, 273

支配　15, 53, 55, 57-60, 62, 70, 85, 87-88,
90-92, 97-98, 107-108, 111, 114-115,
127, 178, 181, 210, 214, 216-218, 229

芝居→演劇

社会的排除　226, 236

社会に埋め込まれた経済　104-105, 119

ジャワ　75-76, 106, 175, 179, 182, 284

――語　54, 56, 185

――人　55, 59, 62

――島　25, 54-56, 58, 69, 129, 175, 269

シャン　207, 214-220, 222

宗教　2, 13-16, 41, 50, 88, 91-92, 104, 124,

126, 137-152, 154, 158, 168-169, 179,
192, 203, 209, 211, 224, 246, 273, 281

――裁判所　128

――実践　148-152, 154

集合的記憶　72

儒教　54, 62, 142

呪術師　138-139, 148, 150, 163-165, 193

出自　21-24, 26, 30, 53, 215

シュナイダー, デヴィット　24-26

少数者（少数派）→マイノリティ

少数民族　83, 90-92, 95, 98, 100, 196, 214-
215, 222, 262, 286

象徴（シンボル）　56, 59, 103, 109-113,
129-130, 145-146, 150, 159-160, 166,
172, 182, 200, 207, 229, 232, 266, 271

――人類学　145

植民地　14, 53-54, 56, 61-62, 64, 72, 78,
106-108, 119, 127-129, 133, 176, 194-
195, 209-210, 246-247, 261, 264, 269,
282

――支配　54, 57, 70, 90-91, 128, 181,
194, 282

――主義　70, 90, 92, 96, 127, 141, 282

――政府　61, 90, 108, 268-269

――統治　210, 267, 282

女性　19, 25, 27-29, 31, 37-38, 40-46, 50,
94, 134, 137, 145, 150, 164-165, 237,
248, 250-251, 253, 260, 277-278

――差別　237, 278

トランスジェンダー――　42, 46

進化主義人類学　142

シンガポール　13, 195, 246, 248, 262, 278

シンクレティズム　144-145

新古典派経済学　103

人種　52

親戚　31, 34, 44-46, 220, 290

親族研究　22, 24-26

深南部（タイ）　212

シンボル→象徴

神話　69, 73-74, 76, 79, 82, 145, 175, 232

スカルノ　55, 58, 129

スコット，ジェームズ・C　15, 85, 89, 100, 105-106, 108-111, 119

ステレオタイプ　226-227, 237, 258, 267

頭脳流出　256

スバック　272-273

スハルト　55, 58, 62, 130, 168, 211, 268-269, 278

スラウェシ　69, 130, 166, 172, 284, 294

スンダ　54, 56, 62

性　35, 37, 39-40, 42-43, 45, 47-50, 224

　　——的指向　42, 48

　　——的マイノリティ／少数者　37, 42-43, 50

性別　25, 36-39, 41-42, 44, 48, 146

　　——カテゴリー　37, 47

生殖医療　25

生存維持倫理　105-107

生存経済　107-108

青年海外協力隊　284, 294

精霊　15, 142, 144, 147, 149, 151, 154, 176, 193, 223, 231, 233-234

　　——信仰　142, 144, 149

世界遺産　207, 259, 271-272

セクシュアリティ　35, 37-40, 44, 47-50

セブ島　51

洗骨　162-164

先住民　55-56, 82, 95-96, 147, 161-162, 168, 172, 243

送金　220, 248, 258

相互扶助　84, 129, 170, 279, 291

想像の共同体　91, 207, 209-211, 219

贈与経済　104

贈与交換　167

ゾミア　88-90, 92, 97, 100

た行

ターナー，ヴィクター　159-160, 166, 172, 176-178, 180, 184, 188

タイ　13, 15, 22-23, 31, 43, 47, 51, 66, 83, 87, 91-95, 100, 137, 139-140, 142-150, 152, 154, 175, 193, 197-200, 210-212, 214-220, 230-232, 240, 248-249, 261-263, 276, 278, 280-283, 291

　　——語　94, 279, 283

　　——国政府観光庁　262

　　——山地民　95

　　——人　92-93, 151, 212, 282

大衆観光→マスツーリズム

第二次世界大戦　53, 70, 86, 90, 92, 96, 128, 194, 208-211, 227, 261, 274

タイラー，エドワード　142

大陸部　13, 89, 193, 229

多数派→マジョリティ

多文化共生　235, 242

多様性　3, 4, 11, 13-15, 38, 40, 42, 49-50,

53-55, 59, 133, 211, 229
単系出自　15, 21
男　性　25, 27-28, 35-38, 42-43, 45-47, 50,
　　125, 134, 150, 163, 165, 181, 183, 197-
　　198, 237, 246, 253, 267
タンマ→仏法

超高齢社会　170-171

通過儀礼　157, 162, 166, 172, 176-177
創られた伝統　181, 232
つ な が り　2, 14, 16-19, 21, 23-25, 28-32,
　　34, 66, 111, 131, 180, 182, 186-187, 190,
　　205, 210, 223, 229-230, 232-235, 237-
　　238, 254

定住　13, 89, 213, 220, 230, 232-233, 235,
　　237, 240, 243-245, 247, 253, 256
底流政治（インフラポリティクス）　110-
　　111, 114-117, 119
出稼ぎ　111, 168, 247-248, 252, 291
テロ　185, 236, 276
伝　統　17, 25, 31, 57-58, 61, 105-108, 129-
　　130, 138, 148-149, 154, 168-169, 173,
　　181-182, 192-193, 195-196, 205, 212,
　　215, 218, 229, 231-235, 254, 267-268, 270
　　——文化　94, 96, 168, 181, 229-233, 235,
　　263, 269, 274
　　——文化の復興　95, 229, 237

島嶼部　13-14, 89, 193, 213
統治　20, 69, 85, 87-90, 92, 97-98, 126, 128,
　　130, 175, 209, 213, 278-279

トゥラ・トゥラ　69, 74, 78
トラジャ　166-169, 171, 263
トリクル・ダウン　279-280, 282
トリ・ヒタ・カラナ　271-273

な行

内戦　208, 211, 214, 216-217, 220, 222, 229,
　　233
難民　112, 175, 220, 223-240
　　——研究　227-228, 237
　　——支援　220, 224, 231
　　——問題　224-226, 235-237

日常型の抵抗　110
日本　2-3, 6, 9, 11, 19-23, 27, 36-37, 40-41,
　　43, 45-46, 50, 52, 54, 64, 74, 84, 104,
　　107, 117, 119, 128, 131, 135, 137-138,
　　140, 142, 147-148, 152, 156-157, 160-
　　161, 169-171, 174, 179-181, 188, 191,
　　195, 197, 200-203, 205, 207, 219-220,
　　222-226, 229-230, 236, 240-242, 244-
　　246, 248-258, 261, 263, 265, 270, 274,
　　276, 280, 284-286, 289, 292, 294
　　——語　29, 37, 52, 66, 73-74, 174, 226,
　　242, 251, 260, 279, 289
　　——史　67, 174
　　——人　9, 50, 52, 64, 66, 138, 141, 146,
　　152, 185, 190, 205, 220, 224-226, 237,
　　244, 251, 253-256
　　——政府　117, 276
人形　130, 138-140, 143, 149, 152, 175-176

ネイション　52, 55, 62, 66

は行

バタヴィア　55-58, 61-62

発展途上国　249, 261, 264, 277-278, 281

パトロン・クライアント関係　106, 111

バリ　15, 34, 38, 40-41, 51, 56, 59-60, 88, 128, 130, 145, 173, 175, 179, 181-186, 188, 259-260, 262, 265, 267-273, 276

　　——芸術祭　270

東インド　54, 57, 62

東ティモール　13, 14, 211, 229

非政府組織（NGO）　91, 95, 131, 195, 220, 276

非日常　159-160, 165, 176, 178, 184, 264

憑依　147, 150-151, 176

ビルマ→ミャンマー

貧困　50, 112, 119, 224-225, 228, 237, 277-283, 285-287, 289-292

ヒンドゥー教（ヒンドゥー）　13, 15, 54, 88, 128, 130, 175, 179, 182-184, 267-269, 272

　　——文化　268

ファーガソン，ジェームズ　283

ファン・ヘネップ，アルノルト　157, 159, 162, 166, 172

フィールドワーク　ii, 5-7, 9, 48, 73, 80, 115-116, 125, 154, 191, 198, 222, 263, 281-282, 284, 293

フィリピン　13-14, 25, 50, 75, 119, 211-213, 229, 241, 247-254, 256-258, 278

不確実性　256, 287-292, 294

複葬　162

ブタウィ　51, 53, 55-57, 59-64

　　——語　56

仏教　13, 15, 44-45, 54, 62, 88, 94, 113-115, 138, 142-144, 147-152, 157, 193, 198-199, 212, 231, 280-281, 283

復興　131, 217, 229, 231-235, 261, 289

仏法（タンマ）　143, 148-149, 281

ブヌア　155, 161-163, 165, 169

舞踊（踊り）　51, 54, 77, 130, 145, 163-165, 173-180, 182, 188, 267-270

ブルデュー，ピエール　146

ブルネイ　13, 248

フレーザー，ジェイムズ　142, 154

文化相対主義　11-12, 278, 281-282

文化の客体化　264, 266-267, 273-274, 276

文化批判の人類学　11

紛争　54-55, 113, 125-126, 130-133, 207-208, 210-213, 216-217, 219-220, 222, 224, 229-230, 240, 256

分離独立　211, 214

　　——運動　54, 212

ベトナム　13, 50-52, 87, 101-102, 105-107, 111, 113, 116-117, 175, 195-196, 205, 208, 210, 222, 229, 248-249, 251, 262

編年体　67, 72-74, 76, 79

ボアズ，フランツ　12

法　97, 102-103, 113, 115, 117, 121-135, 159, 165, 209, 222, 227, 232, 240, 293

　　——秩序　102, 115

ホスト　263-267, 273-274

ポトラッチ　168
ポピュラーカルチャー　176
ホモ・エコノミクス　103-104, 108-109,
　　116, 119
ホモ・モビリタス　244
ポラニー（ポランニー），カール　104, 106
ボルネオ　75, 161-162, 172, 246
本質主義　70, 230, 235, 237

ま行

マイノリティ（少数者／少数派）　43, 50,
　　52, 71, 91, 95, 211, 222, 224, 235-237,
　　243, 269
マクダニエル，ジャスティン　151
マジョリティ（多数派）　52, 91, 211, 269
マスツーリズム（大衆観光）　261, 269, 274
マハバラタ　175
マリノフスキー，ブロニスワフ　6-8, 116,
　　125, 128, 143
マレー　13, 23, 25, 176, 212
　　——語　56, 212
マ レ ー シ ア　13, 25, 109, 111, 150, 175,
　　211-213, 230, 246, 248, 262, 278
マンダラ型国家　86-88, 91, 209

ミード，マーガレット　38, 40
未開　i, 20-21, 70-71, 73-74, 106, 116, 142
水野浩一　23
緑の革命　109-110, 116
ミャンマー（ビルマ）　13, 34, 87, 91, 107,
　　111, 143, 208, 211, 214-220, 222, 226,
　　229-230, 232-233, 235-236, 240, 248,
　　261

民族　i, 8, 10, 13-14, 19, 30-31, 34, 41, 51-
　　59, 62-66, 72, 83, 91-93, 127-130, 133,
　　147, 157, 162, 168, 172, 175-176, 180-
　　182, 188, 191, 194, 205, 208-209, 211-
　　212, 214-216, 219-220, 222, 224, 228-
　　230, 232, 235-236, 240, 246
　　——解放　212, 214-216
　　——カテゴリー　53, 59, 61-62, 64
　　——紛争　222, 229
民族学　20
民族誌（エスノグラフィ）　8-9, 66, 70-71,
　　82, 104, 109, 116, 119, 143, 172, 188,
　　191, 197, 202, 258, 276, 294
ミンダナオ紛争　211, 213

名誉殺人　12
メ デ ィ ア　48, 55, 57, 103, 178-179, 181,
　　183, 186, 235, 265, 271

モーレス　102
モラル・エコノミー　105, 107-108, 110-
　　111, 119

や行

屋敷地共住集団　23
山口昌男　177
山下晋司　162, 166, 169, 172, 181, 263, 268
ユネスコ→国連教育科学文化機関
妖怪　138-139

ら行

ライティング・カルチャー・ショック　10
ラオス　13, 15, 35, 43-47, 87, 91, 111, 143,

189, 193, 196, 210, 229, 233, 248, 280,
286-287, 294

ラドクリフ＝ブラウン，アルフレッド　21,
143

ラマヤナ　175, 182

リード，アンソニー　14, 88, 91

リネージ　21-22, 27-28

リミナリティ　146, 159-160, 165-166, 170,
172, 176-178

留学　17, 243, 253-254

歴史　2, 9-10, 15, 20, 38, 54, 56, 65-74, 76-
82, 85, 87, 89, 96, 98, 100, 103, 106, 111,

119, 128-129, 132-133, 135, 139, 141,
172, 174-175, 177, 181, 183, 185-186,
195, 199, 205, 227, 229-230, 232, 244,
262, 264, 267, 272-273

──家／──学者　14, 71, 80, 82, 119,
180-181

──実践　80, 82

レジリエンス　228, 287, 289-292, 294

レパートリー　149, 151, 154

労働者　218-219, 226, 246-248, 250, 252-
253, 279-280, 292

■執筆者紹介（執筆順, *編者）

*箕曲在弘（みのお ありひろ）
　早稲田大学文学学術院教授。専門は文化人類学, 東南アジア地域研究。おもな著作に『人類学者たちのフィールド教育——自己変容に向けた学びのデザイン』（共編, ナカニシヤ出版, 2021年），『フェアトレードの人類学——ラオス南部ボーラヴェーン高原におけるコーヒー栽培農村の生活と協同組合』（めこん, 2014年）など。好きな東南アジア料理はソムムー（ラオスの乳酸発酵させた生の豚肉）。

西川　慧（にしかわ けい）
　石巻専修大学人間学部准教授。専門は文化人類学, 東南アジア地域研究。おもな著作に「供犠の価値は計り得るか？——インドネシア西スマトラ州における家畜の商品的価値と供犠」（『文化人類学』88（1），2023年），「統合と分離のあいだで——西スマトラ州海岸部における親族と社会関係をめぐって」（『東南アジア　歴史と文化』50，2021年）など。好きな東南アジアの料理はミー・アチェ（インドネシア・アチェの麺料理）。

大村優介（おおむら ゆうすけ）
　東京大学大学院総合文化研究科博士課程。専門は文化人類学。おもな著作に「フィールドにおける不安に向き合い, 取り入れる——ジョルジュ・ドゥブルーの民族精神医学, ミヤギフトシの小説『ストレンジャー』, ラオスでのフィールドワーク経験を手がかりに」（『パハロス』2，2021年），「『セクシュアリティ』概念を／とともに考える」（『Gender & Sexuality: Journal of the Center for Gender Studies, ICU』14，2019年）など。好きな東南アジアの料理はタムマークフン（ラオスの辛い青パパイヤサラダ）。

中村昇平（なかむら しょうへい）
　東洋大学国際学部助教。専門は社会学, 人種エスニシティ研究。おもな著作に『日常的実践の社会人間学——都市・抵抗・共同性』（分担執筆, 山代印刷出版部, 2021年），『ムラからカンプンへ——京都郊外の先住者がみたジャカルタ郊外の集落』（風響社, 2019年）など。好きな東南アジアの料理はナシ・ウドゥック（ココナッツミルクで調理した米にピーナッツのサンバルと甘辛く炊いた豆腐・テンペ・卵を添えたブタウィ料理）。

山口裕子（やまぐち ひろこ）
　北九州市立大学文学部教授。専門は社会人類学, 東南アジア地域研究。おもな著作に『記憶と歴史の人類学——東南アジア・オセアニア島嶼部における戦争・移動・他者接触の経験』（分担執筆, 風響社, 近刊），「序　（特集）ハラールの現代——食に関する認証制度と実践から」（『文化人類学』83（4），2019年）など。好きな東南アジアの料理はカスアミ（キャッサバの蒸しパン。インドネシア東部の船旅の御供）。

*二文字屋脩（にもんじや しゅう）
　愛知淑徳大学交流文化学部准教授。専門は社会人類学, 東南アジア地域研究, 狩猟採集民研究。おもな著作に『トーキョーサバイバー』（編著, うつつ堂, 2022年），『人類学者たちのフィールド教育——自己変容に向けた学びのデザイン』（共編, ナカニシヤ出版, 2021年）など。好きな東南アジアの料理はプラーガポンヌンマナーオ（スズキのライム蒸し）。

下條尚志（しもじょう ひさし）

　神戸大学大学院国際文化学研究科准教授。専門は歴史人類学，東南アジア地域研究。おもな著作に『国家の「余白」——メコンデルタ　生き残りの社会史』（京都大学学術出版会，2021年），『戦争と難民——メコンデルタ多民族社会のオーラル・ヒストリー』（風響社，2016年）など。好きな東南アジアの料理はカー・ロック・ヌオン・ムオイ（雷魚の塩焼き）とヌム・バイン・チョック（クメール風米麺）。

高野さやか（たかの さやか）

　中央大学総合政策学部准教授。専門は法人類学。おもな著作に「『法の生成』の人類学に向けて」（『文化人類学』86（1），2021年），『アジア法整備支援叢書　インドネシア　民主化とグローバリゼーションへの挑戦』（共著，旬報社，2020年）など。好きな東南アジアの料理はルンダン（インドネシアの肉料理）。

津村文彦（つむら ふみひこ）

　名城大学外国語学部教授。専門は文化人類学。東南アジア大陸部，特にタイにおける呪術と精霊信仰。おもな著作に『身体を彫る，世界を印す——イレズミ・タトゥーの人類学』（共編，春風社，2022年），『東北タイにおける精霊と呪術師の人類学』（めこん，2015年）など。好きな東南アジアの料理はムーピン（豚の串焼き）とカオニャオ（蒸した餅米）などタイ屋台料理。

寺内大左（てらうち だいすけ）

　筑波大学人文社会系准教授。専門は環境人類学，環境社会学，国際開発農学。おもな著作に『開発の森を生きる——インドネシア・カリマンタン　焼畑民の民族誌』（新泉社，2023年）など。好きな東南アジアの料理はルンダン（インドネシアのパダン料理。牛肉をココナッツミルクと香辛料で煮込んだ料理）。

＊吉田ゆか子（よしだ ゆかこ）

　東京外国語大学アジア・アフリカ言語文化研究所准教授。専門は文化人類学，芸能の人類学，バリ芸能研究。おもな著作に「楽器との出会いとしての音楽の越境——日本のバリ・ガムラン演奏グループを事例に」（『国立民族学博物館研究報告』46（2），2021年），『バリ島仮面舞踊劇の人類学——人とモノの織りなす芸能』（風響社，2016年）など。好きな東南アジアの料理はスロー・クデレ（バリ島のネバネバしない納豆）。

岩佐光広（いわさ みつひろ）

　高知大学人文社会科学部教授。専門は文化人類学。おもな著作に「人間と非人間の『固有の時間』の絡まり合いにみる山地景観の動態——高知県東部・魚梁瀬山における国有林森林鉄道の導入を事例に」（共著，『文化人類学』88（2），2023年），「良い死，悪い死，普通の死——ラオス低地農村部に暮らす人びとの死生観」（『季刊民族学』47（2），2023年）など。好きな東南アジアの料理はケーン・ノーマイ（ラオスのたけのこのスープ）。

岡野英之（おかの ひでゆき）

　近畿大学総合社会学部准教授。専門は文化人類学（紛争，難民／移民，政治問題）。アフリカ地域研究から東南アジア地域研究に転向。おもな著作に『西アフリカ・エボラ危機』（ナカニシヤ出版，2022年），『アフリカの内戦と武装勢力』（昭和堂，2015年）など。好きな東南アジアの料理はカオソーイ（タイ北部のカレー味ヌードル）。

久保忠行（くぼ ただゆき）

　大妻女子大学比較文化学部准教授。専門は文化人類学，移民・難民研究。おもな著作に，Ethnocentrism or National Reconciliation: Rethinking Ethnic Relations and the History of Karenni (*Journal of Burma Studies* 25 (2), 2021)，『難民の人類学——タイ・ビルマ国境のカレンニー難民の移動と定住』（清水弘文堂書房，2014年）など。好きな東南アジアの料理はムーピン＆カオニャオ（タイの豚肉の串焼き＆もち米）。

細田尚美（ほそだ なおみ）

　長崎大学多文化社会学部／研究科准教授。専門は東南アジア地域研究，移民研究，文化人類学。おもな著作に『幸運を探すフィリピンの移民たち——冒険・犠牲・祝福の民族誌』（明石書店，2019年），『湾岸アラブ諸国の移民労働者——「多外国人国家」の出現と生活実態』（編著，明石書店，2014年）など。好きな東南アジアの料理はグリーンマンゴーシェイク（フィリピンのグリーンマンゴーを使った飲み物）。

岩原紘伊（いわはら ひろい）

　聖心女子大学現代教養学部専任講師。専門は文化人類学，観光研究。おもな著作に「インドネシア・バリの文化的景観——世界遺産とコミュニティのレジリエンス」（『文化人類学』85（2），2020年），『村落エコツーリズムをつくる人びと——バリの観光開発と生活をめぐる民族誌』（風響社，2020年）など。好きな東南アジアの料理はブブール・バリ（バリのお粥）。

東南アジアで学ぶ文化人類学

2024 年 3 月 25 日　初版第 1 刷発行

編　者　　箕　曲　在　弘
　　　　　二文字屋　脩
　　　　　吉　田　ゆ　か　子

発 行 者　杉　田　啓　三

〒 607-8494　京都市山科区日ノ岡堤谷町 3-1
発行所　株式会社　昭和堂
TEL（075）502-7500／FAX（075）502-7501
ホームページ　http://www.showado-kyoto.jp

上水流久彦
太田心平
尾崎孝宏
川口幸大 編

東アジアで学ぶ文化人類学

定価2420円

松本尚之
佐川徹
石田慎一郎
大石高典 編
橋本栄莉

アフリカで学ぶ文化人類学
──民族誌がひらく世界

定価2420円

梅﨑昌裕
風間計博 編

オセアニアで学ぶ人類学

定価2530円

宮岡真央子
渋谷努
中村八重
兼城糸絵 編

日本で学ぶ文化人類学

定価2530円

昭和堂
（表示価格は10％税込）